O autor
MARCELO CEZAR

Minhas histórias mostram a espiritualidade de maneira natural, enfatizando em cada um de nós os verdadeiros valores do espírito, para que possamos viver melhor conosco e com as pessoas ao nosso redor.

Nascido e criado na cidade de São Paulo, Marcelo Cezar começou a psicografar ainda adolescente, quando estudava os livros de Allan Kardec no curso de médiuns que frequentava, no Centro de Desenvolvimento Espiritual Os Caminheiros, fundado pelo casal Aldo Luiz e Zibia Gasparetto, no bairro do Ipiranga.

Seu primeiro romance, ditado pelo espírito Marco Aurélio ao longo de mais de dez anos durante as sessões de psicografia, foi publicado pela primeira vez no fim da década de 1990. Anos depois, ao mudar de residência, Marcelo encontrou outras anotações que faziam parte do original. Sob orientação de seu mentor, juntou os escritos e relançou *A vida sempre vence* em uma versão revista e ampliada.

Atualmente, com mais de um milhão de livros vendidos, Marcelo Cezar é um dos principais escritores do país, cujos romances enfatizam a espiritualidade de maneira didática e tocante, proporcionando ao leitor entendimentos para uma vida melhor. Todos os seus livros são ditados pelo espírito Marco Aurélio.

Meu *amigo*
MARCO AURÉLIO

Em sua última encarnação, foi investigador de polícia, nascido e criado na cidade do Rio de Janeiro, em fins do século 19. Meses antes de desencarnar, ajudou a polícia de São Paulo nas investigações e na solução do famoso crime da mala, ocorrido em 1928.

Marco Aurélio me acompanha desde que iniciei meus estudos no Espiritismo, há mais de trinta anos. Numa noite de sessão mediúnica no centro, ele me revelou que nossos laços de amizade se perdem no tempo, desde a Roma Antiga. Logo depois desse encontro, ele passou a me ditar com regularidade, ao longo desses anos, várias histórias. Hoje elas perfazem catorze livros editados, incluindo este que agora vem a público, e mais dois ainda inéditos.

Marco Aurélio é ligado a um grupo que trabalha no desenvolvimento do ser humano. Portanto, ao ler as histórias por ele ditadas, você tem a possibilidade de se conscientizar do seu grau de responsabilidade diante da vida e acionar a chave interior para viver melhor consigo e com os outros, tornando o nosso planeta um lugar bem mais interessante e prazeroso de se viver.

Eu aprendo muito com o Marco Aurélio. Ele me esclarece sobre a ética espiritual, me dá conselhos valiosos sobre questões do dia a dia, me ajuda a viver em paz. Eu o considero um pai, um amigo. Embora ele não goste, considero-o um ser iluminado, cujas energias me fazem, sempre que possível, manter o equilíbrio e jamais me deixam perder o humor e a alegria pela vida.

Obrigado, meu amigo!

Coordenação de Criação: Priscila Noberto
Capa e Projeto Gráfico: Marcela Badolatto
Diagramação: Priscilla Andrade
Preparação: Mônica Gomes d'Almeida
Supervisão de revisão: Cristina Peres

1ª edição — 1ª impressão
10.000 exemplares — maio 2013

Dados Internacionais de Catalogação na Publicação (CIP)
(Câmara Brasileira do Livro, SP, Brasil)

Aurélio, Marco (Espírito).
O que importa é o amor / pelo espírito Marco
Aurélio ; [psicografado por] Marcelo Cezar. —
São Paulo : Centro de Estudos Vida & Consciência Editora, 2013.

ISBN 978-85-7722-217-9

1. Espiritismo 2. Psicografia 3. Romance espírita
I. Cezar, Marcelo. II. Título.

12-14032 CDD-133.93

Índices para catálogo sistemático:
1. Romances espíritas psicografados : Espiritismo 133.93

Este livro adota as regras do novo acordo ortográfico (2009).

Editora Vida & Consciência
Rua Agostinho Gomes, 2.312 – São Paulo – SP – Brasil
CEP 04206-001
editora@vidaeconsciencia.com.br
www.vidaeconsciencia.com.br

MARCELO CEZAR
pelo espírito Marco Aurélio
O QUE IMPORTA é o amor

Prólogo

Paloma saltou do táxi e correu sem olhar para trás. Mesmo com enorme vontade de virar o rosto para verificar se estava sendo seguida, continuou olhando para baixo e para a frente a fim de não tropeçar. Estava aturdida, desesperada.

— Meu Deus! Ajude-me! — balbuciou, enquanto as pernas aceleravam os passos.

Lena, amiga querida, tinha sido clara e sempre lhe alertara que Javier era um homem mau. Todavia, Paloma achava que isso era futrica, inveja, dor de cotovelo; afinal de contas, Javier era um espanhol de quase dois metros de altura, forte, rosto quadrado, e exalava masculinidade. Não passava despercebido.

As mulheres suspiravam por ele. A última namorada, ao ser abandonada, tentara o suicídio, tamanho fascínio que Javier exercia sobre as mulheres. Entretanto, o espanhol de olhos negros e profundos só tinha interesse em Paloma. No fundo, ela até sentia orgulho.

"Eu e Javier formamos um lindo casal. Somos admirados e muito invejados", dizia sempre, com o rosto altivo, cheio de satisfação.

Enquanto corria, começava a acreditar que Lena sempre esteve certa, porquanto a acolhera e fora solidária desde seus primeiros dias em Barcelona. Jamais deveria suspeitar que Lena pudesse ter um dedinho de inveja dela.

— Lena viu há muito tempo o que eu só vejo agora — sibilou, enquanto dobrava uma ruela, esbaforida e com medo. Muito medo.

Não podia mais levar aquela vida. Tinha de dar novo rumo à sua jornada. Sua irmã, por quem Paloma nutria confiança e afeição especial, tinha sido categórica e afirmara sem rodeios que Javier não prestava.

Mas fazer o quê?

— Ninguém manda no coração — rebatia ela, numa tentativa pífia de desculpar-se por amar um homem sem escrúpulos, sem moral, abjeto.

— Será que a velha cigana tinha razão? — emendou na sequência, lembrando-se de uma consulta, tempos atrás.

Ela pensava, sussurrava, respirava e corria. Muito. Fazia tudo ao mesmo tempo, tentando apagar a cena que a aterrorizara minutos antes e procurando impedir que sua mente a trouxesse de volta.

— Aquilo não é verdade. O que vi não pode ser verdade! — asseverou com veemência.

A vasta cabeleira balançava freneticamente para os lados. Paloma parou por um instante. Ofegante, encostou o corpo contra a parede e passou as costas da mão sobre a testa, procurando afastar as gotas de suor que escorriam sobre o rosto avermelhado.

— Estou cansada. Não sei se vou conseguir fugir de Barcelona. Por mais que eu ame esta cidade, tenho amor maior à vida. Se ficar, morro.

Arfante, ela recobrou as forças e seguiu a passos largos. Cortou Las Ramblas[1] feito um foguete, esbarrando nas pessoas, queria chegar o quanto antes à casa de Lena.

---

1 Série de pequenas ruas que se juntam. Las Ramblas de Barcelona, na Espanha, têm ao todo pouco mais de mil metros e liga a Praça da Catalunha ao antigo porto de Barcelona.

— Lena vai me escutar e vai me dar uma luz.

Paloma meteu a mão no bolso de trás da calça e pegou um molho de chaves. As mãos estavam trêmulas, e ela levou algum tempo até acertar a chave na fechadura e abrir o enorme e pesado portão de madeira. Assim que entrou, subiu os degraus de dois em dois e colou o dedo na campainha. Uma voz lá de dentro fez-se ouvir:

— Já vai.

A porta abriu-se e Paloma avançou num salto. Abraçou Lena com força, e as lágrimas começaram a correr, misturando-se ao suor.

— Oh, Lena! Preciso tanto de você...

— O que foi? — perguntava a amiga, enquanto tentava acalmá-la, passando as mãos delicadamente sobre as costas de Paloma.

— Preciso ir embora. Voltar para o Brasil. Imediatamente.

— Como voltar? Assim, sem mais nem menos?

— Sim — Paloma balançou a cabeça, nervosa.

— Javier vai junto? — indagou ressabiada.

Os olhos de Paloma pareciam querer saltar das órbitas.

— De modo algum! Eu preciso fugir... dele!

Lena fechou a porta, passou o trinco e foi até a cozinha. Apanhou um copo de água com açúcar e trouxe-o para a amiga.

— Beba — ordenou, enquanto puxava Paloma para o sofá e se sentava ao lado dela. — O que aconteceu?

— Não sei se posso dizer...

— Se não puder falar, não posso ajudá-la. Mas estou sentindo uma energia muito ruim.

Lena tinha muita sensibilidade. Percebia que o campo emocional de Paloma estava em desequilíbrio. A moça respondeu de chofre:

— É algo que me chocou profundamente.

— Paloma, sou sua amiga. E, por ser mais velha e tê-la incentivado a vir morar em Barcelona, sinto-me responsável por você. Seus pais confiam em mim.

— Sei disso. Se não fosse você ao meu lado aqui, não sei se aguentaria viver fora do meu país por tanto tempo.

— Eu lhe avisei que Javier era encrenca pura.

— Eu não tenho sensibilidade — reconheceu.

Lena riu.

— Não é preciso sensibilidade para perceber que Javier é um homem mau, sem escrúpulos. Está na cara, nos olhos, nas atitudes dele... — Lena suspirou e prosseguiu: — Entende agora que nunca tive inveja de vocês? Percebe que sempre só quis abrir os seus olhos?

Paloma lembrou-se de algumas cenas em que Lena aparecia pedindo, com jeito, que tivesse não um, mas os dois pés atrás com Javier.

— Agora eu entendo — respondeu resignada. — Eu conheci Javier de maneira torpe, nosso envolvimento foi mais pela química, pela pele. Foi puro desejo.

— Desejo que você precisa aprender a frear.

— O que fazer? Deixar de sentir prazer?

— Não se trata disso. Você precisa monitorar seus desejos. O desejo não pode ser maior do que a nossa vontade de poder decidir sobre as coisas. O desejo incontrolável nos arrasta para um mundo de vícios e a perda de contato com nossa essência.

Paloma fazia sim com a cabeça. No entanto, estava deveras aturdida para absorver o comentário. Um tanto mais calma, prosseguiu:

— De um tempo para cá, comecei a notar mudanças no comportamento dele.

— Ele anda metido com gente da pesada.

— É. Eu sei.

— Se sabe, o que a deixou tão desorientada?

Paloma respirou fundo e sussurrou no ouvido de Lena. A amiga levou a mão à boca para abafar o susto e balançou a cabeça negativamente:

— Sabia que ele era da pesada, mas não pensei que chegasse a tanto — tornou Lena, espantada. — Tem certeza?

— Posso ficar cega se estiver mentindo! Eu vi com os meus próprios olhos! Nunca vou me esquecer de cena tão cruel.

As duas abraçaram-se. Lena perguntou:

— Javier viu você?

— Não. Acho que não.

— Acha?! A situação não permite que você "ache" alguma coisa, Paloma. Ou Javier a viu, ou não. Disso você precisa ter certeza.

— Só tenho certeza do que meus olhos registraram. A porta estava entreaberta e vi quando ele apertou o gatilho e... — a voz era entrecortada por soluços — não consegui ver mais nada. Surtei! — ela levou as mãos ao rosto, num gesto típico de desespero.

— Conhece quem estava lá com ele?

— Eu o vi caído de bruços. Parecia ser homem.

— Tinha mais alguém com Javier?

— Não me lembro. Como lhe disse, assim que abri a porta, vi Javier... — Paloma fechou e abriu os olhos. — Não sei como consegui, mas dei um passo para trás e me controlei para não gritar. Saí pé ante pé. Ao ganhar a rua, peguei um táxi e pedi ao motorista para sair de lá o mais rápido possível. Passei o tempo todo olhando para trás para me certificar de que o motorista não estava sendo seguido. Saltei e atropelei não sei quantos nas Ramblas.

Lena afirmou, convicta:

— Você precisa ir embora. Já.

Paloma abraçou-a com força.

— Era isso que meu coração dizia, mas eu precisava escutar você para ter certeza.

— Precisa arrumar-se. Passagem e dinheiro, eu consigo sem problemas. Ramón é comissário de bordo. Tenho meus contatos.

— Sim.

— E seu passaporte? Está aqui, certo?

— Não. Está no quarto... — hesitou — lá do nosso apartamento.

— O que seu passaporte está fazendo na casa de Javier?

— Foi bobeira minha. Ontem fui a uma casa de câmbio para trocar dinheiro e deixei a bolsa no apartamento dele. Eu saí com uns trocados, mais nada.

— Como pegá-lo sem Javier saber que esteve lá? Ai, Paloma, não estou gostando dessa situação. Não acha melhor eu ir até lá?

— Não quero que se meta em encrencas. Você é uma boa amiga. E me preocupo com Eduarda.

— O que tem ela?

— Depois lhe conto. Não posso sair do país sem falar com ela.

Lena fez um muxoxo.

— O que foi? Também não confia em Eduarda?

— O pai dela tem ligações com Javier.

— Eduarda não tem nada a ver com isso. Mudou muito. É uma boa amiga.

— Em todo caso, você não pode ir até o apartamento. De jeito nenhum e...

De repente, a campainha tocou ao mesmo tempo que batiam na porta.

— Abra, Lena! É Paco.

Paloma desesperou-se.

— É o homem de confiança do Javier. Esse capanga sabe que eu estou aqui. E agora?

— Calma — Lena tentou tranquilizá-la.

— Paco vai nos matar!

— Vamos, Lena, abra! — gritava a voz.

As batidas ficaram mais intensas e, segundos depois, Lena abriu.

Os olhos injetados de fúria à sua frente eram tão assustadores que Lena sentiu enjoo e as pernas ficaram bambas. Escondida embaixo da cama, Paloma pedia a Deus que a tirasse de lá. O mais rápido possível.

1.

Muitos anos antes.

Isabel e Paulo cresceram querendo viver um ao lado do outro, para sempre, até mesmo depois que a morte os separasse, acreditando naturalmente nesta possibilidade. Namoraram desde crianças, e as famílias de ambos aprovavam a relação. Parecia que os dois tinham saído daqueles contos de fadas, ou mesmo daqueles filmes antigos e açucarados com os quais naturalmente exalamos sincero e merecido suspiro de felicidade no fim.

No colégio, quando havia quermesse, Isabel sempre era a noiva, e Paulo, o noivo. No baile de quinze anos, depois de dançar a valsa com o pai, Isabel dançou a segunda valsa com Paulo. E essa sintonia perfeita prosseguiu; quando completaram vinte anos de idade, numa bela noite estrelada, casaram-se.

Eles representavam o modelo ideal, perfeito, de casal feliz. Os amigos e familiares sentiam até uma ponta de inveja, tamanha afinidade entre os dois. Afinal, numa época em que se separar parecia algo moderno e natural, os dois passavam longe desse pensamento. Nunca discutiram. Jamais tiveram uma rusga, uma briga, um desentendimento que fosse. Eram extremamente companheiros. Além do amor, o respeito e a admiração eram recíprocos, na mesma medida. Um dava força ao outro. Em tudo. Diziam com firmeza e naturalidade:

— Nascemos um para o outro.

— O que vale mais nessa relação? — perguntavam sempre aos dois, na tentativa de encontrarem uma fórmula de amor eterno.

— O nosso amor — respondiam.

Isabel sempre frisava:

— O que importa é só o amor, porque, com amor, todos os problemas se tornam pequenos, todas as rusgas se tornam pequeninas, além do mais, o amor não permite espaço ao desentendimento. Onde há desentendimento e falta de respeito, inexiste o amor — era a resposta clara, objetiva e sempre ali, na ponta da língua, dita de maneira suave e verdadeira. Era, sem sombra de dúvidas, um casal excepcional, fora dos padrões.

Magnólia era amiga de Isabel desde os tempos de infância, quando estudavam no Colégio São José, na Rua da Glória, no bairro da Liberdade, em São Paulo. Tratava-se de um colégio só para moças, que era uma referência na formação de normalistas, ou seja, professoras, carreira geralmente comum que muitas meninas seguiam no início dos anos 1970, em vez de cursarem o científico.

Magnólia era naturalmente uma pessoa negativa. Crescera assim, porquanto era de sua natureza olhar a vida sempre pelo lado ruim. Obviamente, não tinha lá muitos amigos. Mas ela não era má pessoa. Muito pelo contrário. Magnólia tinha caráter e boa índole. O único defeito de Magnólia, se assim podemos pontuar, é que ela desconfiava sobremaneira das pessoas. Tinha um modo negativo de encarar a vida e o mundo, o que a infelicitava profundamente. Acreditava que por trás de toda boa intenção havia uma outra, bem pior.

O detalhe inconfessável: Magnólia era apaixonada por Isabel. E acreditava que um dia, talvez, a amiga lhe desse atenção e pudessem viver uma linda história de amor.

Isso era viagem da cabeça de Magnólia. Isabel não era preconceituosa; contudo, amava Paulo. Só tinha olhos para ele. E para mais ninguém. Fosse homem ou fosse mulher.

Magnólia começou a perceber que seria impossível ter Isabel para si. Quanto mais presenciava as trocas de carinho e juras de amor entre Isabel e Paulo, mais tinha a certeza de que ficaria sozinha, que jamais teria a sorte da amiga e encontrar um amor. Com medo de ser rejeitada, Magnólia não dava abertura para que outra garota pudesse tocar seu coração.

— Se não posso ter Isabel, então não terei mais ninguém — dizia para si. — A vida é mesmo ruim e difícil. Não sei como ainda consigo viver — reclamava.

Queixas à parte, Magnólia era uma moça bonita. Com pavor de que as pessoas descobrissem suas *tendências* — como ela frisava —, deu trela para Jonas, rapazote que morava nas redondezas e andava com uma turminha barra-pesada, sempre metida com pequenos furtos e arruaças.

O moleque era naturalmente rejeitado pelas meninas da redondeza pela fama de marginal. Porém, ele acreditou que Magnólia estivesse gostando dele. Foi uma época em que Jonas até considerou largar a vida fácil, de vagabundagem. Pensou que, com o namoro, viria a vontade de trabalhar com carteira assinada e, quem sabe, até voltar a estudar. Jonas tinha jeito para consertar veículos e começou a vislumbrar ser dono de uma oficina mecânica, com o nome de Magnólia na fachada.

Os amigos caçoavam:

— Essa garota é estranha — dizia um.

— Magnólia não é chegada em rapazes — confessava outro.

— Vocês estão é morrendo de inveja — replicava Jonas. — Só porque uma menina decente deu trela para um de nós, estão enciumados. Pura dor de cotovelo!

Quando Jonas a beijou pela primeira vez, Magnólia não sentiu nada. Nem um frêmito de emoção.

"Achei que fosse sentir a emoção de um beijo, como as atrizes demonstram nos filmes do cinema", pensava, triste e desiludida.

Em contrapartida, Jonas sentiu o coração pular, as pernas falsearem, fogos de artifício espocarem no céu.

"Achei a mulher da minha vida", pensou, entre suspiros e sonhos.

Isabel desconfiava que Magnólia nutrisse por ela muito mais que um sentimento de amizade. Conversara com Paulo a respeito e acharam melhor não questionar a amiga. Preferiram manter atitude e comportamento reservados que não ferissem os brios de Magnólia.

— Um dia ela vai esbarrar numa boa mulher, que seja íntegra e a valorize, e vai se apaixonar.

— Será, Paulo? Magnólia é tão maria vai com as outras, tão negativa, tem medo de tudo. Eu me preocupo com ela. Veja esse namoro com o Jonas. Tem cabimento se envolver com uma criatura como ele?

— Cada um atrai o que merece — argumentou ele.

— Você, às vezes, é duro demais, meu amor.

— Não, Isabel. Sou realista. Magnólia tem uma maneira dramática de encarar a vida. Para ela tudo vai piorar. Se algo bom acontece, ela logo diz que felicidade não pode durar. Ela tem um comportamento que atrai pessoas que pensam como ela. Mas em relação ao Jonas... — ele parou de falar, criando um suspense.

— Diga logo, meu amor. O que você sabe que eu não sei?

— Jonas está amarrado em Magnólia.

— Jura?

— Hum, hum. Apaixonado. Dizem até que ele pensa em largar essa turma da pesada e trabalhar. Acredita?

Isabel levou a mão ao peito.

— Meu Deus!

— O que foi, meu amor?

— Não sei. Uma sensação muito ruim.

— Acha que Jonas pode machucar Magnólia?

— Não. O contrário.

— Não entendi — Paulo estava confuso.

— Magnólia está namorando o Jonas porque tem medo de ser falada, xingada. Ela está usando o rapaz para se defender dos comentários maledicentes da sociedade. Imagine o dia em que ele descobrir que ela não sente atração por homens.

— É embaraçoso. Ela pode magoá-lo profundamente.

— Preciso ter uma conversa séria com ela.

— Isso, meu amor. Converse com Magnólia. Você tem sensibilidade suficiente para tocar nesse assunto tão íntimo.

— É verdade — concordou Isabel. — E, além do mais, Magnólia é minha amiga.

— Você é um anjo na vida dela. Anjos não se deixam contaminar pelo pensamento negativo de seus protegidos.

Isabel o beijou com emoção.

— Obrigada por me entender e apoiar.

— É para isso que serve um companheiro, certo?

— Sim. Mas esse namoro dela com o Jonas não me desce. Não gosto de ver os dois juntos. Sinto arrepios, uma coisa estranha.

— Percebe as energias negativas do rapaz.

— Sim. E tem mais: Jonas pode estar apaixonado, mas tem olhos maus.

— Olhos maus? Nunca ouvi isso antes — ele riu.

— É quando a pessoa é dissimulada e olha para você fingindo amabilidade, além de, geralmente, evitar ser encarada. Felizmente, ou infelizmente, minha intuição percebe quando alguém não é sincero. Jonas exala maldade. Se ele se sentir traído por Magnólia, não sei o que será da vida dela.

— Não exagere. É amor.

— Amor é o que sinto por você, e você por mim. Se Magnólia gosta de meninas, por que foi se envolver justo com a criatura mais delinquente do bairro?

— Porque ela deve estar se sentindo insegura, com medo de que os outros a julguem por ser, digamos, diferente.

— Ela tem o meu apoio.

— E o meu também. O que podemos fazer? — indagou Paulo.

— Como você disse, tenho jeito com Magnólia. Vou procurá-la.

— Converse com ela. Vá com jeitinho. Você é a única pessoa que Magnólia escuta com atenção.

— Tem razão. É o que vou fazer.

2.

No dia seguinte, Paulo chegou do trabalho, arrumou a mochila. Não queria, de forma alguma, que Magnólia se sentisse constrangida com sua presença.

— Vou nadar um pouco, colocar a conversa em dia com os amigos — avisou ele. — Depois que terminar a conversa, ligue para a secretaria do clube.

— Pode levar horas, meu amor.

— Não tem problema. Magnólia precisa de nossa atenção. Você é amiga dela.

— Não sei o que seria da minha vida sem você.

— E não sei o que seria da minha — respondeu ele, beijando-a com amor. Depois Paulo saiu, entrou no carro e deu partida. Isabel ligou para a casa de Magnólia, convidando-a para um chá.

— A essa hora? — estranhou Magnólia.

— Paulo saiu. Gostaria de conversar com você, assunto de meninas. Pode ser?

— Vou me arrumar e logo estarei aí. Um beijo.

Elas moravam a algumas quadras de distância. Em quinze minutos Magnólia estava sentada no sofá, bebericando uma xícara de chá de cidreira e beliscando docinhos.

Isabel conversou com Magnólia e expôs sua preocupação.

Magnólia deu de ombros.

— Não vai durar muito. Fique tranquila.

Isabel a abraçou e Magnólia sentiu uma onda de prazer. Afastou-se da amiga e controlou a emoção. Pigarreou e justificou:

— Não é nada sério.

— Mas Jonas pode estar pensando que é sério. Paulo contou que ouviu lá no bar.

— O que ele escutou no bar?

— Jonas está pensando em trabalhar com carteira assinada e até quer voltar a estudar.

— Não me diga!

— Tudo porque está apaixonado e quer formar uma família com você.

Magnólia tremeu.

— Apaixonado?!

— É.

— Nunca dei chance para ele se apaixonar.

— Como não? Estão sempre juntos, andando de mãos dadas pelo bairro. Parece que você adora passear com ele. Já os vi dando amassos no portão. Não sei como seu tio Fabiano não a pegou no flagra e lhe deu um pito.

Magnólia desconversou.

— Sou uma moça como outra qualquer. Só você e Paulo podem se apaixonar?

— Não é isso.

— Só porque Jonas anda com uma turma barra-pesada? Você o julga!

— Não. Não é julgamento. Só gostaria que você percebesse que está enchendo a cabeça dele de ideias, deixando Jonas se envolver e fazer planos.

— E daí? — Magnólia questionou com desdém.

— E daí que você não o ama.

— Como pode afirmar isso?

Isabel teve vontade louca de dizer, mas foi prudente.

— Eu e Paulo nos preocupamos com você.

— Eu sei me virar.

— Não sabe, Magnólia. Você namora Jonas só para dar satisfação à sociedade, para que os vizinhos não a perturbem, para que seu tio não a amole, com medo de... — Isabel não terminou.

Magnólia levou o dedo à boca de Isabel, aturdida.

— Não diga mais nada.

— Não adianta me calar. Eu só quero o seu bem.

A lágrima desceu rápido. O corpo de Magnólia começou a tremer.

— Você sabe o que sinto, não?

— Sim.

Magnólia deu um longo suspiro dolorido e deixou as lágrimas correrem livremente. Isabel abraçou-a e deixou que chorasse. Enquanto isso, esclareceu:

— Não acho errado.

Magnólia arregalou os olhos e estancou o choro.

— Não?

— Não. Quando o assunto é sentimento, não existe o certo ou o errado. Existe o bom senso.

— Obrigada por me aceitar.

Isabel apertou-a de encontro ao peito. Magnólia sentiu um carinho tão genuíno pela amiga que o frêmito de emoção foi substituído por uma quietude interior que serenou seu coração.

— Tenho medo de ser falada — admitiu, enquanto se recompunha no sofá.

— E daí? Você é uma mulher livre. Está com vinte anos de idade. Jonas é mais velho e não concluiu os estudos.

— Além de ter entrado na Febem e saído de lá inúmeras vezes.

— Não fale nesse tom de julgamento. Podemos imaginar a vida que teve. O pai sempre batendo na mãe, as brigas, a polícia... Jonas cresceu em um lar desestruturado.

— Ele não tem mais jeito, né?

— Não é isso. Tem jeito para tudo. Jonas pode se transformar. Aliás, ele está se transformando. O namoro fez com que ele repensasse a vida, mudasse a maneira de ser. Você tem feito bem a ele. O que me preocupa é saber se esse namoro tem data certa para acabar. Tem?

— Eu posso levar essa mentira adiante — clareou Magnólia.

— Como assim? Não entendi.

— Eu posso namorar, depois casar. Posso começar uma família, ter um filho e depois peço a separação. Nunca vão falar mal de mim.

— Está só pensando no que o mundo vai dizer? É isso? Estou abismada com a sua falta de consideração.

— O mundo é assim, Isabel. Quem sabe se safar leva a melhor.

— Você não pode estar falando sério.

— Tenho tudo arquitetado — apontou para a cabeça.

— Não pode usar os outros para satisfazer seus caprichos.

— Quem disse que não posso?

— Não é correto. Nem ético.

— Crianças são assassinadas todos os dias. Bandidos matam sem pestanejar. As guerras espocam pelo mundo inteiro, a todo instante. Isso tudo não é correto.

— Você perdeu o juízo, perdeu o bom senso. Você pode magoar profundamente o Jonas.

— Ele que se dane! Cada um que saiba lidar com seus sentimentos.

Isabel respirou fundo e ponderou:

— Querida, eu adoro você. É minha melhor amiga.

— Eu sei.

— Pode contar comigo e com Paulo. Estamos ao seu lado para o que der e vier. Mas veja bem: abusar do sentimento dos outros, usar alguém para satisfazer seus desejos e caprichos, e depois jogar na lata do lixo, não é uma atitude adequada. Sabe que a vida responde às nossas atitudes.

— De novo com esse papo! — exclamou, nervosa.

— Quantas vezes forem necessárias! — Isabel apanhou a mão de Magnólia e declarou, com carinho: — Eu quero que você seja feliz. Não importa se com homem ou mulher, mas feliz.

— Nunca vai me condenar?

— Jamais. Quem ama não condena. E na verdadeira amizade não há espaço para cobranças. Um amigo pode não concordar, mas nunca vai condenar. Não estrague sua vida e a vida de Jonas por conta de um capricho, só para que a sociedade a veja com outros olhos.

— Não sei como agir. Eu gosto de mulher, mas não me sinto um sapatão. Não consigo me ver de camisa comprida, calça jeans, botinas e cabelinhos curtos.

— Há tipos e tipos. Existem lésbicas masculinizadas e femininas, altas e baixas, gordas e magras.

As duas riram.

— Tem razão. Eu sou muito feminina. Gosto dos meus cabelos longos, de vestido, de batom.

— Relacionar-se com outra mulher não vai fazer você mudar esse comportamento. Muito pelo contrário.

— Por quê?

— Porque, quando assumimos o que somos, quando estamos do nosso lado, a nossa aura se expande, o nosso peito se abre e nos tornamos mais belas e verdadeiras. E estamos no mundo para trocar experiências.

— Bela experiência a minha!

— Talvez seu espírito necessite de autoapoio, precise aprender de uma vez por todas que quem não rejeita a vida e não se rejeita nunca será rejeitado.

Magnólia abraçou Isabel com força.

— As suas palavras tocaram meu coração — Magnólia refletiu por instantes e concluiu: — Eu vou terminar o namoro com Jonas.

— Isso — incentivou Isabel. — Termine com ele, numa boa, antes que ele se machuque profundamente. Prepare-se para receber um amor verdadeiro. Só vai levar desta vida as lembranças, sejam boas ou ruins. Faça o possível para ter um número cada vez maior de doces recordações. Assuma-se por inteiro. Seja você mesma. Deixe sua alma ser maior que sua mente.

— É difícil, Isabel. Eu tento, mas tenho medo do mundo. Se eu pudesse contar com o apoio dos meus pais ou de minha irmã, mas... infelizmente...

— Infelizmente seus pais morreram há muitos anos e sua irmã foi morar com parentes distantes que a acolheram em Belo Horizonte. Nunca mais se viram e duvido que voltem a se ver. Você veio viver com seu tio Fabiano, que a recebeu com carinho.

— Grande coisa! — resmungou Magnólia. — Velho sovina.

— Um velho sovina que lhe deu casa, comida, pagou seus estudos. Tio Fabiano não tinha obrigação nenhuma de cuidar de você.

— Ele é muito duro comigo.

— É o jeito dele. Compreenda que seu tio foi criado sob padrões rígidos de comportamento. Ele age de acordo com os valores que absorveu. Precisa entendê-lo. E não se esqueça de que ele se comprometeu a lhe pagar uma faculdade, caso não ingresse em uma universidade pública.

— Sei que não vou passar no vestibular. Chutei todas as questões da primeira fase.

— Então procure um curso pago, como eu. Há boas faculdades particulares.

— Quer saber? Não tenho vontade de estudar nada.

— Precisa gostar de alguma coisa. Com tantas possibilidades neste mundo, e você não tem gosto de estudar nadica de nada? Não posso crer.

— Pensei em educação artística. Mas não dá dinheiro...

— Magnólia, minha querida, você precisa pensar em algo que lhe dê prazer. Quando estudamos ou nos formamos em uma profissão pela qual temos gosto, o dinheiro vem com o tempo, naturalmente.

— Queria ser rica.

— Mas ainda não é. Precisa estudar, trabalhar, ter uma profissão.

— É tão difícil...

— Mas não é impossível. Casei-me e, assim que nos formamos normalistas, entrei na faculdade. Logo terminarei a faculdade e quero engravidar. A vida segue. Você precisa abrir os caminhos para a vida ajudá-la, em todos os sentidos. De nada adianta namorar um rapaz de que não gosta somente para agradar o mundo e querer ser independente sem procurar emprego ou estudar.

— Hum — Magnólia suspirou. Percebeu a sinceridade na voz de Isabel e perguntou, timidamente: — Então, o melhor seria eu dar um passo à frente e procurar emprego?

— O trabalho, além de ser um meio de vida, é ferramenta indispensável que lhe permite descobrir as leis da natureza. É por meio do trabalho que você desenvolve a criatividade, aprende a relacionar-se com os valores de uma forma geral e com as pessoas. Ninguém alcança a sabedoria sem ter valorizado o trabalho.

— É tudo tão difícil.

— Não desanime. Você sempre foi boa aluna nas aulas de educação artística e nas aulas de bordado. Por que não pensa em melhorar suas habilidades e investir num negócio próprio?

— Negócio próprio? — Magnólia riu com desdém. — Eu não tenho dinheiro nem para sair de casa e me bancar, imagine montar um negócio.

— Antes de realizar, precisamos criar as situações que desejamos aqui na mente — apontou para a cabeça. — Se você visualizar, ou seja, imaginar constantemente coisas boas, só poderá atrair coisas boas.

— Não acredito em visualização criativa.

— Não tem ideia do poder de nossa mente — contrapôs Isabel. — A nossa imaginação pode transformar nossa vida. Para melhor ou para pior.

— Humpf! — Magnólia pronunciou algo ininteligível e olhou para a mesa de centro. Viu o livro. Perguntou, de maneira irônica:

— Toda a mágica de uma vida feliz está contida aí? — apontou.

— Sim — Isabel apanhou o livro e o entregou para Magnólia.

Ela pegou o livro e leu em voz alta:

— *Visualização criativa*, de Shakti Gawain.

— Você vai adorá-lo. Leve para casa e leia. Nem que seja só para dar uma olhada nas primeiras linhas. Sei que vai lhe fazer bem.

— Está certo. Vou levar.

Conversaram bastante naquela noite. Magnólia falou sobre suas preferências, sobre sentir atração por mulheres, desde que menstruara, e de se sentir culpada e envergonhada ao mesmo tempo. Abriu o coração para Isabel e saiu, tarde da noite, um pouco mais aliviada.

Quando chegou em casa, dirigiu-se ao quarto, trocou-se e vestiu a camisola. Apagou a luz e deixou o abajur aceso. Deitou-se e abriu o livro. Magnólia não gostava de ler. A leitura lhe causava sono. Bocejou, fechou e colocou o livro sobre o criado-mudo, desligou o abajur e adormeceu.

3.

Nos dias que seguiram, Magnólia não leu o livro, não procurou uma faculdade particular, tampouco foi atrás de emprego. O desânimo apoderou-se dela. Só estava certa de uma coisa: esquecer o namoro com Jonas.

Também pudera. Depois de participar de um assalto, fugir com um carro e atropelar duas pessoas, Jonas havia sido preso em flagrante e detido.

— Fico feliz que tenha esquecido o Jonas — afirmou Isabel.

— Nem precisei terminar o namoro. Ele foi preso.

— Mas pode estar ainda pensando em você — tornou Isabel. — Melhor ir até a detenção e falar com ele.

— Está louca? — exasperou-se Magnólia. — Eu jamais vou botar os pés na cadeia. Jonas vai me esquecer.

— Quem se apaixona não esquece.

— Problema dele.

— Não. Se você terminar e ele não aceitar, você vai ter ajuda da vida para que ele não a amole, porque foi verdadeira. Contudo, se não se expressar, não for verdadeira, então o problema será seu e correrá o risco de Jonas atormentá-la.

— Ele é cão que late muito. E cão que late não morde.

Isabel meneou a cabeça, maneira negativa.

— Em todo caso, se quiser, eu acompanho você até a cadeia.

— Não há necessidade — desconversou. — Sabe, o livro que me emprestou ajudou bastante — mentiu.

— Você não leu uma linha.

— Imagine!

— Não me venha com conversa fiada, Magnólia. Eu a conheço muito bem — riu humorada. — Mas não faz mal. Posso saber que cara é essa?

— Meu tio cobrou uma posição.

— Sobre?

— Faculdade, Isabel. Não me decidi. Fiquei remoendo esse término de namoro. Não tive tempo de pensar — mentiu de novo.

— Seja franca — incentivou Isabel. — A sinceridade funciona como um escudo, protegendo-nos das energias perniciosas que nos rondam.

— Tio Fabiano não vai compreender.

— Daí é outra história. Abra seu coração, diga que ainda não sabe o que fazer, mas que vai se esforçar e, no máximo, começará um curso superior no próximo ano.

— Titio é muito firme. Tenho medo.

— Ora, Magnólia. Você precisa ter paciência. Seu tio é firme, mas não é um carrasco. Ele lhe quer muito bem.

— Agora botou na cabeça que ou eu entro na faculdade, ou vou à cata de trabalho.

— Seu Fabiano não disse nada diferente do que já conversamos.

— Não é a vida que eu gostaria de ter.

— Acha que está reencarnada para quê? — a indagação de Isabel era seguida de leve indignação.

— Para viver e sofrer.

Isabel revirou os olhos, inconformada.

— Vivemos numa época em que o sofrimento ainda faz parte do burilamento do nosso espírito. Muitos de nós ainda precisam sofrer para crescer. Outros olham o sofrimento sob um prisma menos pesado, e tem até quem não acredite no sofrimento em si.

— Não concordo.

— Então mude. Pare de reclamar.

— Eu queria o sucesso.

— Sucesso sem esforço pessoal não existe. Faça a sua parte, e o universo fará o resto.

— E o universo tem lá tempo para mim, Isabel?

— Tem — respondeu com paciência. — Tem tempo para todos nós. As forças universais trabalham pelo bem de todos que aqui estão reencarnados. Você é forte.

— Sou nada.

— É forte. Nasceu com o propósito de bancar-se. Você voltou nesta nova experiência para não dar ouvidos aos comentários do mundo. Precisa estar ao seu lado sem hesitar. Ser sua amiga, sempre.

— Gostaria de ser uma mulher normal.

— E é. Quem disse que não?

Magnólia levantou-se da cadeira e apanhou um copo. Foi até o filtro e encheu-o de água. Bebeu e mudou o assunto.

— Paulo já deu entrada nos papéis para o financiamento da casa?

— Já — tornou Isabel, alegre, com enorme sorriso.

— Não têm medo de assumirem prestações por tantos anos? Não acham arriscado?

— Não. Somos jovens, saudáveis, com uma vida pela frente.

— E se um dos dois morrer?

— Você pode me provocar, porque não entro mais nessas suas ideias negativas. Por precaução, fizemos um seguro de vida que cobre o valor da dívida, para o caso de um dos dois morrer. Pensamos em tudo.

— Tenho medo de fazer prestação. De repente, amanhã não dá para pagar. É preferível não ter a perder tudo de uma vez.

Isabel ignorou o comentário negativo e prosseguiu:

— Para mim e para Paulo, a prestação da casa própria serve como antecipação de nossa prosperidade. Não estamos fazendo dívidas por futilidades, mas para ter a *nossa* casa — frisou —, onde vamos criar nossos filhos.

— Aqui neste bairro?

— Sim. Aqui neste bairro. Eu e Paulo adoramos a Mooca. E é nela que vamos continuar a viver.

— Queria ser assim como você — suspirou. — Infelizmente, a negatividade insiste em ser minha companheira. O que fazer?

— Mude seu jeito de encarar a vida. Abra a mente para outras verdades, leia, estude, conviva com pessoas positivas, que vivam com alegria no coração. Por que não procura tratar seu tio de outra forma?

— E existe outra maneira de me relacionar com tio Fabiano?

— Sim. Seja amorosa. Procure entendê-lo.

Magnólia fez sim com a cabeça e despediu-se.

— Amanhã eu passo aqui.

— Depois das sete. Tenho reunião com fornecedores e não chegarei antes das sete.

— Está bem.

Magnólia saiu da casa de Isabel, dobrou a rua e, duas quadras antes de chegar à casa de seu tio, sentiu um braço puxando-a com força. Ela se virou e arregalou os olhos:

— Jonas?

— Oi, gata. E aí?

— Você estava preso e... — as palavras saíam entrecortadas.

— Fugi. Para variar.

Ele a foi puxando com firmeza para perto de um carro.

— Entre.

Magnólia não gostou das feições do rapaz. Sentiu medo.

— Não posso. Meu tio está me esperando.

— Entre — a voz de Jonas era forte e autoritária. — Quero levar um lero contigo. Coisa rápida. O carro está ligado.

Ela assentiu e entrou.

— Que carro é este?

— Sei lá. Eu vi na rua, gostei, arrombei, fiz ligação direta e cá estamos — a risada dele era de um sarcasmo só.

Enquanto Jonas acendia um cigarro e acelerava, Magnólia sentia o coração bater descompassado.

— Para onde estamos indo?

— Para um drive-in.

— Hã?

— Drive-in, gata. Tem um aqui pertinho. Quero só trocar umas ideias. Depois sumo no mundo.

— Está certo.

Ela concordou para não arrumar encrenca.

Jonas foi guiando com uma mão e com a outra fazia movimentos sobre as coxas dela. Magnólia fechou os olhos.

“Estou com medo, muito medo”, pensou.

Jonas dirigiu mais alguns quilômetros e entrou no drive-in. Estacionou o carro e pediu duas bebidas.

— Vou tomar um refrigerante — pediu Magnólia.

— Tudo bem. Uma dose de uísque para mim e um refri para a donzela.

A atendente saiu e voltou em seguida. Jonas deixou a janela do motorista abaixada até a metade, e a moça encaixou a bandeja com as bebidas e os copos. Depois saiu e fechou a cortina. Magnólia começou a suar.

— Não gosto de lugares escuros.

— Relaxa. Tem uma luzinha. E, se quiser, acendo os faróis.

— Prefiro.

Ela falou, abriu a porta do carro e saiu. Jonas apanhou as bebidas e, enquanto Magnólia tentava manter o equilíbrio, ele abriu o bolso da jaqueta e apanhou um papelote. Abriu-o e despejou um pozinho na bebida dela. Ela nada percebeu.

— Entre. Precisamos conversar.

Magnólia respirou fundo mais uma vez e entrou. Sentou-se com uma perna para dentro e outra para fora do carro. Deixou a porta aberta.

— Está quente.

— O carro é bom, mas não tem ar-condicionado. Fique tranquila. A gente não vai demorar.

— Não?

— Não. É coisa rápida.

— Por que me trouxe aqui?

— Porque eu vou viajar por uns tempos. O Aragão me arrumou uns trabalhos em Minas Gerais. Preciso desaparecer por alguns meses.

Jonas falou e entregou o copo com refrigerante para Magnólia.

— Aproveita que está gelado. Vai lhe fazer bem.

Magnólia apanhou o copo e sorveu o líquido de uma vez só.

— Me dá mais um pouco?

Ele sorriu e fez que sim. Apanhou a garrafa e encheu o copo.

— Eu queria me despedir de você.

— Como assim?

— Soube à boca pequena — ele falou baixinho — que você não gosta de homens.

— Não entendi — Magnólia respondeu, mas a vista começou a ficar turva. Ela nem teve tempo de concatenar as ideias. Seu corpo foi amolecendo e cairia do carro se Jonas não a tivesse segurado pelos ombros.

Ele apanhou o copo das mãos dela e prosseguiu:

— Sei que é sapatão. Estava comigo para disfarçar. Brincou comigo, me fez passar por otário com meus camaradas. Eu estava a fim de você. De verdade — a voz dele era entrecortada por emoção misturada a muita raiva. — Estou aqui para não deixar barato. Você vai ganhar um presentinho.

Magnólia não escutava mais nada. Havia apagado por completo. Jonas, delicadamente, desabotoou-lhe o vestido, desceu o banco do passageiro e abaixou as calças. Deitou-se sobre Magnólia, beijou-a com sofreguidão e forçou.

— Nossa! Você é virgem. Quer dizer, era. Agora vai ficar com uma lembrança minha para sempre, sua ordinária.

Ele falava de maneira suave, sem agressão. Beijou e amou Magnólia por quase uma hora. Depois de terminar, vestiu-a, ajeitou o banco do passageiro e fechou a porta do passageiro. Magnólia continuava desacordada.

Jonas encostou a cabeça no banco do carro e começou a chorar.

— Por que fez isso comigo? Por que me usou? Eu estava apaixonado. Estava disposto a largar o crime para viver ao seu lado.

Ficou uns bons minutos rememorando as cenas de namoro, as andanças pelas ruas do bairro de mãos dadas, os amassos no portão.

— Você nunca sentiu nada por mim. Não é justo — balbuciou entre soluços. — Você é a bandida da história. Não eu.

Depois ele se recompôs, enxugou as lágrimas, pagou a conta, deu partida e, quando estava se aproximando da casa, começou a cutucar Magnólia.

— Vai, acorda.

Magnólia balbuciou algo, balançou a cabeça e, aos poucos, seus olhos começaram a se abrir. Ela sentia a vista turva, a cabeça pesada.

— Onde estou?

— Chegando em casa, gata.

— O que você me deu para beber?

— Guaraná — respondeu Jonas. — Acho que a marca não era das boas.

— Eu me lembro de que entramos no drive-in e depois de um tempo apaguei.

— Estava cansada. Falou que queria cochilar um pouco.

— Eu disse isso?

— Sim.

Jonas desacelerou e encostou na calçada.

— Chegamos à casa do tio.

— Que horas são?

Ele consultou o relógio e respondeu:

— Onze e meia.

Magnólia levou a mão à cabeça.

— Onze e meia? É hoje que meu tio me mata!

— Mata nada! O velho deve estar dormindo.

Magnólia não respondeu. Estava enjoada e, estranhamente, começava a sentir incômodo nas partes íntimas.

— Foi bom ter visto você, Magnólia. Infelizmente não vamos poder continuar nosso namoro. Também não sei quando a gente vai se cruzar de novo. Eu vou viajar e não sei quando volto. Se é que volto.

Ele se aproximou e a beijou no rosto, de maneira sensual e controlada. Na verdade, tinha vontade de beijá-la, abraçá-la e permanecer assim pela eternidade. Infelizmente, considerou, ela o desprezava. Magnólia sentiu novo enjoo e abriu a porta do carro. Desceu rápido.

— Obrigada, Jonas. Até qualquer dia.

— Até, gata.

Ele sorriu, acendeu um cigarro e acelerou. Quando o carro dobrou a rua, Magnólia encostou no portão.

— Ufa! Pensei que ele fosse me matar.

Abriu o portão e sentiu nova pontada nos genitais. Passou a mão por baixo do vestido e horrorizou-se ao perceber que o sangue escorria por entre as pernas. Foi então que ela percebeu o que, de fato, acontecera.

— Não pode ser! Jonas não pode ter feito uma barbaridade dessas comigo.

Magnólia voltou à rua e correu até a esquina, na inútil tentativa de encontrar Jonas. Retornou para casa desolada, sentindo-se a pior das criaturas. Ainda estava meio zonza pelo efeito da droga. Entrou em casa e, ao passar pelo corredor, viu o tio. Fabiano estava sentado numa poltrona, cachimbo no canto dos lábios. Vestia um robe sobre o pijama e batia o chinelo sobre o assoalho.

— Onde estava?

— Fui à casa da Isabel.

— E ficou lá até agora?

— Sim.

— Mentira. Vi você saindo de um carro último tipo. Quem era?

— Não era nada, tio.

— Magnólia, não minta para mim. Não sou seu pai, mas sou seu tio. Eu cuido e sou responsável por você.

Magnólia não tinha condições de discutir. Estava cansada e, pior, as dores estavam aumentando. Com medo de que ele percebesse, simplesmente respondeu:

— Está coberto de razão, titio. Eu saí com um amigo. Mas prometo que nunca mais vou encontrá-lo. Nunca mais.

Fabiano estranhou a resposta. Conhecia a sobrinha e sabia que Magnólia iria tentar contra-argumentar. Todavia, ela foi educada.

“Ela não está bem”, pensou.

— Desculpe-me, mas hoje não vou beijar sua mão. Boa noite, titio.

— Boa noite.

Magnólia subiu as escadas e trancou-se no banheiro. Tirou a roupa e constatou o sangue no ventre a escorrer pelas pernas.

— Ele abusou de mim! — exclamou, numa voz quase inaudível, carregada de tristeza. — Fui violentada...

Abriu o registro do chuveiro e, quando a água estava morna, entrou e deixou-se ficar.

— Não quero pensar — ela murmurou, depois de mais de meia hora sob a água morna.

Saiu do banho acabrunhada. Enxugou-se devagar, passou uma pomada, vestiu a camisola e tomou uma aspirina. Foi para seu quarto. Deitou-se na cama e, ao encostar a cabeça no travesseiro, chorou. Chorou muito. Só quando estava amanhecendo, Magnólia finalmente adormeceu.

4.

Desde aquela fatídica noite, Magnólia mudara completamente sua maneira de ser. Não discutia com Fabiano, acatava-lhe todas as ordens. Decidiu trabalhar na farmácia perto de casa.

— Magnólia está bem diferente — Isabel comentou no café da manhã.

— Tenho notado o mesmo — concordou Paulo. — Antes ela vinha direto para cá, passava quase todas as noites ao seu lado, conversavam bastante.

— Ela se abriu comigo, confia em mim. E em você. Contudo, tem evitado vir a nossa casa.

— Será que está com vergonha?

— De quê, meu amor?

— Não sei. De repente ela ainda sente vergonha de gostar de meninas.

— Não creio. Magnólia mudou da noite para o dia. Parou de frequentar nossa casa e, coisa rara, arrumou emprego na farmácia da esquina.

— Vai ver ela passou a acatar suas sugestões. Não há pessoa no mundo que resista aos seus encantos.

Isabel sorriu e beijaram-se.

— Aí tem. Eu conheço minha amiga como a palma da minha mão. Quando Magnólia se retrai dessa forma, é porque não está bem.

— Converse com ela.

— Fui até a farmácia, mas me informaram que ontem foi folga dela. Não quero atrapalhá-la no serviço. Não é certo.

— Vá até a casa dela. Converse com seu Fabiano. Ele é durão, mas sempre nutriu enorme simpatia por você.

— É verdade. Seu Fabiano sempre foi muito amável comigo.

— As pessoas nos tratam como nos tratamos. Magnólia sempre teve comportamento de vítima, sempre se sentiu a criatura mais desafortunada do mundo. Acha que seu Fabiano não percebe o teor das energias dela? Claro que sente, meu amor.

— Também acho. Fabiano é um bom homem. Eu vou até a casa dele dia desses.

Isabel tirou os pratos da mesa e lavou a louça. Paulo enxugou e, enquanto Isabel se arrumava para o trabalho, ele deixava a cozinha em ordem.

Instantes depois, ela desceu e ele a beijou nos lábios.

— Não resisto a tanta beleza.

— Sou tão feliz por ter você! — ela suspirou.

Paulo a beijou novamente e depois beijou a barriga dela.

— E esse bebezinho? Será tão lindo quanto a mãe ou tão simpático quanto o pai?

Isabel passou a mão sobre o ventre e respondeu:

— Este bebezinho será lindo e muito amado. Eu queria tanto contar para Magnólia que estou grávida!

— Insisto. Quando voltar do trabalho, dê uma passadinha na casa de seu Fabiano. Converse com ele.

— Só se você fizer o jantar.

Ele riu e fez sim com a cabeça.

— Claro. Por vocês — ele apontou para a barriga dela — eu faço tudo. Sempre.

Beijaram-se mais uma vez e saíram de casa de mãos dadas.

Passava das oito quando Isabel tocou a campainha na casa de Fabiano. Ele mesmo atendeu. Estava com o traje noturno habitual: robe, pijama e o indefectível cachimbo no canto dos lábios. O aroma adocicado misturava-se ao delicado perfume do jasmineiro plantado no centro do jardim florido e bem cuidado.

— Olá, seu Fabiano, como está?

— Muito bem, obrigado. Se veio conversar com Magnólia, ela não está. Hoje ela sai do serviço às nove.

— Não tem problema. Queria conversar com o senhor.

Fabiano surpreendeu-se.

— Comigo?

— Sim. Está ocupado?

Fabiano era homem metódico, cheio de regras e de uma disciplina muito rígida. Quando os badalos do relógio soavam às oito em ponto, ele tomava seu chá inglês e lia o trecho de um livro ou um periódico. Era culto, estava sempre bem informado.

Era um homem que, sem dúvida, fora muito bonito quando moço. Ainda possuía traços de alguma beleza, mas a pele envelhecera bastante, as rugas eram muitas e o cenho era bem franzido. Os óculos de armação pesada e aro preto conferiam-lhe ar autoritário.

Fabiano a convidou para entrar. Passaram pelo jardim de inverno e foram até uma saleta finamente decorada. Os móveis eram de época. Parecia que Isabel tinha sido transportada para o início do século.

— Não gosta da decoração? — ele indagou, enquanto sentava-se em uma poltrona de couro e indicava outra para ela se sentar.

— Aprecio, mas não é a que me atrai. Sou mais contemporânea.

Ele bateu com a mão sobre a mesinha ao lado.

— São móveis feitos pelo pessoal do Liceu de Artes e Ofícios há mais de cinquenta anos. São únicos.

— O senhor tem extremo bom gosto.

— Obrigado.

Fabiano tocou uma sineta e a empregada apareceu.

— O que vai querer, Isabel? — perguntou ele.

— Uma água.

— Uma água e meu chá, por favor.

— Sim, senhor.

A empregada saiu e Fabiano suspirou.

— Queria tanto que Magnólia fosse refinada! Mas ela não tem modos. Não se parece em nada com a mãe...

Ele falou e fechou os olhos. Um tímido sorriso formou-se no canto de seu lábio. Isabel não percebeu e acrescentou:

— Magnólia tem um jeito próprio de ser.

— Entretanto, insisto que deveria estudar. Hoje vocês, mulheres, precisam estudar, trabalhar, ser independentes.

— Não é contra a mulher no trabalho?

— Eu? Imagine! Papai morreu durante a epidemia daquela gripe.

— A espanhola.

— Você sabe das coisas — ele riu bem-humorado. — Essa mesma. Matou até um presidente da República!

— Disso eu sei — tornou Isabel, sorridente. — Rodrigues Alves foi eleito presidente por duas vezes. Contraiu a gripe espanhola e não tomou posse na Presidência em 1918, morrendo dois meses depois. O vice-presidente, Delfim Moreira, assumiu a Presidência.

— Estou abismado com tanto conhecimento!

— Estudei em um bom colégio. Tive ótimas professoras.

— Magnólia também. Ela é tão desligada que nem deve saber qual é o nome do atual presidente.

Eles riram e Fabiano prosseguiu:

— Eu tinha acabado de nascer e mamãe tinha mais três filhos. Se ela não tomasse conta dos negócios, não sei se teria tido a vida que tive.

— Onde estão seus irmãos?

— Morreram todos. Eu era o caçula. O pai de Magnólia era dois anos mais velho que eu.

— Ele se casou tarde, eu sei.

— É. Mariano tinha passado dos quarenta. Foi um espanto quando anunciou o enlace.

— E o senhor...

Fabiano cortou-a com amabilidade.

— Você veio falar comigo. Qual é o assunto?

Isabel remexeu-se na cadeira e sorriu desconcertada. A empregada entrou na saleta e deixou a bandeja sobre a mesinha de centro. Serviu Isabel e em seguida entregou a xícara fumegante para Fabiano. As mãos tremeram um pouco e o líquido escorreu no pires. Fabiano fuzilou a moça com o olhar.

— Obrigado. Pode se retirar e ir para seus aposentos. Boa noite.

— Sim, senhor.

A empregada saiu e Fabiano suspirou.

— Uma pena! Não há mais empregados como antigamente. Acredita que essa moça está aqui há um ano e ainda não consegue me servir o chá da maneira como gosto?

— Com o tempo ela aprende.

— Por certo. Então, você veio me procurar...

— Sim — Isabel bebericou sua água e prosseguiu: — Tenho notado Magnólia muito estranha ultimamente.

— Estranha como?

— Faz dias que ela não vai mais à minha casa. Quando ligo para cá, a empregada diz que ela está dormindo. Sinto que ela tem me evitado.

— Vocês tiveram alguma discussão?

— De maneira alguma, seu Fabiano. Eu e sua sobrinha somos unha e carne. Sempre fomos muito amigas. É que, de uma hora para outra, ela desapareceu.

Fabiano lembrou-se da noite que Magnólia havia chegado tarde em casa. Dissimulou:

— Consegue precisar quando Magnólia deixou de ir à sua casa?

— Pouco mais de um mês.

— Bom, ao menos ela está trabalhando. Quem sabe logo vai se decidir e entrar em uma faculdade? Já me dou por satisfeito de ela não estar se encontrando mais com aquele marginal.

— O senhor soube do envolvimento dela com o Jonas? — interrogou espantada.

— Eu tenho empregada. Empregada conta tudo.

— Pensei que Magnólia...

— Tivesse conversado comigo? Nunca. Mesmo dentro de minha rigidez, eu a sondei. Infelizmente, ela nunca se abriu comigo.

— Porque tem medo, seu Fabiano.

— Medo de quê?

— Do senhor.

Fabiano franziu a testa.

— Não entendo. Quando os pais morreram, eu quis ficar com as duas meninas. Begônia preferiu morar com uma tia em Belo Horizonte. Eu ofereci o melhor, dei todo o conforto para Magnólia. Paguei seus estudos. Estou reformando a edícula nos fundos para que ela tenha mais privacidade. Acabei de...

Ele se calou abruptamente e sorveu um pouco do chá.

— Acabou de quê, seu Fabiano? — Isabel estava curiosa.

Fabiano baixou o tom de voz:

— Comprei um apartamento na planta, aqui perto.

— Que notícia boa!

— Mas não quero que ela saiba. Primeiro, Magnólia tem de aprender a dar valor às coisas. Ela acha que tudo cai do céu. Precisa fazer por merecer. Vou morrer logo. Preciso que ela fique amparada.

— O senhor tem bens.

— Algumas casas e uma fazenda. Tenho também uma boa poupança. É o mínimo que posso fazer para que no futuro nada falte à minha sobrinha.

Fabiano interrompeu novamente a fala e ingeriu um pouco mais do chá. Isabel esperou que ele retomasse o assunto, porém ele permaneceu calado.

— O senhor é como um pai para ela.

— Tento ser, dentro do possível.

— Bom — Isabel consultou o relógio —, acredito que Magnólia esteja bastante envolvida com o trabalho e...

Ouviram barulho na porta da frente. Magnólia entrou na saleta e arregalou os olhos.

— O que faz aqui? Aconteceu alguma coisa?

— Estava com saudades — Isabel levantou-se e a cumprimentou. — Por que sumiu? Faz semanas.

— Muito trabalho — disfarçou. Ela se aproximou e cumprimentou Fabiano. — Bênção, tio.

— Deus te abençoe, menina.

— Não custa dar uma passadinha em casa — emendou Isabel.

— Você, Paulo e o titio não ficavam no meu pé insistindo para eu trabalhar ou estudar? Pois bem. Ao menos estou trabalhando.

— E vai ganhar um cantinho só seu.

— Ah! — era o tom de desagrado de Magnólia. — Titio lhe contou que vou morar nos fundos, né? Vou dividir parede com a empregada.

— Não é bem assim — protestou Fabiano.

— Como não? — rebateu Magnólia, com rancor.

— Seu tio quer que tenha privacidade. Está reformando a edícula. É um bom espaço. Lembro que costumávamos brincar ali.

— Para brincar servia. Não para morar.

— É por pouco tempo — Fabiano salientou e piscou para Isabel.

— Tudo vai se ajeitar, amiga. Confie na vida.

— Confiar? — Magnólia desdenhou. — Não se pode confiar em ninguém. As pessoas não prestam. O mundo é horrível — retrucou e subiu as escadas num pulo.

— Desculpe-me, Isabel. Mais tarde vou conversar com Magnólia. Ela não pode ter atitudes grosseiras. Não disse que ela não tem modos?

— O senhor se importa se eu subir?

— Acha que vai adiantar?

— Sim. Eu conheço Magnólia. Ela vai se abrir comigo.

— Sinta-se à vontade — Fabiano fez um sinal com a mão e Isabel subiu. Ele voltou para a poltrona e continuou a tomar seu chá. O passado veio com força.

— Tudo seria diferente se eu...

Ele não terminou a frase. Deixou uma lágrima escapar pelo canto do olho. Apanhou um exemplar de *Seleções* e tentou concentrar-se na leitura.

Isabel bateu na porta e entrou.

— Magnólia, você não está bem.

— Não. Não estou.

Isabel aproximou-se e acomodou-se na cama, ao lado da amiga.

— O que foi?

— Nada, não.

— Você está vermelha. Parece que está queimando. Está com febre?

— Não. Estou com ódio.

— De quem?

— Não quero discorrer sobre assuntos desagradáveis.

— Eu e Paulo estamos preocupados. Por que sumiu?

— Estou trabalhando.

— Não é desculpa. Poderia sair do trabalho e dar um oizinho para mim.

— Não estava acostumada com esta rotina. Estou cansada.

Isabel passou delicadamente a mão sobre o ombro da amiga.

— Magnólia, preciso lhe contar uma novidade.

— Foi promovida?

— Ainda não. Mas em breve serei, tenho certeza.

— Compraram outra casa e vão se mudar?

— Também não.

— Então não tem novidades — redarguiu, num tom seco.

— Eu a conheço. É como se fosse uma irmã querida. Você não está bem.

— Estou ótima — desconversou. — Conte a novidade.

Isabel estufou o peito e anunciou com satisfação:

— Estou grávida!

— Como?!

— Grávida. Estou esperando um filho. Descobri faz alguns dias, queria lhe contar e...

Magnólia nada disse. Começou a chorar e logo o pranto corria solto. Seu corpo sacolejava quando em vez, entrecortado por soluços.

— O que foi? Por que ficou desse jeito?

— Nada — Magnólia conseguiu balbuciar.

— Eu lhe trago uma notícia incrível e você se acaba em prantos? Não entendi.

— Parabéns.

— Dessa forma? De jeito nenhum.

Magnólia levantou-se e foi até o banheiro. Assoou o nariz, lavou o rosto e voltou ao quarto. Encostou a porta. Isabel estava em pé. Magnólia a abraçou com força.

— Ajude-me, amiga.

— Claro.

— Não sei o que fazer.

— Abra-se comigo.

Magnólia anunciou de chofre:

— Estou grávida!

Isabel sentiu as pernas falsearem por instantes. Abriu e fechou os olhos, surpresa.

— Como assim?

— Jonas, aquele patife. Fui terminar com ele e...

Magnólia contou toda a história, ao menos a parte da qual se lembrava. Contou do drive-in, do desmaio, de chegar em casa zonza. Um tempo depois percebeu os seios inchados e a menstruação não veio. Foi a um clínico no centro da cidade e fez o exame.

— Estou apavorada! Aquele delinquente me engravidou e sumiu no mundo. Estou grávida de um bandido.

— Não pense assim — Isabel abraçou-a, procurando tranquilizá-la.

— Preferiria não ter esta criança.

— Não diga isso, amiga.

— Nunca vou me casar. Esta criança nunca vai ter pai. Não é justo. E, de mais a mais, tem esse meu jeito de ser, meu gosto por... — Magnólia recomeçou o choro.

— Calma. Tudo se ajeita.

— E a hora que tio Fabiano descobrir? Ele me mata.

— Não vai chegar a tanto. Mas prepare-se porque você vai ouvir.

— Não posso, Isabel.

— Claro que pode. Também estou grávida. Vai ser divertido nossas barrigas crescerem juntas.

— O que as pessoas vão dizer? Você é casada. Eu sou solteira e... diferente.

— Não pensemos nisso agora. Vamos imaginar que a vida quis nos presentear.

— Presente de grego, isso sim.

Isabel abraçou-se a Magnólia e permaneceram em silêncio por um longo tempo.

5.

A notícia da gravidez de Magnólia abalou Fabiano profundamente.

— O que pensa da vida? — questionava ele, voz irritadiça. — Como pôde deitar-se com o primeiro salafrário que aparece?

— A culpa é toda minha, titio — Magnólia mantinha a cabeça baixa, envergonhada. — Isabel tentou abrir meus olhos.

— Isabel! — ele gritou. — Ainda bem que há essa menina em seu caminho. Acredito que, se não houvesse a amizade de Isabel, você estaria nas ruas, vivendo como uma perdida.

— Não!

— Você é venal, Magnólia. É triste ver uma moça que teve tudo deixar a reputação ir para a lama. Você não presta.

— Não fale assim, tio Fabiano. Se ao menos meus pais estivessem vivos...

— Graças a Deus estão mortos. Sua mãe não merecia tamanho desgosto. Nunca. Você não tem remendo. Não sei o que fazer.

— Pensei em tirar a criança.

Fabiano só não pulou no pescoço da sobrinha porque era muito educado. Sentiu o sangue subir.

— Nunca mais diga uma asneira dessas, ou então eu serei obrigado a lhe dar uma surra.

— Não tenho condições de ter esse filho — queixou-se em tom de súplica. — Não planejei, não casei. Não quero, tio.

— Pois vai ter que querer. Se quiser continuar vivendo sob este teto, terá de levar essa gravidez adiante.

— As pessoas vão comentar. Os vizinhos vão reparar.

— Você vai para a fazenda, em Populina.

— Não! — Magnólia protestou. — Não quero ir para o meio do mato.

— Uma fazenda, geralmente, fica no meio do mato — Fabiano bufou. — É uma cidade pequena e adorável. Você vai ficar bem instalada. A caseira poderá tomar conta de você. E terá a companhia da pequena Lena.

— Uma menina. Bela companhia.

— Ao menos ela deve ter mais juízo que você. É uma menina encantadora.

Magnólia meneava a cabeça, de forma negativa.

— Vou ter meu filho no meio do mato? Sem recursos?

— Roseli, a caseira, também é parteira.

— Mas tio...

Fabiano cortou-a seco.

— Chega de falar, menina! Você não tem direito de escolher. Vá imediatamente para seu quarto arrumar a mala. Nada de pegar muita roupa, visto que essa barriga logo vai crescer. Providenciarei vestidos adequados a uma gestante.

— Acabei de arrumar emprego na farmácia.

— Pois peça as contas. Despeça-se de sua amiga Isabel e na sexta-feira o motorista vai levá-la.

— Não quero.

— Então vai para o olho da rua.

— Não seria capaz!

— Sou. Ou você me obedece, ou vai embora. Não sou seu pai, mas tento agir como se fosse. Você é dona do seu nariz. Se quiser cometer mais burradas, vá adiante. Eu lavo as minhas mãos.

Fabiano saiu do escritório muito nervoso. Nem conseguiu acender seu cachimbo. Subiu até o quarto, trancou a porta e abriu uma gaveta da cômoda. Apanhou uma caixa de madeira e sentou-se sobre a cama. Abriu a caixa, vasculhou, tirou algumas cartas amareladas e, no fundo, pegou uma foto bem antiga. Era o retrato de uma moça. Bonita e com um sorriso maroto. Atrás estava escrito: "*Uma recordação de quem muito o estima. Adelaide*".

Fabiano deixou uma lágrima escorrer e beijou a foto várias vezes.

— Por que você não está aqui? Por quê?

Ele sentiu uma brisa suave tocar-lhe o rosto e teve certeza de ter sentido o perfume de Adelaide.

Um espírito de porte elegante, cabelos presos em coque e de muita luminosidade, com expressão angelical, aproximou-se e o beijou na testa. Em seguida sussurrou em seu ouvido:

— Obrigada por não desamparar a minha filha. Apesar de parecer uma atitude condenável, essa gravidez foi a melhor coisa que poderia ter acontecido na vida de Magnólia. Você ainda vai ver.

Adelaide passou a mão sobre a fronte e o peito de Fabiano e, em seguida, sumiu. Ele sentiu agradável sensação de bem-estar. Guardou a foto na caixa, fechou-a e colocou-a novamente na cômoda. Deitou-se e adormeceu. Sonhou com Adelaide.

Na noite anterior à viagem, Magnólia foi jantar na casa de Isabel. Ela tocou a campainha e Paulo atendeu. Abraçou-a com carinho.

— Você está bem? — indagou ele.

— Estou indo — respondeu na defensiva. — Pensei que você fosse me criticar.

— Criticar por quê?

— Pelo que aconteceu... eu dei um mau passo.

— Magnólia, que bobagem! Você vai dar à luz um bebê. Agradeça a vida por essa bendita oportunidade.

— Eu tento. Juro que tento. Ser mãe deve ser ótimo, porém, eu não me casei e ainda engravidei de um monstro.

— Você engravidou de um homem. Com falhas, como qualquer ser humano.

— Não venha dizer que Jonas é humano.

— Venha, Magnólia, entre. Está frio e você não pode pegar resfriado. Isabel a espera já cheia de saudade.

Ela entrou e foi direto para a cozinha. Um aroma agradável inundava o ambiente.

— Você está fazendo creme de aspargos! — exclamou, feliz.

— Claro. Sei que você o aprecia — respondeu Isabel, enquanto mexia o creme na panela para não desandar.

Magnólia sentou-se e Paulo serviu-a de um copo de suco.

— Não sei se devo.

— Pode beber. Faça de conta que é vinho de primeira.

Ela riu, apanhou o copo e bebericou.

— Como andam os preparativos? — perguntou Isabel, interessada.

— Que preparativos? Tio Fabiano não deixou que eu pegasse muitas roupas. Disse que a caseira poderá confeccionar vestidos para mim — respondeu com desdém.

— Você é abençoada! — afirmou Paulo.

— Não entendo seu raciocínio — ironizou Magnólia. — Vou ter de ficar sete meses confinada no fim do mundo, no meio do mato, sem Isabel por perto. Terei de passar meu tempo com uma *caseira* — enfatizou de maneira negativa — mais uma pirralha.

— As pessoas do campo podem ser simples, mas são boas. Você vai respirar ar puro, tomar leite de vaca, comer queijo feito na hora — ajuntou Paulo. — Esse bebê vai nascer lindo e saudável.

— E o que será de nossa vida? Eu não tenciono me casar. Essa criança nunca vai ter um pai.

— Tentou localizar Jonas? — perguntou Isabel.

— Não tentei. Nem quero. Prefiro que meu filho tenha só a mim a saber que o pai é um tremendo marginal.

— Jonas pode se remediar.

— É verdade — concordou Paulo. — Ele gosta muito de você.

— Imagino se não gostasse — retrucou Magnólia.

— Sim. O bairro inteiro comenta à boca pequena que Jonas ficou caidinho por você — tornou Isabel.

— Essa é boa, Isabel — Magnólia riu com desprezo. — Aquele infeliz nunca me amou e jamais vai se remediar.

— Nunca ou jamais é muito tempo — observou Paulo.

— Pau que nasce torto morre torto — ela sentenciou.

— Pode ser — acrescentou Isabel. — Contudo, agora, não vamos pensar em nada desagradável.

— É — completou Paulo. — Vamos pensar em coisas boas. Olha só, Magnólia, pelos cálculos, nossos filhos vão nascer na mesma época.

— Seria melhor se nascessem no mesmo dia — emendou Isabel. — Faríamos as festinhas de aniversário sempre juntos.

Magnólia sorriu. Estava apreensiva e com medo. Muito medo. Entretanto, o calor humano de seus amigos a tornava confiante no futuro. Mesmo que essa confiança durasse uma noite.

— Sei que tenho tendência a ver tudo pelo lado negativo, mas pode ser que esse filho tenha chegado num bom momento.

— Claro que sim, Magnólia. Você vai ser muito feliz.

Uma onda de tristeza apossou-se do semblante de Magnólia.

— O que foi? Que cara mais triste é essa? — perguntou Paulo.

— Não sei. Será que eu vou encontrar alguém que goste de mim com um filho a tiracolo?

— Vibre no bem e atrairá o bem para você — respondeu Isabel. — Por falar nisso, não deixe de levar o livro de visualização.

— Será? Sou tão descrente desses assuntos, Isabel. Não consigo acreditar no invisível. Para mim, o real é o que eu posso ver e tocar.

— Há coisas que só a alma enxerga — justificou Paulo. — O que nossos olhos veem é palpável, sim. A nossa alma tem uma capacidade enorme de ver além do mundo material. Somos feitos e rodeados de energia. Por isso, vivemos num mundo onde tudo ocorre por atração, por afinidade. Isabel tem razão: pense em coisas boas e atrairá coisas e pessoas boas em seu caminho. Pense na maldade e já sabe o que vai atrair.

— Às vezes, esse sentimento negativo parece ser maior. Sinto que não tenho forças para combatê-lo.

— Você tem porque é forte — considerou Isabel. — Precisa mudar sua maneira de pensar sobre si mesma e sobre a vida, transmitir bons pensamentos para essa coisinha linda que já pulsa dentro de você.

— Você tem a responsabilidade pelo que transmite ao seu bebê. Procure não ter raiva, não sentir rancor. Esforce-se para ver o lado bom das coisas. Os fatos são o que são. A gente é que classifica se é bom ou ruim. Procure olhar tudo com os olhos de Deus.

— Olhos de Deus? — interrogou Magnólia, espantada.

— Sim. Quando enxergamos a vida com os olhos de Deus, estamos desprovidos de maldade. Não há maledicência, só bondade. E, quando transpiramos bondade, o mundo ao nosso redor se torna bem mais prazeroso de se viver.

— São conceitos novos para mim.

— São conceitos que poderão lhe fazer muito bem caso abra sua mente para mudar crenças antigas que só têm lhe trazido dor e sofrimento.

Magnólia apanhou o prato e serviu-se do creme. Saboreou o líquido fumegante e delicioso.

— Esse creme só você sabe fazer, Isabel.

— É receita de minha avó.

— Segredos de família — riu Paulo. — Mais um motivo para eu amar essa mulher.

Magnólia sorriu e concentrou-se na sopa. Estava feliz naquele momento. O medo havia se afastado por ora e ela começava a acreditar na possibilidade de ter um futuro um pouco melhor.

Conversou bastante com Isabel e foi com muita emoção que se despediram. Já era tarde quando Magnólia chegou em casa. Fabiano estava ali na poltrona de sempre, com seu cachimbo, robe e pijama.

Entrou e cumprimentou-o.

— Olá, titio.

— Pelo seu semblante, o jantar foi muito bom.

— Foi, sim. Isabel e Paulo têm o dom de me acalmar. Eles me disseram coisas tão bonitas.

Magnólia falou, aproximou-se de Fabiano e o beijou no rosto.

— Obrigado, tio. O senhor tem sido mais que um pai para mim.

— Ora, imagine — tornou Fabiano, tentando ocultar a emoção.

— É, sim. Tem pensado no melhor. Só quer o meu melhor. Se mamãe estivesse aqui, tenho certeza de que aprovaria sua medida. O melhor mesmo é eu ir para Populina. O contato com o campo vai nos fazer muito bem — apontou para o ventre. — Sua bênção e boa noite. Durma bem.

— Deus a abençoe, querida. Boa noite — ele balbuciou, surpreso.

Magnólia subiu, escovou os dentes, vestiu a camisola e deitou-se. Adormeceu em instantes.

No gabinete, Fabiano serviu-se de mais chá. Estava pensativo.

— Preciso mudar meu testamento. Magnólia vai trazer um filho ao mundo. Essa criança não poderá ficar desamparada.

6.

O chofer de Fabiano conduzia o carro de maneira tranquila. Era uma viagem de mais de seiscentos quilômetros até o oeste do Estado. Ao perceber os sinais de fadiga no rosto de Magnólia, José parava em um posto para tomarem um ar, um café, um lanche, fazerem uma caminhada rápida, irem ao toalete. Foi assim em Limeira, São Carlos, Catanduva, Fernandópolis e, no início da noite, chegaram a Populina. A fazenda ficava nos arredores da pequena e simpática cidade.

O motorista buzinou. Uma menina de olhos expressivos apareceu descalça e sorridente. Abriu o portão e cumprimentou o motorista e Magnólia.

— Oi. Prazer — era uma graça o sotaque caipira da garota, puxando o erre final. — Sou Lena.

O rapaz fez um aceno e Magnólia sorriu:

— Oi, Lena. Eu sou Magnólia, e ele é o José, chofer do tio Fabiano.

— Oi, José. O meu pai também se chamava José.

— Por que se chamava? Ele mudou de nome? — perguntou Magnólia, tentando uma aproximação simpática.

— Não. Papai foi para o céu faz tempo — apontou para o alto. — Virou anjo e toma conta da gente.

Magnólia emocionou-se.

— Entre no carro.

— Eu ia pedir mesmo para entrar. Já é tarde e a caminhada até a casa-grande é longa.

Lena ajeitou-se confortavelmente no banco de trás. Pegou na mão de Magnólia e estremeceu.

— Esse menino vai lhe dar muito trabalho. Vai ser sapeca, mas com muito amor no coração. E vai ser muito carinhoso. Eu já gosto dele.

O motorista não prestou atenção, preocupado em seguir o caminho de paralelepípedos até a casa. Magnólia arregalou os olhos.

"Como ela sabe que estou grávida?", pensou aflita.

Chegaram a casa. Uma moça, aparentando pouco mais de trinta anos, estava parada no primeiro degrau. Lena saiu do carro e correu até ela.

— Mamãe! Essa é a moça que eu disse que vinha. É a mesma do sonho.

A mulher sorriu e esperou Magnólia descer do carro. Enquanto José pegava a mala, ela cumprimentou:

— Boa noite. Meu nome é Roseli.

Magnólia simpatizou imediatamente com ela e estendeu a mão.

— Prazer. Eu sou Magnólia.

— Seu Fabiano mandou uma carta cheia de detalhes que devo seguir à risca. E já ligou cinco vezes para saber se vocês haviam chegado.

— Meu tio é metódico e quer que tudo seja feito de acordo com a vontade dele.

— Estou acostumada. Meus pais trabalharam para seu tio durante muitos anos. Eu nasci aqui. E minha pequena Lena também. Somos muito gratas ao senhor Fabiano.

José cumprimentou Roseli.

— Entrem. Vou indicar o caminho dos quartos. Tomem um banho e servirei o jantar em seguida.

— Não precisa se incomodar — disse humildemente José. — Eu vou embora amanhã cedinho.

— Seu Fabiano pediu que eu preparasse um quarto para o senhor — ela acrescentou num tom amável. — Amanhã precisará estar bem-disposto para retornar à capital. A viagem é bem longa.

— Por certo. Obrigado.

Roseli indicou o caminho dos quartos. José foi até o quarto preparado para Magnólia e deixou a mala dela sobre a cama. Em seguida, dirigiu-se ao seu aposento.

— O jantar será servido daqui a uma hora. Podem tomar um bom banho e descansar. Eu virei chamá-los.

Magnólia entrou no quarto e sentou-se na cama. Era como se tivesse feito uma viagem de volta ao tempo, no comecinho do século. A mobília era antiga, estilo art nouveau, muito bem conservada. O quarto tinha um aroma de peroba misturado com alecrim.

Ela estava de boca aberta. Jamais, em toda a sua vida, quisera ir à fazenda com o tio. Nunca. Tinha uma ideia de uma casinha de sapê no alto de um morro, fumaça saindo de uma antiga chaminé, como nas cabanas de filmes de faroeste. No entanto, a realidade era bem diferente.

O casarão fora construído pelos avós de Fabiano em meados do século 19. Era uma casa-grande digna de cenário de filme, ou de novela. Era bem grande, com mais de dez quartos. Fabiano fizera reformas ao longo dos anos, adaptando a moradia às necessidades do tempo. Mantivera a fachada original, as portas e os janelões, assim como a varanda e os ladrilhos do chão. Os quartos foram reduzidos a cinco espaçosas suítes, com banheira e chuveiro separados.

Magnólia entrou no banheiro, e a banheira já estava cheia de água. A fumaça e o aroma dos sais de banho eram convidativos. Ela tirou a roupa e mergulhou na água morna e cheirosa.

— Meu Deus! Estou no paraíso — exclamou, enquanto brincava com a espuma branca.

Depois do banho, colocou um vestido de alças e deixou os cabelos soltos. Escovou-os e foi até a varanda do quarto. A noite estava estrelada. O som dos grilos era entrecortado pelo agradável som de água caindo. Havia uma cachoeira ali perto.

Ela voltou ao quarto, apanhou os chinelos na mala e foi até a cozinha. Perdeu-se no meio do caminho, tamanha distância entre os cômodos.

— Eu ia chamá-la — tornou Roseli.

— Imagine. Tomei um banho delicioso que abriu meu apetite.

— A temperatura da água estava de seu agrado?

— Sim. Como manteve a água tão quente?

— Quando escutei o barulho do motor de carro, sabia que eram vocês chegando. Já estava esquentando água. Antes de estacionarem, eu coloquei mais água quente na banheira.

— Acertou em cheio, Roseli. Obrigada.

— Sente-se, por favor — Roseli apontou para a cadeira.

Magnólia olhou ao redor. A cozinha também era encantadora. Toda decorada com azulejos em estilo português colonial. Os armários eram antigos. Havia um fogão a gás e outro a lenha.

— Eu cozinho no fogão a lenha — considerou Roseli. — A comida fica com mais sabor.

— Mas dá trabalho — asseverou Magnólia. — Tem de cortar lenha, acender o fogo...

— Eu gosto. Tenho prazer em cozinhar à moda antiga. Fui criada dessa forma.

José apareceu e, timidamente, encostou-se na soleira.

— Pode sentar-se, José — Roseli indicou-lhe a cadeira.

— Não, senhora. Eu posso comer depois de vocês.

— De forma alguma — protestou Roseli. — Aqui não seguimos protocolos. Sente-se e já vou servi-los.

José riu com gosto e sentou-se.

O jantar foi uma maravilha. Roseli fizera um creme de mandioquinha e um bolo de carne. Assara dois tipos de pão, um salgado para o jantar e outro doce para a sobremesa.

— Eu vou engordar muito aqui — previu Magnólia. — Como vou resistir a tanta comida boa?

— Você precisa comer por dois — ressaltou Lena.

— Menina! — Roseli censurou a filha. — Desculpe-me, Magnólia. Lena fala tudo o que vem à cabeça.

— Ela é sempre assim, direta?

— Direta? Tem uma sensibilidade à flor da pele. No começo eu me assustava, mas com o tempo entendi que Lena é especial e está rodeada de bons espíritos.

José fez o sinal da cruz.

— Tenho medo de alma penada.

— Eu não — contrapôs Lena. — Eu gosto dos fantasmas. Eles não podem fazer nada contra mim. Agora os vivos... Esses podem fazer muitas coisas. Principalmente as ruins.

— Não tem medo de que um espírito mau lhe atormente? — perguntou Magnólia, surpresa.

— Não. Quando aparece um fantasma perdido no meu caminho, eu converso e rezo. Sempre aparece uma luz forte durante a oração que afasta o espírito perturbado. Eu sou protegida.

— Ela fala com tanta naturalidade — comentou Magnólia, estupefata.

— Com o tempo, você vai se acostumar. E vai gostar — completou Roseli.

Meses se passaram.

Isabel espreguiçou-se e acordou faminta. A barriga estava bem saliente. Com dificuldade, ela se virou na cama e Paulo apareceu na soleira.

— Precisa de algo, meu amor?

— Sim. Estou com vontade de comer.

— Almoçamos faz uma hora!

— Mas a fome está brava.

Ele se aproximou da cama, sentou-se e beijou-a nos lábios. Em seguida, passou delicadamente a mão sobre o ventre de Isabel.

— Meu Deus! Você está com dois bebezinhos aí dentro. Ainda é difícil acreditar.

— Que vou ter gêmeos ou que estou faminta?

Ele riu.

— Custa-me crer em tudo. Eu tenho você, a companheira que amo. Logo teremos duas crianças a correr pela casa. Ah! — ele suspirou. — A casa. Conseguimos financiar nossa casa!

— Isso é fabuloso, meu amor. Esta é a casa que eu sempre sonhei ter para nossa família. Nem grande nem pequena, suficiente para nós quatro.

Isabel e Paulo estavam felizes com a compra da casa. Era um sobrado antigo de bom tamanho, claro e arejado, com três quartos. Havia um pequeno jardim na frente e entrada lateral para dois carros.

— Vamos — ele estendeu as mãos. — Eu ajudo você a levantar-se. O que tem vontade de comer?

— Frutas. Qualquer fruta que tiver, eu aceito.

— Venha, meu amor. Vamos até a copa.

Desceram e, depois de fartar-se com meia dúzia de bananas, três peras e duas maçãs, Isabel deu longo suspiro. O telefone tocou e ela fez força para levantar-se.

— Deixe que eu atendo — disse Paulo.

— Eu mesma atendo — Isabel consultou o relógio de pulso — porque tenho certeza de que é Magnólia.

Isabel caminhou lentamente até o corredor e sentou-se na poltroninha. Atendeu:

— Alô.

— Isabel! Preciso de você.

— O que foi, querida?

— Acho que vai nascer.

— Magnólia, está sentindo as contrações?

— Não.

— Está com dores?

— Não.

— Pelos meus cálculos, ainda não chegou aos nove meses.

— Ainda não.

— Por que acha que vai parir?

— Tive um sonho estranho. Um homem ameaçou levar meu filho.

— De novo esse sonho?

— Sim.

— Você rezou?

Magnólia demorou a responder.

— A ligação está ruim. Fale mais alto.

Isabel sabia que, quando Magnólia falava dessa maneira, era porque não queria, de forma alguma, dar continuidade à conversa.

— Como estão Roseli e Lena?

— Estão bem. Tratam-me como uma rainha — Magnólia baixou um pouco o tom da voz. — A menina é estranha. Tem me falado cada coisa!

Isabel sorriu.

— Pelo que me relata em nossas conversas, Lena tem mediunidade. Se estudar e souber usar esse dom a favor dela e dos que estão ao seu redor, a vida de todos será bem melhor.

— Não gosto desses assuntos.

— Talvez tenha chegado o momento de ter contato com a espiritualidade.

— Não me agrada, por ora.

— Bom, você é quem sabe...

E continuaram por mais vinte minutos. Era assim quase todos os dias. Magnólia esperava terminar o almoço, descansava na varanda e na sequência ligava para Isabel.

Conversavam sobre os bebês, sobre os desejos, os medos, as inseguranças, sobre tudo. Magnólia estava um pouco menos negativa. Parecia estar em uma fase mais serena e positiva.

O sonho nada mais era que a personificação da negatividade que Magnólia exalava. Não havia espírito, não havia nada.

Magnólia pousou o fone no gancho e caminhou até a varanda. Lena estava sentada, folheando uma revista de decoração. Tentou voltar, mas Lena a viu e a chamou. Ela evitava ter contato com Lena, porém a menina, depois de ajudar a mãe nos afazeres domésticos, sentava-se ao lado de Magnólia na varanda e pedia para falar da cidade grande.

— A cidade grande — suspirou Lena. — Eu gosto de lugares agitados.

— Como pode gostar de algo que não conhece? Pelo que sei, nunca saiu daqui.

— Eu sonho e vou a lugares bem movimentados.

— Como assim?

— Cidades daqui deste mundo e de outros mundos.

Magnólia sentiu um arrepio.

— Como cidades de outros mundos, Lena? Você quer dizer outros países, não?

A menina movimentou a cabeça numa negativa.

— Nã-não. Eu conheço outros mundos — apontou para o céu — que não estão ao alcance dos olhos dos homens.

— Vou pedir para sua mãe proibi-la de ver televisão.

Lena sacudiu os ombros.

— Tudo o que aprendo não vem da televisão. Por isso, pode me proibir. Eu não ligo.

Magnólia abriu a boca para falar, porém Lena a cortou:

— Seu filho tem um bom coração.

— Como sabe que vou ter um menino? — indagou Magnólia, olhos assustados.

— Porque os amigos invisíveis me disseram.

A menina falou e a puxou pela mão.

— O que foi, Lena?

— Venha comigo.

Voltaram para a sala. Roseli estava à máquina de costura. Magnólia foi até ela, puxou uma cadeira e sentou-se ao seu lado. Enquanto isso, Lena pegava um disco e o colocava no aparelho de som.

— Você costura muito bem, Roseli.

— Gosto de consertar roupas. Às vezes, seu Fabiano envia tecidos e eu faço vestidos para mim e para Lena. É uma boa distração.

— Sente-se muito sozinha neste casarão, afastada do mundo?

— Não — Roseli sorriu. — Eu me sinto bem comigo mesma. Aqui conheci meu marido, casamos e vivemos uma linda história. Tive a felicidade de ter tido Lena. Aprendi que a felicidade é feita de pequenas coisas.

— Seu marido morreu cedo.

— Era a hora de José. Temos um tempo certo para ficar neste planeta. Alguns programam ficar mais tempo, outros menos.

— Não acredito que tenhamos tempo certo.

— Claro que temos! — tornou Roseli, convicta.

A música invadiu o ambiente, e Lena começou a cantarolar. Roseli balançou a cabeça.

— Essa menina vai furar o disco. Nunca vi gostar tanto de uma música!

— Conheço essa canção. Mas em inglês. Por acaso estou escutando-a em espanhol? — perguntou Magnólia, curiosa.

— Sim — respondeu Lena. — Eu ouço essa canção desde pequena. Pela televisão soube que havia uma gravação em espanhol. Pedi para seu Fabiano e ele mandou vir do estrangeiro.

— E por que gosta tanto dessa música?

— Ah! — Lena sacudiu os ombros. — Porque ela fala de estrelas, de liberdade. E o título seria o nome ideal para seu filho.

— Como assim? — Magnólia perguntou sem entender.

— Seu bebê — apontou para o ventre dela — vai se chamar Fernando[2].

Roseli meneou a cabeça.

— Você não toma jeito, minha filha. Desculpe-me Magnólia, mas essa menina não pode escutar um som em espanhol ou o estalar de um par de castanholas. Fica maluca.

— Fico não — rebateu Lena. — Eu já vivi na Espanha. Um dia vou para lá e mato as saudades. Depois volto e me caso.

— Lá vem você de novo com...

Enquanto Roseli e Lena discutiam, Magnólia recostou-se na cadeira e esboçou largo sorriso.

— É. Lena tem razão. Meu filho vai se chamar Fernando — revelou, enquanto alisava suave e delicadamente o ventre avolumado.

---

2 *Fernando* é um single do grupo pop sueco ABBA, lançado em 1976. O disco vendeu mais de 10 milhões de cópias no mundo. A versão em espanhol, cantarolada por Lena, foi gravada pelo grupo em 1980.

7.

Magnólia deu à luz um lindo garoto, forte e saudável. Fernando veio ao mundo numa tarde de março. Roseli fizera o parto, e o nascimento ocorrera de forma tranquila.

— Seu Fabiano ligou e avisou que está mandando um médico.

— Para quê, Roseli? Meu filho nasceu forte e saudável. Não precisa de um médico, por agora — argumentou Magnólia, enquanto o pequeno sugava o peito dela, faminto.

— Coisas do seu Fabiano. Toda criança precisa de certos cuidados, recomendações. Você é mãe de primeira viagem. Logo vai se animar e terá outros.

— Não. Eu não quero mais ter filhos. Aliás, nunca sonhei ter um.

Roseli levou a mão à boca.

— Nunca sonhou ter um bebê?

— Não — respondeu de forma lacônica.

— Nossa! Toda mulher sonha com isso. Uma mulher só se realiza plenamente depois de parir.

Magnólia sentiu o rosto rubro. Nesses meses todos de convívio não se sentira à vontade para contar a Roseli sobre sua orientação sexual. Morria de vergonha.

"E, de mais a mais, com um filho a tiracolo fica mais fácil camuflar o que sinto", pensou. Mas respondeu:

— Eu acho muita responsabilidade trazer um filho ao mundo. Eu terei de criá-lo sozinha, num ambiente violento e cheio de guerras, misérias. Este mundo não é um bom lugar para viver.

— Eu penso o contrário — refletiu Roseli. — Sinto que viemos ao mundo para crescer, nos tornar pessoas melhores. É o planeta das experiências!

— A troco de quê?

— A fim de acabarmos com as ilusões e percebermos que só o bem é real. As guerras, misérias, fomes e lutas são reflexos de mentes ainda perturbadas, perdidas nos mares da ilusão, da cobiça.

— Como posso acreditar nisso? Diga-me: como uma criança, tão pura e tão indefesa, pode sofrer tanto?

— Sempre questionei isso — declarou Roseli. — E tive outros questionamentos quando José morreu. Eu não achava justo.

— E não é — rebateu Magnólia. — A morte é uma das coisas mais terríveis que existem. Perdi meus pais cedo e, com a morte deles, perdi minha fé. A vida ficou sem graça, tornou-se pesada, difícil. Fui separada de minha única irmã e fui viver com um tio que sempre me privou de tudo.

— Seu Fabiano é um homem muito bom.

— Para você, Roseli. Para os outros. Comigo, ele sempre foi rígido. Sabia que até hoje eu tenho de beijar as costas da mão dele antes de dormir?

Roseli riu.

— É verdade. Tenho de pedir bênção.

— É homem das antigas.

— Tio Fabiano mora num casarão, mas preferiu me jogar num cubículo, separado da casa.

— Seu Fabiano é homem que gosta de silêncio. Creio que seria impossível ele conviver com um bebê. E esse danado — apontou para Fernando — tem jeito de que vai ser arteiro.

Magnólia riu e em seguida fechou o cenho.

— Vai saber o que a vida nos reserva! Eu e meu filho, sozinhos neste mundaréu de gente.

— Eu e Lena também estamos sozinhas no mundo, mas somos muito unidas. Quem sabe você e seu filho não serão unidos também?

— Não sei...

Magnólia hesitou por instantes. Em sua mente negativa acreditava que, no dia que Fernando descobrisse sobre as tendências da mãe, iria embora e a renegaria, louco de vergonha.

— Nunca quis perguntar para não ser invasiva, mas por onde anda o pai da criança?

— Sumiu no mundo.

— Tenciona procurá-lo? — perguntou Roseli, enquanto pegava Fernando no colo para fazê-lo arrotar.

Magnólia mordeu levemente os lábios e estava ensaiando uma resposta mirabolante quando Lena chegou.

— Veja, Magnólia. Trouxe um punhado de flores para decorar seu quarto.

Ela havia apanhado flores das mais variadas cores. Passou uma fita colorida para juntar os caules e correu até o quarto de Magnólia.

— Sua filha não existe!

— É. Lena é um tesouro. Foi um presente dos céus.

O bebê arrotou e Roseli continuou embalando-o no colo, cantando músicas de ninar. Magnólia levantou-se e, quando passava pelo corredor, o telefone tocou. Ela atendeu. Deu um grito de felicidade:

— Nasceram? Duas meninas? Oh, Paulo, como estou feliz!

Isabel deu à luz duas meninas. Elas eram idênticas, salvo uma pinta pequena de cor marrom escura no bumbum de Paloma. Era uma pinta de alguns milímetros.

— Se não fosse esta pinta, não saberia diferenciá-las — considerou Paulo.

— Tenho de dar minha mão à palmatória, meu amor — concordou Isabel. — Elas são idênticas, mas Paloma é mais agitada. Juliana é a mais faminta.

Duas enfermeiras entraram no quarto com as meninas.

— Aqui está Paloma — disse uma.

— E aqui está Juliana — acrescentou a outra.

— Meus tesouros! — sorriu Isabel, emocionada.

Paulo aproximou-se e beijou as recém-nascidas e a esposa. Juliana abriu o berreiro.

— Está com fome — tornou a enfermeira, simpática. — Daqui a meia hora voltaremos para buscá-las.

As enfermeiras saíram e Isabel comentou:

— Não disse que Juliana é a mais faminta? Paloma, mais agitada, me dá a impressão de que vai nos dar trabalho.

— Ora, imagine! — contrapôs Paulo. — São bebês, vão crescer juntas, sob nossas asas.

— Criança não é robô. Elas têm vontade, desejos. Não se esqueça de que são dois espíritos reencarnados. Só o tempo nos mostrará a verdadeira essência de cada uma.

— Tem razão, meu amor. Mas somos tão apaixonados, nosso lar é tão impregnado de amor e harmonia, será difícil elas se desvirtuarem do caminho do bem.

— Pode ser.

Isabel sentiu um pequeno arrepio percorrer-lhe a espinha. Não era medo ou sensação de algo ruim. Era uma sensação esquisita, de impotência, como se, em algum momento lá na frente, talvez seu amor não fosse suficiente para proteger suas filhas dos tombos que levariam na vida. Especialmente Paloma.

Ela procurou não dar atenção à sensação e mudou o assunto:

— Quando Magnólia retorna?

— Parece que semana que vem. Seu Fabiano foi buscá-la e me falou que preparou a edícula especialmente para Magnólia e o bebê.

— Quem diria! Magnólia com um filho! — exclamou Isabel.

— Nossas meninas vão ter um quase-irmão — observou Paulo.

— Fernando vai fazer muito bem às nossas meninas.

Continuaram conversando e divagando. Isabel e Paulo fizeram planos e mais planos para as filhas. Imaginaram-nas jovens, iguaizinhas, tentando confundi-los. Riram à beça e, conforme o prometido, as enfermeiras retornaram ao quarto e levaram as meninas para o berçário.

8.

Fabiano chegou a Populina no comecinho da noite. José já sabia como abrir o portão. Estacionou o carro, saiu, deu um tranco na fechadura e empurrou as duas portinholas. Avançou com o carro e, ao fechar o portão, deparou-se com Lena.

— Oi, José. Como tem passado?

Ele sorriu e respondeu:

— Vou bem, minha pequena. Não está escuro para ficar aqui?

— Sabia que chegariam a qualquer momento. Mamãe está aflita porque não sabe se seu Fabiano vai gostar do jantar.

— Vamos logo — determinou Fabiano, enfezado.

Lena meteu a cabeça para dentro da janela do carro e sorriu.

— Como vai, seu Fabiano?

— Vou bem — ele respondeu de maneira séria.

Lena tinha um jeito doce e meigo de lidar com as pessoas. Era cativante e de uma simpatia sem igual. Ela saltou o banco e beijou Fabiano na bochecha. Depois sentou-se ao lado dele.

— Eu gosto do senhor. Tem um bom coração.

— Ora, menina.

— Sempre me manda presentes.

— Mal me conhece.

— Conheço, sim. Do passado.

Fabiano riu. José entrou no carro e acelerou. No trajeto até a casa-grande, ela tagarelava:

— Estivemos juntos em outra vida. Quer dizer, fomos parentes. O senhor não se lembra?

— Não — Fabiano sorriu e entrou na conversa. — O que fomos? Onde vivemos?

— Fui sua governanta. E sua esposa me adorava. Vivíamos em Madri.

— Em Madri! — ele exclamou, fingindo espanto. — E era casado? Com quem?

— Era casado com uma moça linda. Pena que ela retornou ao mundo e já partiu para o céu. Tão cedo.

— Quer dizer que minha mulher na outra vida já nasceu e morreu? Nem tive a chance de conhecê-la ou de me casar com ela de novo?

Fabiano estava levando na brincadeira. Estava cansado, fizera uma viagem longa, mas gostava de Roseli, do marido dela, que já morrera, e tinha carinho especial por Lena. Sabia que a menina gostava dos estudos, de ouvir música e de desenhar. Fazia questão que ela frequentasse o colégio, não muito longe da fazenda. Ele vislumbrava levá-la à capital para fazer faculdade.

"Pelo menos, ela gosta de estudar. Pena Magnólia não ter esse gosto", pensou.

Fabiano também percebera o gosto da menina por música e, de vez em quando, pedia a amigos que viajavam ao exterior para trazer discos para ela.

Ele suspirou e Lena indagou:

— Por que vocês não se casaram?

— Porque não sei de quem você está falando.

— Uma moça bonita, cabelos alourados, olhos expressivos, grandes. De estatura mediana, adorava usar um camafeu aqui — pôs a mão sobre o peito.

Fabiano estremeceu e sentiu forte emoção. José estacionou o carro. Roseli e Magnólia o esperavam no degrau de entrada.

— Seja bem-vindo, seu Fabiano — disse Roseli.

— Quanto tempo, tio — tornou Magnólia, ainda inchada, mas com o semblante distendido em largo sorriso.

Fabiano afastou os pensamentos com um gesto de mão, desceu rapidamente e cumprimentou Roseli com um aceno. Aproximou-se de Magnólia. Ela beijou-lhe a mão.

— Fez boa viagem? Está com uma cara!

— Não foi nada, Magnólia.

Ele falou e foi entrando. Dirigiu-se ao quarto dele, que Roseli havia preparado desde cedo.

Lena saltou do banco, e Roseli a fulminou com os olhos:

— O que disse ao seu Fabiano?

— O que disse o quê, mãe? Nada de mais.

Roseli indicou o aposento de José e arriscou:

— Não vá me falar que contou a ele sobre a moça que você afirma ver.

— Mais ou menos.

— Ora, Lena — Roseli exasperou-se. — Já falei que seu Fabiano não gosta desse tipo de assunto.

— Mas, mãe — Lena tentava justificar —, a moça me jurou que gosta do seu Fabiano e que tinha sido casada com ele em outra vida.

Roseli fez uma negativa com a cabeça e girou nos calcanhares.

— Magnólia, se eu não tivesse um tiquinho que fosse de conhecimento espiritual, internava essa menina num sanatório!

— Ela fala a verdade — defendeu Magnólia.

— Mas tem de falar com jeito. Seu Fabiano é muito sensível a esse tipo de assunto.

— Eu não contei toda a verdade — suspirou Lena.

— O que mais você viu hoje, querida? — indagou Magnólia.

— Nada. Só a moça com o camafeu. É que... que...

— Sem gaguejar — protestou Roseli, enquanto entrava na cozinha.

Lena baixou o tom de voz:

— A moça é sua mãe, que morreu.

Magnólia arregalou os olhos, aturdida.

— Você diz que o espírito de minha mãe esteve aqui hoje?

— Sim. Logo cedo. Foi ela que me contou do casamento com seu Fabiano, em outra vida.

— Minha mãe foi casada com tio Fabiano?

— Foi o que ela me disse. Sua mãe era de mentir?

— Não tenho muitas lembranças de minha mãe. Eu tinha cinco anos quando ela morreu.

— Ela gosta muito de você.

Magnólia sentiu a vista embaciada.

— Eu também a amo.

— E mandou um recado — Lena falou e puxou Magnólia no corredor. — Não conte para minha mãe. Ela vai ficar brava.

— Está certo. Qual é o recado?

— Você precisa mudar seu jeito, deixar de ser uma pessoa negativa e com baixa autoestima. E disse também que ter raiva dos outros só faz mal a você mesma. Se não mudar seu jeito, algo ruim poderá lhe acontecer.

Magnólia sentiu um arrepio pelo corpo. Fez o sinal da cruz.

— Que horror, Lena! Minha mãe jamais diria isso.

A menina deu de ombros e entrou na casa. Apanhou o disco do Abba, colocou no aparelho de som e a música alegre logo encheu o ambiente. Depois, ela foi até o quarto do bebê dar uma espiadinha em Fernando. O garoto dormia como um anjinho. Lena sentou-se ao lado do berço e cantarolou a música: “as estrelas estavam brilhando para você e para mim, pela liberdade, Fernando...”.

Magnólia entrou na cozinha, trêmula.

— Lena veio com outra história do outro mundo, não? — Roseli falava com naturalidade.

— Foi. Mas não pegue no pé dela. Por favor.

— Vou ter de benzer essa menina. Ela está impossível. O que ela falou desta vez?

— Nada.

— Como nada, Magnólia? Você parece que viu assombração!

— Antes tivesse visto. Lena disse que mamãe me mandou um recado. Fiquei toda arrepiada.

— Ela é uma menina. Tem sensibilidade, mas é uma menina. Considere verdade somente metade do que minha filha diz. O resto é imaginação.

— Será, Roseli? Lena fala com tanta convicção!

— Bobagem — ela mexeu as panelas no fogão, experimentou o feijão e sorriu. Sentou-se ao lado de Magnólia. — Minha filha sempre teve facilidade para perceber a outra dimensão, ou o mundo dos mortos, como costumamos dizer. Embora de morto como entendemos, esse pessoal do outro lado não tenha nada. Eles vivem aparecendo e conversando com Lena. Só me preocupo com a boca dela. É uma menina e fala sem rodeios.

— Não tem medo de ela ser assim?

— Não. Quer dizer, no começo até tive. Achava tudo invenção da cabeça de Lena até que ela me disse que José, meu marido, veio nos visitar.

Magnólia fez o sinal da cruz.

— Deus me livre e guarde! Eu tenho pavor de morto.

— Eu tenho mais medo dos vivos. Os mortos até podem tentar nos atrapalhar, mas, com uma boa dose de oração e perseverança no caminho do bem, conseguimos nos proteger. Agora, com os vivos, é mais difícil. Isso eu aprendi com minha filha.

— Tem razão — respondeu Magnólia, lembrando-se imediatamente de Jonas. — Os vivos são terríveis.

— Você tem ódio no coração.

— Como?

— Isso mesmo — observou Roseli. — Você tem muita raiva guardada no coração.

Magnólia suspirou, irritada.

— Tenho mesmo. Odeio o pai do meu filho.

— Odiar é muito forte.

— Porque não foi você quem se deitou com ele — Magnólia percebeu que se excedera. — Desculpe-me, você não tem nada com isso.

— Eu sei — Roseli aproximou-se e sorriu: — É difícil perdoar quem nos fez mal.

— Eu não o perdoo. Jamais.

— Pense, Magnólia. Não me interessa em que condições conheceu o pai de Fernando, ou como essa criança foi concebida. Veja que você deu à luz um menino forte, saudável. Foi uma bênção de Deus. E o que importa é o amor que vai transmitir ao seu filho. Ame-o, acima de tudo.

As lágrimas escorriam, insopitáveis. Magnólia queria dizer que nunca pensara em ser mãe, que era lésbica, que seu projeto de vida era outro. Mas tudo ficou preso na garganta, feito um nó que nunca poderia ser desatado.

Ela ensaiou dizer alguma coisa, porém sentiu vergonha. E, quando achou que a vergonha estava indo embora, Fabiano entrou na cozinha.

— Estou com fome.

— O jantar será servido logo, seu Fabiano. Vou chamar Lena para arrumar a mesa da sala de jantar.

Ele fez um gesto negativo com a mão.

— Não precisa chamar a menina. Acabei de passar pelo quarto do bebê. Ela está cantarolando ao lado do berço — Fabiano falou e sentou-se à mesa. — Quero jantar aqui na cozinha.

— Aqui, seu Fabiano?

— Sim, Roseli. Posso ter o verniz da sofisticação, mas gosto da simplicidade. Adoro esta cozinha, os azulejos portugueses, os armários antigos e o fogão a lenha. Passei momentos muito divertidos e agradáveis aqui, quando era pequeno.

— Esta fazenda está na família há muitos anos, não, tio?

— Sim. Faz mais de cem, pelas minhas contas. Meu avô construiu este casarão.

— E era aqui que passava as férias ao lado de mamãe, não? — inquiriu Magnólia.

Ele pigarreou e fez sim com a cabeça. Roseli colocou os pratos e serviu o jantar. Chamou Lena, e logo a menina juntou-se ao grupo.

— Estou com fome.

— Menina, espere seu Fabiano jantar. Depois, farei seu prato.

— Nada disso — protestou Fabiano. — Vamos todos comer juntos. Quero que chame o José também.

— O motorista, tio? — indagou Magnólia, incrédula.

— Qual é o problema?

— Nenhum, mas comer ao lado de um empregado...

— O que é que tem, Magnólia?

— Em São Paulo o senhor é tão rígido com os empregados! Nunca o vi sentar-se à mesa com empregado que fosse.

— Você não me conhece. Mal para em casa para saber como é o meu dia a dia. Sempre zanzando para cima e para baixo. Quem sabe, agora, fique mais em casa e perceba que eu não sou o monstro que imagina.

Ela levou a mão à boca.

— Eu não o considero um monstro. É que o senhor sempre foi duro comigo.

— Porque você sempre precisou de limites. Sempre foi meio doidivanas. Eu só a mantive sob rédea curta.

Magnólia baixou os olhos e apanhou o talher. Começou a comer em silêncio. Lena olhou para a porta da cozinha e, logo que José entrou e se sentou, ela disse:

— Seu Fabiano, *aquela* mulher está aí na porta e lhe manda um beijo.

Fabiano estremeceu.

— Ora, ora — ele olhou para a porta e nada viu. — Quem será essa mulher misteriosa? Uma assombração?

Todos na mesa riram. Lena deu de ombros e continuou a comer.

— Tudo bem o senhor não acreditar em mim. Acha que eu estou fantasiando, que é tudo criação da minha cabeça, mas não é. É uma mulher tão linda, tão bem-vestida.

Aquilo aguçou a curiosidade de Fabiano.

— Ela ainda está aí?

— Não. Já foi.

— Hã, sei.

— Mas mandou um recado para o senhor.

— Um recado! — exclamou, fazendo troça.

— Sim. Disse que o senhor tem uma foto dela e no verso está escrito... — Lena levou a mão à cabeça e fechou o cenho, procurando concentrar-se. — Ah, me lembrei. Está escrito: "*Uma recordação de quem muito o estima*".

Fabiano largou o talher sobre a mesa e levantou-se de maneira abrupta.

— Seu Fabiano... — Roseli tentou chamá-lo.

— Vou me deitar — disse sério. — Vamos madrugar. Quero chegar a São Paulo antes do anoitecer. Tenham uma boa noite.

Ele falou e foi caminhando lentamente para o seu aposento. Enquanto Roseli ralhava com a menina, José e Magnólia mantinham o semblante envolto em um grande ponto de interrogação. Fabiano deixou uma lágrima escapar pelo canto do olho.

— Minha Adelaide. Você está aqui! Por favor, deixe-me vê-la.

Ele entrou no quarto, trocou de roupa, vestiu o pijama e deitou-se. Adelaide, em espírito, estava ao pé da cama.

— Quando ele adormecer, poderei chamá-lo?

— Melhor não — respondeu Tarsila. — Fabiano poderá emocionar-se sobremaneira.

— Queria tanto conversar com ele!

— Aguarde, Adelaide. Não vai demorar muito para ele regressar ao mundo espiritual. Vocês terão muito que conversar e terão muito tempo para ficar juntos.

— Eu errei com ele.

— Ninguém erra com ninguém. Simplesmente escolhemos o que achamos melhor no momento. Se você pudesse escolher melhor, suas vidas seriam diferentes. E de nada vale torturar-se. O que passou, passou. O melhor a fazer é aquietar seu coração e transmitir boas energias para sua filha.

— Estou muito preocupada com Magnólia. Não gosto da sombra escura que está grudada em sua aura.

— É criação mental dela. Magnólia está impregnada de ideias negativas que vêm se acumulando há muitas vidas. Passou por experiências muito dolorosas.

— E tem dificuldade em perdoar o próximo.

— Porque tem mais dificuldade ainda de perdoar a si mesma. Quando Magnólia aceitar-se incondicionalmente e sentir amor por si mesma, o perdão vai se tornar algo natural, sem exigir dela grandes sacrifícios. O maior sacrifício é olhar para dentro de si e arrancar todo sentimento negativo que tente se instalar no coração.

— Eu tento ajudá-la, Tarsila, mas Magnólia nem percebe que estou por perto.

— Continue tentando. Um dia ela vai perceber as suas vibrações amorosas. Por agora, dê um beijo em Fabiano. Precisamos partir.

Adelaide assentiu. Aproximou-se do perispírito de Fabiano, que estava deitado pouco acima do corpo físico. Passou delicadamente a mão sobre o rosto dele e o beijou na testa.

— Durma o sono dos justos, querido. Procure não se torturar pelo que não tivemos. Tudo está certo na vida. E, mesmo que tenhamos errado, o nosso amor é puro — ela o beijou na fronte e despediu-se: — Fique em paz. Até breve.

9.

Magnólia mudou um pouco o teor de seus pensamentos depois da gravidez. Mas só um pouco. Além disso, tornar-se mãe fez com que se sentisse mais feminina. Abusava das minissaias, adorava um batom e mantinha os cabelos compridos. Bem compridos. Havia emagrecido, estava com aparência melhor.

Ela prendeu os longos cabelos negros e fez um coque.

— Estão casados há um bom tempo, Isabel! — suspirava, meneando a cabeça, enquanto desciam a Ladeira Porto Geral para alcançarem a Rua 25 de Março. — Uma hora cansa.

— De quê? — perguntou Isabel, surpresa, tentando proteger-se da multidão.

— Todo casamento acaba um dia. O seu não vai escapar.

Isabel movimentou-se com dificuldade. Estava absorta em seus pensamentos. Não sabia se comprava a fantasia da Mulher Maravilha ou da Mulher Gato para as filhas. Sem dar importância aos comentários, disse:

— Amo o Paulo. Isso basta.

— Você é simplista demais. Precisava arrumar um homem que a sustentasse. Você ganha até mais do que ele!

— E daí? Estamos vivendo outros tempos.

— Eu sei, mas...

Isabel a interrompeu:

— Deveria me apoiar, estar do meu lado e vibrar com o meu relacionamento saudável. Depois que o divórcio foi aprovado, viu quantas amigas nossas já se separaram?

— Claro! Antes do divórcio, nós éramos vistas como párias da sociedade. Não podem mais meter o dedo no nosso nariz e nos chamar de *desquitadas*.

— Torço para que nossas amigas encontrem o amor da maneira como eu o encontrei.

Magnólia fechou os olhos e suspirou fundo.

"Será que um dia também saberei o que é amar?", pensou. E respondeu:

— Não acho justo. Você tem duas filhas. Dá muito trabalho. Deveria estar em casa.

— Jesus amado! Ficar em casa? Não tenho nada contra quem goste, mas eu não tenho jeito para dona de casa — e, procurando mudar o tom da conversa, comentou: — Precisamos ver roupinhas novas para o Fernando.

— Por quê? Acaso tem alguma restrição contra meu filho? Só porque ele é filho de um bandido?

— O que é isso, Magnólia? Amo seu filho. É meu afilhado.

— Mas vai ser sempre o filho de um marginal.

— Não importa como Fernando foi gerado, nem quem seja o pai. Importa que é uma criança adorável e está cercado de amor e carinho. Paulo está cumprindo muito bem o papel de pai, na medida do possível.

— Mas logo terá só olhos para as meninas e Fernando vai ficar no escanteio. Igual a mim, atirada num canto pelo meu tio.

— Não diga isso. Seu Fabiano sempre foi tão generoso! Antes de morrer passou tudo para o seu nome. Hoje você leva uma boa vida. Não seja mal-agradecida.

— Ele não fez mais que a obrigação — Magnólia deu de ombros. — Sempre vivi como empregada naquela casa.

E, de mais a mais, tio Fabiano passou quase tudo para o nome de Fernando. Eu não tenho praticamente nada. Não posso vender nada.

— Seu tio foi um sábio.

— Ainda o defende! Que bela amiga!

— E vender para quê?

— Para pagar as contas, ora.

— Você é saudável. Arrume um emprego.

— O dinheiro dos aluguéis ajuda a me manter. A mim e a meu filho. E a pagar o salário da Custódia. Uma fortuna, diga-se de passagem.

— Uma casa grande como aquela, um filho pequeno e só uma empregada para dar conta de tudo? Devia dar graças a Deus de ter encontrado Custódia.

— Sei, sei...

Magnólia ia continuar a reclamar, mas Isabel não prestou atenção. Deu um gritinho de prazer ao ver uma vitrine cheia de manequins mirins vestidos com fantasias de super-heróis. As roupinhas eram encantadoras.

Isabel entrou na loja e foi escolhendo as peças. Magnólia ia atrás, agora em silêncio, remoendo o pensamento.

"Por que ninguém tem olhos para mim? Por que ninguém me dá uma chance?", pensava.

Terminadas as compras, decidiram pegar um táxi ali nas imediações. Isabel estava cheia de sacolas e cansada, para subir a ladeira e pegar o metrô. Magnólia fez sinal e entraram no veículo. Deram a direção da casa de Isabel e foram tagarelando até chegarem ao endereço.

— Sinto falta de uma sessão de cinema, grudadinha no Paulo.

— Por que não vão?

— As meninas ficam na creche durante o dia. Eu e Paulo trabalhamos. À noite queremos ficar com elas.

— Posso tomar conta delas por uma noite, se quiser.

— Você? Reclama de que Fernando lhe dá trabalho. Imagine cuidar de duas meninas agitadas!

Magnólia estufou o peito.

— Posso, sim.

— Isso seria tão bom! Queria ir ao Cine Belas Artes assistir a *Gente como a gente*.

Magnólia fez uma careta.

— Ir ao cinema para chorar? Já basta a vida.

Isabel fez um muxoxo. O táxi encostou, e Isabel pagou a motorista, enquanto Magnólia arrastava as sacolas para fora do carro.

— Fique com o troco — tornou Isabel com um sorriso, enquanto desciam do carro.

A motorista agradeceu e acelerou. Isabel lançou olhar piedoso para Magnólia.

— Você aí cheia de sacolas, e eu aqui, sem nada.

— Quem está cansada é você — respondeu, ofegante. — Pegue a chave na bolsa, por favor.

Isabel olhou para os lados e levou a mão à cabeça.

— Como sou esquecida! Deixei a bolsa no banco de trás do táxi. E agora?

— Anotou a placa?

— Não.

— Vamos para a delegacia.

— Imagine, Magnólia. Eu tinha só a chave de casa, uns trocados e o documento de identidade na bolsa.

— Mesmo assim. Vamos ao distrito fazer boletim de ocorrência. De repente, essa motorista pode usar seu documento de identidade, vender armas para bandidos, querer sequestrar suas filhas, sei lá...

— De onde tirou uma ideia dessas?

— Não sei. Temos de ter cuidado com todo mundo. Notou como nas imediações da 25 de Março havia um monte de marginais?

— Um monte de crianças sem eira nem beira, perdidas. Precisam de uma mão amiga e de orientação. Só isso.

— Sei não — Magnólia respondeu, pensando, obviamente, em Jonas.

— Não reclame.

— As pessoas são capazes de atos terríveis.

— Cada um é responsável pelos seus atos. Em vez de julgar, por que não enviamos vibrações de bem-estar para quem se envolveu em atos cruéis?

— Vibrações... sei. Os jornais estão cheios de casos de assassinatos, barbaridades de todos os tipos. Passarei a colocar as mãos sobre os jornais para transmitir essas *vibrações* — respondeu em tom jocoso.

— Deixe de ler jornal, oras. Ou leia matérias que não enalteçam o negativismo do mundo.

— Não fica com raiva?

— Eu?! — exclamou Isabel. — De forma alguma. E, cá entre nós, não gosto dessa maneira negativa que ainda tem de encarar o mundo. Pensei que a gravidez tivesse mudado você.

— Em alguns sentidos mudou. Mas em outros, piorou. Eu tenho um filho para criar e proteger deste mundo cruel. O mundo é péssimo, Isabel. Vivemos uma onda de violência sem precedentes. É tanto assalto, tanto mendigo na rua, tantos trombadinhas e marginais à solta. Temos até de dar graças a Deus por não termos sido assaltadas no centro da cidade.

— Quem pensa no mal atrai o mal. Simples assim.

Magnólia não respondeu. Isabel prosseguiu:

— Vou desconsiderar o comentário negativo. Precisamos ir até um chaveiro. Tem um lá perto da padaria.

— Eu vou.

— Não, Magnólia. Você fica com as sacolas. Eu vou até o chaveiro. Você fica de olho nas sacolas. Vai que aparece um trombadinha louco para se fantasiar de Mulher Maravilha.

— Vai tripudiando, vai. Quero ver o dia que a tragédia se abater sobre sua vida. Ainda bem que as meninas estão na creche. Imagine as pobrezinhas trancafiadas dentro de casa. Que horror!

Isabel girou os olhos e suspirou. Magnólia iria protestar; contudo, quando foi responder, Isabel havia atravessado a rua e já tinha dobrado a esquina.

— Que mulher marrenta! — exclamou.

Nesse instante, o táxi buzinou e estacionou na beira da calçada. A motorista abriu a porta, saiu e deu a volta. Parou na ponta da guia, ficando alguns centímetros abaixo de Magnólia.

Não era moça feia nem bonita. Tinha traços marcantes, fisionomia séria e cabelos curtos. Entregou a bolsa para Magnólia e falou, numa voz quase infantil que nada tinha a ver com seu jeito, digamos, valentão:

— A sua amiga esqueceu a bolsa no banco de trás do carro. Percebi quando estava entrando na Radial.

Magnólia engoliu em seco. Sentiu-se envergonhada por ter despejado tantos impropérios a Isabel. Ela deixou as sacolas no chão e apanhou a bolsa.

— Obrigada.

— Pode abrir e conferir.

— Imagina. Con... confio em você.

— Vocês duas são parentes?

— Por quê? — indagou Magnólia, desconfiada.

A moça percebeu e riu. Um lindo sorriso.

— Não precisa ser tão desconfiada. Você disse que confia em mim, mas está com o pé atrás. Eu não vou raptá-las.

— Fui pega de surpresa.

— Porque voltei e devolvi a bolsa?

— Também. E porque nem nos conhecemos.

— Só quero ser agradável — rebateu a moça.

— Desculpe-me — tornou Magnólia, envergonhada. — Não somos parentes. Somos amigas de longa data.

— Prazer. Meu nome é Gina.

— Magnólia — apresentou-se e estendeu a mão.

— Como a flor. Linda e perfumada!

Magnólia sentiu o rosto arder. Mordiscou os lábios.

— Obrigada, mais uma vez. É sempre... direta?

— Sou, só quando estou interessada.

— Assim fico sem graça.

— Não é para ficar — Gina tirou um cartão do bolso da camisa. — Me liga. Eu trabalho até às oito da noite, depois estou de folga.

Magnólia ia responder que tinha filho, que não era o que a outra estava pensando, mas sentiu vergonha e baixou os olhos. Gina prosseguiu:

— A gente podia ir jantar, depois dançar... Conhece a Moustache?

— Não.

— Fica atrás do cemitério da Consolação.

Magnólia fez o sinal da cruz.

— Deus me livre! E, além do mais, não gosto de boate. Sempre dá confusão.

— Eu ia convidá-la para ir ao cinema, mas não pude deixar de escutar você e sua amiga conversando. Parece que você não curte uma salinha escura.

— Gosto. Depende do filme.

— Deixemos o cinema de lado. Podemos ir ao Bixiga. Tem uns cafés que tocam chorinho e MPB. Que tal?

— Po... pode ser.

— Então fica com o cartão, gata. Me liga quando quiser. Moro sozinha e pode deixar quantos recados quiser na secretária eletrônica.

Gina deu uma piscada e abriu outro sorriso encantador. Entrou no carro, deu partida e logo sumiu na esquina. Magnólia não movia um músculo.

"Nunca dei trela para mulher alguma", pensou. "Preciso me preservar para meu filho e..."

O pensamento dissipou-se com a chegada de Isabel com o chaveiro.

— Minha bolsa! — exclamou, agradavelmente surpresa.

— É — tornou Magnólia, sem graça. — A taxista trouxe a bolsa. Nem abri para ver se falta algo.

— Está vendo? — indagou Isabel. — E você aí, pensando só coisa negativa — revidou, enquanto olhava o interior da bolsa. — Não falta nada. Tudo em ordem.

Isabel deu uma caixinha para o chaveiro, dispensou-o do serviço e entraram. Ela notou que Magnólia estava inquieta.

— O que foi?

— Nada. Por quê? — perguntou irritadiça.

Isabel riu.

— Eu a conheço há duzentos anos! Sei que algo a perturba. Como é sempre fechada em copas, não vou insistir. Quando quiser, sinta-se à vontade para falar.

— Não tenho nada para falar — disparou Magnólia, enquanto entrava pelo corredor arrastando as sacolas de compras, o cenho franzido e articulando palavras incompreensíveis.

10.

A noite estava linda e estrelada. Magnólia estava adorando o passeio. Gina, finalmente, surgia em sua vida num momento em que ela já estava cansada de sonhar com o impossível: viver uma história de amor.

"Ela serve para ser amiga. Uma verdadeira irmã, isso sim", pensou, após olhar para Gina com mais cautela.

Magnólia nunca dera a si oportunidade para sair com outra garota. Já havia tentado sair com rapazes, entretanto, não sentia atração pelo sexo oposto. Sentia-se bem ao lado de outra mulher. E, depois da confusão e do trauma com Jonas, tinha certeza de que não mais se envolveria com homens.

Descobriu gosto pelo mesmo sexo aos onze anos de idade, quando esbarrou em uma colega enquanto se arrumava no vestiário do colégio. Ela tinha acabado de virar mocinha. Seus pelos eriçaram e ela sentiu irresistível atração pela colega. E, embora vivesse em uma época de quebra de tabus e conceitos, Magnólia tinha sido criada nos moldes antigos, calcados em valores distorcidos e regados com muito preconceito. Preconceito contra tudo e todos.

Os pais, um botânico e uma professora primária, morreram quando ela era ainda criança. A irmã dela, Begônia, fora viver com uma tia em Belo Horizonte. Tio Fabiano criara Magnólia de maneira rígida e severa. A menina tinha pavor de que o tio, de alguma forma, descobrisse suas *tendências*. Tinha pavor de algum dia ser chamada de fanchona, bolacha ou sapatão.

Depois do nefasto envolvimento com Jonas e na sequência ao nascimento de Fernando, Magnólia procurou novas maneiras de parecer feminina, abusando dos decotes, do batom e da maquiagem.

— Não posso sentir isso. É errado — repetia dia após dia, como um mantra. — Tenho um filho. Fernando nunca poderá saber o que sinto.

Magnólia nutrira durante muitos anos esse amor platônico por Isabel e cobriu o coração com um véu de insensibilidade, jamais se permitindo conhecer outra mulher. Gina, mesmo com aspecto masculinizado, cativara-a sobremaneira. Pela primeira vez em sua vida, Magnólia começava a vislumbrar uma real possibilidade de relacionamento. Os olhares de Gina eram profundos e amorosos. Estava difícil de resistir aos seus encantos.

O jantar fora numa cantina ali perto e depois caminharam até um barzinho a duas quadras. O local estava apinhado de gente. Havia praticamente só mulheres ali, com exceção de meia dúzia de gatos pingados. Todos ali queriam se encantar e se divertir com a apresentação de Ângela Ro Ro.

Estavam no intervalo quando Gina perguntou:

— Gostou de ter vindo?

— Estou adorando! — exclamou Magnólia. — Eu conheço praticamente todas as músicas que ela compõe e todas que canta.

— Qual é a sua preferida?

— *Amor, meu grande amor.*

— Também me amarro nessa música. Ainda toca nas rádios. É do primeiro disco dela.

— Não importa — disse Magnólia, enquanto apanhava seu suco e sorvia o líquido com o canudinho. — Música não tem idade.

— Você se faz de forte. No fundo, é sensível.

— Um pouco.

Gina aproximou-se e deu-lhe um selinho, um beijo inocente. Magnólia afastou-se e, pega de surpresa, derrubou o copo com suco. Levantou-se imediatamente.

— Desculpe-me. Sou desastrada.

Gina apanhou um guardanapo e jogou-o sobre a mesa. Em seguida, pediu outro ao garçom e entregou-o a Magnólia.

— Caiu um pouco na sua calça — apontou.

Magnólia pegou o pano e passou sobre o jeans.

— Não foi nada. Suco de laranja não mancha. Se fosse de uva...

— O que você tem?

— Nada.

— Como nada? Você não gostou do meu beijo.

— Não. Nada disso. É que estamos num local público e...

— Num local cheio de mulheres que sentem o mesmo que a gente.

— Quem disse que eu sinto o mesmo que elas?

Gina virou a cabeça para os lados.

— Está bem. Não está mais aqui quem falou. Aqui ninguém se mete com a gente. Não precisa ficar com medo.

Magnólia fez sim com a cabeça. Gina pediu outro suco e o show continuou. Depois do bis e quando o barzinho estava com bem menos gente, Gina indagou:

— Você gosta da sua amiga, né?

Magnólia fez outra pergunta para arrumar tempo de pensar e responder:

— Como?

— Você gosta da sua amiga, a que esqueceu a bolsa no táxi.

— Gosto. Somos amigas desde a infância.

Gina riu.

— Não é dessa maneira de gostar que falo. Você nutre uma paixão por ela. Estou enganada?

— Imagine! Isabel é casada. Somos amigas desde sempre e... — Magnólia parou de falar. Tinha medo de falar sobre o filho. O que Gina iria pensar dela?

— E você nutre uma paixão platônica por ela — observou Gina. — Já vi esse filme. Que pena!

— Como, que pena? — Magnólia estufou o peito e encarou Gina de maneira desafiadora: — E daí que gosto da Isabel?

— Daí que você sofre por um amor não correspondido. Está na cara que sua amiga ama o marido. Você não tem lugar na cama dela.

Magnólia ofendeu-se:

— Como se atreve a falar assim? Olha o respeito!

— Desculpe ser direta e parecer grossa. É que gostei muito de você, Magnólia. Nós, lésbicas, somos muito solitárias, sozinhas. Geralmente não temos a compreensão nem o apoio da família. Somos execradas pela sociedade. Temos de viver em um mundo de mentiras. Somos obrigadas a representar papéis.

— Eu tenho medo...

— Eu também tenho. E muitas outras aqui também têm — apontou o dedo ao redor.

— Mas você me beijou. Conhece um monte de gente. Cumprimentou aquela fulana ali — inclinou o queixo para uma mesa mais à frente.

— Está com ciúmes?

Magnólia enrubesceu. Agradeceu intimamente a chegada do garçom com novo copo de suco. Abaixou a cabeça e mordiscou o canudinho.

— Estou brincando com você — contrapôs Gina. — Só para descontrair.

— Eu entendo...

— Isso não quer dizer nada. Eu conheço muita gente porque saí de casa com dezessete anos. Caí no mundo. Fui trabalhar numa tinturaria e o chinês me sacou.

— É?

Gina riu.

— O chinês era esperto. Viu que eu era diferente, mais moleca, mais solta na vida. Ele me pagou autoescola, me deu a perua para pegar e entregar as roupas. Aprendi a dirigir e, depois de dois anos, comprei meu carro. Uma amiga me ajudou e agora tenho o táxi. Não ganho milhões, mas, por conta da desvalorização na área do Minhocão, consegui comprar um quarto e sala na Amaral Gurgel.

— E vive sozinha.

— Não.

Magnólia desconfiou:

— Ué! Quando me deu seu cartão, falou que morava sozinha.

— Foi.

— Não vai me dizer que tem alguém!

— Qual nada! Acha que estaria aqui com você se estivesse comprometida?

— Não sei. As pessoas gostam de mentir, de enganar.

— Muitas pessoas não gostam de mentir. Eu, pelo menos, estou aqui sendo sincera. Não estou comprometida com ninguém.

— Entretanto, foi enfática ao me dizer que não vive sozinha.

Gina riu alto. Sorveu a cerveja com gosto e estalou a língua no céu da boca.

— Você é sempre tão negativa assim?

— Não entendi.

— Sempre vê tudo pelo lado negativo, com olhos maliciosos? Por que tanta desconfiança?

— Nasci assim. É o meu jeito.

— Que poderá lhe trazer dissabores, caso não mude a forma de encarar a vida. Mas — Gina fez um gesto vago com a mão — não vou agora começar a discutir com você. Só para esclarecer, quem mora comigo é minha avó.

— Avó? Sério?

— Sim. Ela está bem velhinha. Nem sabe ao certo quem eu sou. Ela morava com um tio meu. A mulher dele se cansou da minha avó e daí se lembraram da neta ovelha negra. Não sei como conseguiram meu endereço. Um dia, ao chegar à portaria, lá estava a velhinha, encolhida numa cadeira, agarrada a uma bolsa puída e algumas roupas em uma sacola de plástico.

Magnólia comoveu-se e indignou-se. Gina prosseguiu:

— Cuido da minha avó com carinho. Estou fazendo a minha parte.

— Você teve uma vida dura.

— Nem dura nem mole — rebateu Gina. — Tive a vida que tinha de ter. Estou com vinte e cinco anos, e não quero mais viver sozinha. Minha avó, pelo que sinto, não vai durar muito. Eu olho para a frente. Sempre. E sabe o que quero?

— O quê?

— Quero uma companheira, uma mulher que me ame e me valorize. Porque também vou amá-la e valorizá-la. A admiração e o respeito são ingredientes indispensáveis para uma boa relação a dois.

Magnólia sensibilizou-se.

— Você tem contato com sua família?

— Não mais. Dois anos atrás eu procurei meus pais e contei sobre minha vida. Falei abertamente que sou lésbica. Expliquei o motivo de ter saído de casa aos dezessete anos e que, nos últimos anos, conseguira levar uma vida digna.

— E eles?

— Tiveram um treco. Meus pais ficaram mudos e nada comentaram a princípio. Meu pai, depois que se recuperou do susto, disse que eu estava morta para eles. Minha mãe, na sequência, me expulsou da casa. Xingou-me de tudo quanto foi palavrão. E olha que a minha avó, dona Élida, é mãe da minha mãe.

— Se eu fosse você, largaria sua avó na porta da casa dos seus pais. Eles têm obrigação de cuidar dela.

— A minha avó não tem nada a ver com essa decisão. Cada um que cuide de sua consciência. Ninguém tem obrigação de nada na vida. As pessoas agem e vão ter de responder por isso. Mais nada. Quem nega ajuda também fica sem ajuda quando precisa.

— Você tem coragem — disse Magnólia, de maneira sincera.

— Se eu vivo assim, é porque meu espírito precisa exteriorizar toda coragem escondida e reprimida, talvez por séculos. Sou filha de Deus. E sei que Ele — apontou para o alto — me ama. Eu sou feliz. E não deixo o preconceito me colocar lá embaixo.

Magnólia abaixou a cabeça, envergonhada.

— O que foi? — interrogou Gina. — Falei o que não devia?

— Não. É que, para não ser motivo de chacota dos outros, acabei me envolvendo com um rapaz barra-pesada.

— Ficaram juntos muito tempo?

— Alguns meses.

— Sente algo por ele?

— Não! — respondeu Magnólia, convicta. — Nunca senti nada por Jonas, ou por outro homem. Na verdade, eu o odeio. Odeio com toda a minha força.

— Para que tanto ódio, garota? Esse homem lhe fez algum mal?

Era o momento de falar sobre Fernando. Contudo, Magnólia emudeceu. Em sua mente vinham cenas de Gina levantando-se da mesa, indignada em saber que transara com Jonas e tivera um filho. Ela respirou fundo e explicou:

— Jonas é um marginal. Nem sei como pude me envolver com um homem tão sem escrúpulos. Eu não merecia.

— Você deu bola para ele?

— Sim.

— Usou do seu livre-arbítrio. Fez uma escolha.

— Uma má escolha. Aquilo não é gente.

— Ele não sentia nada por você?

Magnólia mentiu.

— Não.

— Menos pior. É desconcertante saber que alguém chora por nós.

— Jonas é um animal.

— Atraímos pessoas e situações em nossa vida. Somos responsáveis por tudo o que nos acontece.

— Não enxergo a vida dessa forma. Fomos jogadas no mundo. Eu não pedi para nascer.

— Não? Tem certeza?

— Claro! Jamais iria querer nascer com vontades estranhas.

— Já avançamos um pouco. Ao menos, você reconhece gostar de mulher.

— Sim. Mas a sociedade é cruel.

Gina deu de ombros.

— A sociedade não paga minhas contas, nem sequer coloca gasolina no meu carro. Essa é outra lição do meu espírito: aprender a dar ouvidos ao que sinto, dar atenção às minhas necessidades e não escutar o mundo. Eu venci o preconceito e com isso me tornei mais forte e mais dona de mim. Agindo assim, a vida me dá apoio.

— Você fala em espírito...

— Nunca ouviu falar? — perguntou Gina, séria.

— Também não sou tão burra — protestou Magnólia. — Minha amiga Isabel fala de maneira parecida com a sua. E ainda tem Lena.

— Quem é Lena?

— Uma menina que fala absurdos. Mete medo na gente. Uma bruxinha.

Gina sorriu.

— Simpatizei com essa menina mesmo sem conhecê-la. Será que você poderá me apresentar? Gosto de bruxinhas.

— Ela é uma menina. O que pensa...

Gina a interrompeu.

— Você de novo com maldade na cabeça! Impressionante. Eu quero conhecer a menina porque fiquei curiosa, oras. Ela deve ter uma boa mediunidade. Sem segundas ou terceiras intenções.

— Desculpe-me. Eu achei que você estivesse a fim...

— Blá-blá-blá. Conversa fiada. De novo o discurso negativo e cheio de ruindade.

Magnólia ficou sem jeito e tornou:

— Você, Isabel e Lena têm maneira semelhante de enxergar a vida. Como se tudo fosse lindo e perfeito.

— Mas a vida é linda e perfeita. Depende de quais óculos você usa para enxergar o mundo. Não nego que haja muita desgraça ao nosso redor. Precisamos entender a dor alheia e, se possível, ajudar o próximo. Perceba que ver o mundo pela lente do amor vale muito mais que pela lente do rancor. Vamos ter de viver do mesmo jeito. Que seja de uma maneira mais colorida, divertida e alegre!

— Com tanta desgraça no mundo? Onde está esse Deus que nada faz? Não acredito em nada.

— Já lhe disse antes. Depende como você enxerga o mundo. Vivemos num planeta onde precisamos enfrentar nossos medos, lidar com o preconceito, com a maledicência, com a negatividade. É no contato com o negativo que enxergamos o positivo. Se você acender uma luz na claridade, não vai perceber seu brilho. Mas, se acender a luz num quarto escuro, aí sim, vai perceber a diferença. Nosso espírito precisa do contraste para perceber o quanto é puro, belo e perfeito em sua essência. Afinal, fomos criados à imagem e semelhança de Deus.

— A sua maneira de pensar é bem diferente da minha.

— Os opostos se atraem — brincou Gina.

— Está me deixando sem graça.

Gina moveu o braço sobre a mesa e pousou sua mão delicadamente sobre a de Magnólia.

— Não quero deixá-la sem graça, mas feliz.

Magnólia mudou o assunto.

— Agora que tem casa e carro, o que pensa em comprar?

— Estou economizando para comprar um sítio.

Na mesma hora veio à mente de Magnólia a fazenda em Populina. Ela ia falar, mas deteve-se. Limitou-se a dizer:

— Eu aprendi a gostar um pouco da natureza.

— Podemos ter uma linda vida juntas.

— Será?

— Você é quem cria a realidade à sua volta.

— É?

Gina fitou um ponto do salão. Pensou, sorriu e perguntou:

— Como sonha viver daqui a vinte, trinta anos?

Magnólia não respondeu, mas pensou:

"Trinta anos! Será que estarei viva daqui a tanto tempo?"

11.

Isabel respirou e espreguiçou-se. Estava cansada. Derramou detergente sobre a esponja e pegou mais um prato sobre a pia. Enquanto lavava a louça, asseverou:

— Viver o dia de hoje é importante para mim. Amanhã a Deus pertence. Amo meu marido, minhas filhas, meu trabalho e esta casa. Isto é o que importa no momento.

— Paulo tem chegado tarde — cutucou Magnólia, enquanto enxugava e guardava a louça no armário. — Acha mesmo que trabalha até tarde?

— Sim. Tem feito hora extra. As despesas aumentaram e temos a prestação da casa.

— Como pode?

— Como pode o quê?

— Deixar as meninas numa escola. Não tem medo?

— Não. As meninas estão indo bem na escolinha. É bom ter contato com outras crianças da mesma idade. Já disse que você deveria colocar Fernando na mesma escola.

— Não! No meio de um monte de estranhos? Meu filho sendo cuidado por uma estranha?

— Se você não mudar seu jeito de ser, a vida poderá lhe ser tão difícil!

Magnólia desviou o assunto:

— Você tem de largar o emprego e ser dona de casa.

— Penso diferente. Quero conciliar as responsabilidades de mãe, dona de casa e executiva. Eu vou me aposentar daqui a vinte anos, amiga. Por mais que ame meu marido e minhas filhas, quero ter o meu dinheiro. Não abro mão da minha independência financeira.

Magnólia lembrou-se da noite em que saíra com Gina. A moça tinha lhe perguntado como queria viver dali a vinte, trinta anos. E Isabel falava algo semelhante. Ela sorriu e sentiu saudade da moça. Fazia duas semanas que tinham saído e ela não tinha coragem de ligar. Morria de vontade, porém não tinha coragem.

Isabel a trouxe de volta à realidade.

— Estou falando com você. O que foi?

— Nada.

— Nada? Magnólia, você anda tão aérea ultimamente!

— Sabe o que é? O dinheiro da poupança está acabando.

— E daí? Não é nenhuma novidade. Você torra tudo e mais um pouco. Ainda bem que seu tio deixou os imóveis em nome de Fernando. Fabiano foi inspirado por bons e sábios espíritos. Cuidou muito bem do seu futuro e do futuro do seu filho.

— Cuidar bem? — Magnólia estava indignada. — Não posso crer que defende aquele unha de fome.

— Seu Fabiano tinha lá um jeito esquisito. Mas era o jeito dele. Nunca faltou nada para você. Ele pagou-lhe escola, você sempre teve tudo o que quis.

— Mas sou sobrinha, praticamente uma filha. Devia ter pena de mim.

— Pobrezinha — ironizou Isabel.

— Tio Fabiano queria que eu arrumasse trabalho, para que eu pudesse transmitir valores nobres ao meu filho.

— Ele estava certo. O trabalho nos faz útil.

— Meu tio tinha boa vida, Isabel. Ele bem que podia me passar um imóvel.

— Até passou, mas na condição de usufruto.

— Assim não dá.

— Ele não tinha essa obrigação.

— Está certo. Nem vou contra-argumentar. Mas não consigo trabalho.

— Não consegue ou não quer?

Magnólia terminou de secar e ajeitar os pratos no armário; sentou-se na cadeira.

— Tenho um filho.

— E eu tenho duas filhas. Isso não é desculpa. Tem uma boa empregada que a ajuda.

— O salário de Custódia pesa nas despesas.

— Então, demita-a.

— Ficou louca? Eu não tenho como cuidar de casa e filho ao mesmo tempo.

— Pois pare de reclamar e faça alguma coisa.

— Está difícil. Vivemos uma época ruim. O desemprego está aumentando. A inflação está nas alturas. Eu assisto ao jornal na televisão. Sou informada.

— Melhor se desinformar — tornou Isabel. — De que adianta assistir à televisão e alimentar a cabeça com mais negatividade?

— Mas é a realidade. Quantos currículos eu mandei? Você mesma viu!

— A vendinha lá da avenida está precisando de balconista.

— Não nasci para ser balconista! — ela protestou. — Estudei num dos colégios mais tradicionais da cidade. Formei-me professora.

— Então vá bater em todas as portas de escola. Garanto que em uma delas você consegue uma vaga para lecionar.

— Exigem experiência.

— Tente prestar concurso para dar aula em escola pública.

— Não dá para estudar e cuidar do meu filho ao mesmo tempo.

— Bom, cá entre nós, qual é o problema de ser balconista? É um emprego digno. Você ao menos pode pagar as contas básicas de casa: água, luz e telefone.

— Tenho o saldo da poupança, que está quase acabando, e o dinheirinho dos aluguéis. Dois imóveis, grande coisa! E tem o apartamento que acabaram de entregar. Estou pensando em entrar na Justiça para mudar a escritura.

— Não vai conseguir. O apartamento está no nome do Fernando.

Magnólia mordiscou os lábios, como se estivesse enfrentando um problema de proporções gigantescas.

— Logo meu filho vai crescer e os gastos vão aumentar. Penso futuramente em colocá-lo numa escola pública para economizar, diminuir os gastos na feira, essas coisas. Fernando viciou no danoninho. Vou ter de cortar. Uma pena. A vida é dura.

Isabel deu um longo suspiro. Conhecia bem a amiga e de nada adiantaria dar prosseguimento. Magnólia julgava-se vítima do mundo, uma pobre coitada.

— Está bem. Não vou discutir. Espero que logo essa cabecinha tome juízo e você aceite de bom grado mudar de ideia e fazer algo de útil.

— Puxa, Isabel, eu passei por maus bocados — falou, referindo-se a Jonas.

— Está na hora de você crescer. Não temos mais quinze anos de idade. Eu saí do colégio, casei-me, entrei na faculdade, formei-me e hoje tenho um bom emprego. Você não fez nada depois do colégio. Quer dizer, fez sim: envolveu-se com o Jonas, despedaçou o coração dele...

— Alto lá! Não despedacei nada. Aquele canalha não tem coração.

— Jonas pode ser um grande canalha, tudo bem. Mas tenho certeza de que ele a amou. E vai saber se ainda não nutre algum sentimento por você.

— Vire essa boca para lá! Não quero mais ver esse marginal na minha frente. Nem pintado de ouro.

— Está bem. Queira ou não, Jonas lhe fez um bem.

Magnólia rilhou os dentes e, antes de protestar, indignada, Isabel acrescentou:

— Ao menos a vida lhe agraciou com um lindo filho. Fernando é um menino especial. É arteiro, mas tem um coração enorme.

— Não sei. Logo ele cresce, acaba se envolvendo com outros garotos, pode mudar e ser como o pai. Não sabe quantas noites não durmo pensando nessa possibilidade. Eu, mãe de um trombadinha!

— Fernando é filho de Jonas, mas não *é* o Jonas — enfatizou.

— Metade daquele marginal está no corpo do meu filho. Nunca se sabe.

— Você diz coisas tão absurdas!

— Tem razão. Jonas sempre foi um pobre coitado. Família desestruturada, pai bêbado. Eu tive pena dele — rebateu Magnólia, logicamente mentindo.

Ela ainda sentia um ódio mortal de Jonas. Imaginava mil maneiras de voltar no tempo, na entrada do drive-in, e vingar-se dele. Engoliu a raiva e procurou falar com voz natural:

— Eu já perdoei o Jonas.

— Ainda bem que teve juízo. Isso faz parte do passado. Estamos fugindo do assunto.

— Qual?

— De a senhorita arrumar emprego. Antes que não tenha mais um centavo no banco.

Magnólia deu longo suspiro.

— Não é bem assim. Só acho que tio Fabiano poderia ter tido mais consideração. Ele era irmão do meu pai. Eu fiquei órfã. Ele não se casou, portanto...

— Portanto você não é filha dele — emendou Isabel. — Dê graças a Deus que teve Fabiano em sua vida.

— Meus pais morreram cedo. A vida foi dura comigo.

— Tio Fabiano quis lhe pagar uma faculdade quando não passou no vestibular para entrar na universidade. Você recusou.

— Ele queria que eu trabalhasse de dia e estudasse à noite. Tem cabimento?

— Claro que tem! Eu fiz isso, caso contrário, não teria me formado.

— Em todo caso, você tinha o apoio dos seus pais. Eu cresci sem os meus.

— Você e seus dramas. Isso é que a empurra sempre para baixo. Precisa reagir, colocar sua força para fora, ir atrás do que deseja.

Magnólia lembrou-se de Gina e uma lágrima escorreu pelo canto do olho.

— Eu juro que tento ser diferente, mas tenho medo.

Ela falou e desatou a chorar. Isabel a abraçou e alisou os cabelos da amiga com carinho:

— Não fique assim. Você é tão jovem, tão bonita e tão competente!

— Não tenho jeito para muitas atividades.

— Mas pode ir até a vendinha do seu Arlindo e atender o público, ser caixa.

— Não nasci para ser balconista. Quer que meu filho tenha vergonha de mim?

Isabel exasperou-se.

— Assim fica difícil, né, Magnólia? Não tem santo que resista! Pare de reclamar e faça algo por si mesma. Está na hora de acordar e enfrentar o mundo. Você nasceu com este objetivo de vida!

As palavras foram ditas de maneira tão firme e carregadas com tanta emoção que Magnólia estancou o choro, arregalou os olhos e balbuciou:

— Eu vou tentar mudar. Juro que vou.

12.

Apesar de ainda preferir enxergar a vida de maneira negativa, Magnólia deu um passo positivo: passou a se encontrar com Gina. Às escondidas, evidentemente.

"Ninguém pode saber do meu relacionamento com Gina, principalmente Isabel", pensou, enquanto terminava de se arrumar.

Magnólia olhou-se no espelho e sorriu. Reparou ao redor e tinha de reconhecer que o quarto, antes de Fabiano, era decorado com extremo bom gosto.

Fabiano decorara a casa, ao longo dos anos, com capricho e esmero, deixando cada ambiente com aspecto acolhedor. Agora Magnólia podia ter um lar para chamar de seu. Ela apanhou a bolsa sobre a cômoda e saiu.

— Melhor que a edícula — dizia para si, enquanto fechava a porta e descia a escada em curva que terminava em um hall espaçoso. Alcançou o jardim.

Custódia, a empregada, mexia com as plantas no vasto jardim de entrada. Magnólia suspirou e avisou:

— Não demoro.

— Aonde vai? — quis saber ela, curiosa. — Sai todos os dias. O que anda aprontando?

— Nada, oras! Quanta petulância!

— Hum...

— Pago seu salário para cuidar da casa e do meu filho. Aliás, por que não está com ele?

— Fernando já está dormindo.

— Tão cedo? Colocou conhaque na mamadeira dele?

— Que é isso, dona Magnólia? Eu adoro o seu filho. Nunca seria capaz de uma coisa dessas.

— Sei.

Custódia era um tanto abusada, mas tinha um coração de ouro, imenso. Apesar dos comentários afiados, sabia qual era o seu lugar na casa e preocupava-se com Magnólia. Tinha medo de a patroa cometer desatinos, visto que escutara atrás da porta conversas entre Magnólia e Isabel. Conhecia a história toda da vida da patroa e tinha boas intenções. Preocupava-se com ela, como se fosse uma irmã mais velha.

— Já é tarde. Não costuma sair.

— Hoje eu preciso. E eu sou menina de aprontar? — defendeu-se. — Estou procurando emprego.

— Emprego se procura logo cedo. Já passa das cinco da tarde.

Magnólia sorriu desconcertada.

— A Isabel guarda o jornal. Eu passo lá para dar uma olhadinha.

— Pegue o nosso. A assinatura de seu Fabiano ainda não expirou.

— No jornal do meu tio não tem classificados.

— Amanhã eu compro um só de empregos — tornou Custódia, enquanto passava as costas da mão sobre a testa.

— Está bem — Magnólia consultou o relógio. — Depois conversaremos sobre o assunto. Estou atrasada.

— Viu seu filho?

— Você não disse que ele dorme a sono solto? Não quero atrapalhar — ela consultou novamente o relógio e apressou-se: — Estou atrasada, Custódia. Até mais tarde.

Custódia disse algo, porém ela não escutou. Dobrou a esquina, estugou o passo e correu até a casa de Isabel.

Desde que conhecera Gina e dera chance para expressar seus sentimentos, Magnólia passou a olhar Isabel com outros olhos: reconhecia amar a amiga, mas era um amor puro, que exalava confiança, camaradagem, cumplicidade. Enfim, aos poucos, percebia, dia após dia, que Isabel era uma grande amiga. Mais nada. Isso a deixava mais tranquila, embora ainda se sentisse desconfortável para contar a Isabel sobre seu relacionamento com Gina.

Aliás, diga-se de passagem, Magnólia só tomou coragem de arriscar-se em um relacionamento afetivo no dia em que, depois de ver Isabel recebendo um beijo apaixonado de Paulo, a sua ficha caiu.

— Eles se amam. De verdade — disse para si, emocionada.

Magnólia respirou um pouco de coragem e decidiu ter uma conversa séria com Gina. Ligou para a casa dela e, depois da terceira tentativa, não deixou recado na secretária eletrônica, pois receava que Custódia a flagrasse ao telefone com outra mulher.

Sempre que chegava à casa de Isabel, corria ao telefone e ligava para Gina. Isabel passou a desconfiar e comentou com Paulo, enquanto terminava de tirar o jantar da mesa:

— Acho que Magnólia está namorando.

— Será? — indagou Paulo. — Não acho.

— Ela não sai de perto do telefone, querido.

— Ela tem telefone em casa.

— Por isso acho que aí tem coisa. Para mim, Magnólia conheceu alguém e liga daqui de casa. Ela é cheia de dedos, diz que Custódia fica xeretando a vida dela.

— Acha mesmo?

— Sim. Não reparou como ela mudou nos últimos tempos?

— Como assim?

— Antes, Magnólia viva grudada em nós, estava sempre palpitando, torcendo para que nós brigássemos. De uns tempos para cá, ela tem se mostrado menos, digamos, invasiva. Até nos convidou para jantar outro dia.

— Vai ver apareceu a princesa encantada da vida dela.

Isabel riu com gosto.

— Estou desconfiada disso — completou, enquanto fazia sinal para Paulo olhar no corredor.

— Está vendo? Ela não veio aqui para nos visitar. Está falando ao telefone.

Magnólia falou, pousou o fone no gancho. Ela se virou para voltar à cozinha, mas o aparelho tocou. Ela correu imediatamente. Atendeu e respondeu, mal-humorada:

— Aqui não tem ninguém com esse nome.

Desligou o telefone e bufou.

— Ela conheceu alguém! — tornou Isabel.

— Ela não comentou nada, amor?

— Não.

— Eu adoraria conversar abertamente com Magnólia sobre relacionamentos afetivos. Mas ela é fechada, não se abre.

— Nem comigo, que sou sua melhor amiga, ela se permite conversar suas particularidades. Precisamos dar tempo ao tempo.

— Será que ela tem medo da nossa reação?

— Não sei. Depois que Magnólia se abriu comigo, achei que não teria mais segredos.

— Infelizmente, Magnólia é negativa e pessimista, desconfiada da vida e dos outros. Se quiser, posso tentar conversar com ela.

— Pode ser. Tomara que seja alguém legal — tornou Isabel. — Magnólia merece ser feliz.

— Do jeito que ela é negativa? Sei não — Paulo coçou a cabeça. — Me dá até medo, sabia? Veja o Jonas. Tenho medo de que ela arrume outra encrenca.

— Tem razão, querido. No entanto, por ora, não vamos pensar bobagens. Jonas faz parte do passado. Segundo soube, ele está preso novamente. Vamos vibrar bons pensamentos para que, desta vez, Magnólia não sofra.

À medida que os dias foram passando, Magnólia entristeceu-se sobremaneira. Gina sumira. Certo dia, quando Isabel estava de folga e resolveu dar um pulo no mercado, convidou Magnólia. Chegou a casa e cumprimentou Custódia.

— E as meninas, dona Isabel? Estão bem?

— Estão ótimas. Obrigada por perguntar.

— A senhora é sempre bem-vinda. Esta casa precisa da sua luz. Tem muita nuvenzinha negra por aqui — confidenciou baixinho, com medo de que Magnólia escutasse.

— Pode deixar. Vamos vibrar bons pensamentos!

Ela entrou e subiu para ver Fernando. Custódia foi atrás. Em seguida, a campainha tocou. Tocou de novo.

Magnólia gritou da cozinha, mas Custódia e Isabel não desceram, entretendo-se com Fernando. Magnólia saiu correndo da cozinha feito um furacão.

— E ainda pago empregada! Para quê?

Abriu a porta do jardim de inverno e sentiu um friozinho na barriga. E medo também. Fechou a cara e correu até o portão.

— O que faz aqui? — perguntou, o rosto lívido como cera, falando baixo e olhando assustada para os lados.

— Vim ver você — disse Gina.

— Não pode.

— Por quê? Está namorando alguém? O Jonas voltou?

— Engraçadinha. Se a Isabel me pega aqui na rua com você, vai pensar o quê?

— O óbvio. Que você e eu estamos nos gostando.

Magnólia sentiu as pernas bambas. Avistou por sobre os ombros de Gina.

— Paulo está vindo para cá. Ai meu Deus...

Ele atravessou a rua e chegou à calçada. De banho tomado, perfumado e sorriso nos lábios.

— Boa noite — disse ele, em tom amigável.

— Boa noite — respondeu Gina.

— Prazer. Meu nome é Paulo. Um vizinho amigo.

— Marido da Isabel — Magnólia apressou-se a dizer.

— Ah, então você é o marido!

Paulo não entendeu e Magnólia a fulminou com o olhar.

— Ela é uma amiga antiga da escola — foi logo explicando Magnólia.

— É? — perguntou Paulo. — Eu conheci suas amigas. Não me recordo de você — falou, enquanto media Gina da cabeça aos pés, de maneira divertida.

— Vim convidar Magnólia para uma sessão de cinema.

— Vão ver o quê? — interrogou ele, curioso.

— *Num lago dourado.* Ou *Carruagens de fogo.* Os dois filmes são excelentes.

— Interessante — Paulo deu uma risadinha. — Gostei de você, Gina. Tem atitude, transmite sinceridade. Gosto de gente assim.

— Obrigada — respondeu ela. — Também fui com a sua cara.

Ele se virou para Magnólia:

— Minha esposa está aí?

Magnólia estava aflita:

— Lá dentro. Ela veio me chamar para irmos ao mercado e...

— Gina — convidou ele, amável —, quer ir até em casa?

— Não! — Magnólia descontrolou-se.

— Calma. Eu estou convidando Gina — tornou Paulo. — Eu quero que a sua amiga conheça a minha casa e as minhas filhas. Pode ser?

— A sessão de cinema... — tentou justificar Magnólia.

— Temos tempo — considerou Gina. — Ou podemos ir outro dia.

— Eu moro a algumas quadras daqui — apontou ele para o fim da rua.

Magnólia nada disse. Abaixou a cabeça e encostou no muro, aflita. Paulo fez sinal para Gina e foram conversando animadamente até a casa dele.

— Chame a Isabel — pediu ele, antes de dobrar a rua.

Magnólia parecia uma rocha. Não se mexia.

Já dentro de casa, Paulo recebeu-a como um bom anfitrião:

— Sente-se — apontou para o sofá.

Magnólia chegou esbaforida.

— Vou passar um café.

— Prefiro ir até a cozinha — sugeriu Gina. — Adoro conversar na cozinha.

— Pois vamos — aquiesceu Paulo.

Magnólia foi na frente. Entrou na cozinha, abriu a geladeira e pegou o pote de café.

Paulo puxou uma cadeira e fez sinal para Gina sentar-se. Ele puxou outra ao lado e sentou-se com os braços apoiados sobre as costas da cadeira.

— De onde vocês se conhecem?

— De uma entrevista de emprego — improvisou Magnólia, de maneira rápida, enquanto colocava a água para ferver.

— É? — questionou Paulo, encarando Gina.

— Não. Não foi assim que nos conhecemos.

Magnólia deixou o pote de café ir ao chão.

— Desculpem-me. Sou mesmo desastrada. Ainda bem que o pote não é de vidro — justificou-se, enquanto fuzilava Gina com os olhos injetados de fúria.

Gina deu de ombros. Virou o rosto para Paulo.

— Sabe, meu chapa, eu sou taxista.

Paulo admirou-se e sorriu.

— Taxista? Como aguenta trabalhar neste trânsito caótico?

— Gosto do ofício. Adoro conversar com os passageiros. Escuto cada história!

Magnólia acrescentou sem jeito:

— Ela trabalha...

Gina a cortou:

— Certo dia eu fiz uma corrida para sua esposa e para Magnólia. Elas esqueceram a bolsa no banco do carro e eu voltei para devolver.

— Você é honesta — considerou Paulo.

— Sim. Gosto de ser honesta e justa. Não gosto de pegar nada dos outros. Sou uma pessoa do bem.

— Sinto isso — tornou ele. — Você me transmite confiança, Gina.

— Você também, Paulo. Conversa olhando nos olhos da gente — devolveu ela. — E, para concluir, foi dessa maneira que eu conheci a Magnólia. Pintou um interesse e cá estou.

— Gostei muito de você. É sincera, sem rodeios, direta no ponto.

— Você é bem-vinda à minha casa, Gina — disse Isabel, que acabara de chegar, parada na porta da cozinha.

Gina levantou-se para cumprimentá-la.

— Como vai?

— Agora sei seu nome.

— Pois é. Nossa, como está magra!

— Estou muito bem. A gente não se vê faz tempo. Desde o dia daquela corrida da 25 até aqui.

— É verdade. O tempo passa rápido.

— E você?

— Acho que estou bem — respondeu e olhou para Magnólia. — Estamos bem?

— Gina é uma boa amiga — apressou-se em esclarecer Magnólia. Ela consultou o relógio e falou: — Se continuarmos aqui neste lero-lero, vamos perder a próxima sessão. Não posso chegar tarde porque Fer... — Magnólia calou-se.

— O que foi? — perguntou Paulo. — Fernando está bem, não?

— Está. Está tudo sob controle — Magnólia tornou num fio de voz.

Gina percebeu o constrangimento e despediu-se do casal. Antes de Magnólia fechar o portão, Isabel pousou sua mão sobre a dela:

— Amo e respeito você — Isabel a beijou na testa e acenou para Gina, que já estava dentro do carro. Sorriu para as duas e entrou em casa.

— Adorei a Gina — disse ela.

— Eu também — concordou Paulo. — Ela transmite uma coisa boa pra gente, não?

— Ela tem um lado espiritual forte.

— Como assim, amor?

— Gina é daquelas pessoas que vieram ao mundo para ajudar, conciliar, somar. Jamais para atrapalhar.

Ele abraçou a esposa com carinho.

— Hoje eu já disse que a amo?

— Não — ela fez beicinho.

— Pois a amo. Muito.

Ele a beijou nos lábios e num instante Isabel estremeceu.

— O que foi? Não gosta mais dos meus beijos?

— Adoro — afirmou ela com dificuldade. — Acontece que Magnólia ficou vermelha e sem graça quando você tocou no nome de Fernando.

— Será que ela não contou nada a Gina sobre o filho?

— Isso é bem da Magnólia. Acha que as pessoas vão julgá-la e condená-la ao fogo eterno do inferno. Sempre.

— Gina não vai condená-la. Será boa companhia para Fernando.

— Deus queira!

Isabel suspirou e abraçou o marido. Logo foram surpreendidos com o choro de uma das meninas.

— É Paloma! — assegurou ele, convicto.

— Você não entende nada de filhas. É Juliana quem chora.

— Como sabe?

— Coisas de mãe...

13.

Magnólia não aceitou o trabalho de balconista e nenhum outro que surgiu, fosse por indicação de Isabel ou de Gina. Ela passou a economizar, cortar as despesas. Nos fins de semana, fazia as refeições na casa de Isabel. Vivia só com o aluguel das duas casas. Ainda não conseguira alugar o apartamento e vibrava de raiva.

— O apartamento não é meu, mas tenho de pagar o condomínio. Que belo tio eu tive!

Passava o tempo todo em casa, vigiando os passos do filho e controlando os produtos de limpeza.

— Sem desinfetante, não posso limpar o banheiro — protestou Custódia.

— Muito caro. Banheiro não precisa estar cheiroso, precisa estar limpo.

Custódia girava os olhos e meneava a cabeça.

— Que mulher mais sovina!

O tempo foi passando. A avó de Gina sofreu uma parada cardíaca, foi internada e morreu alguns dias depois. Magnólia estava bastante envolvida com Gina e veio o convite:

— Venha morar comigo e...

— E?

Magnólia hesitou por instantes.

— Tem uma criança, também. Um menininho. Uma graça.

— Lembro-me de, quando fomos ao cinema, Paulo ter perguntado sobre — ela forçou o pensamento — Fernando.

— É isso mesmo.

— Seu sobrinho?

— Não.

— Estamos juntas há um bom tempo. Qual é o segredo, agora?

— Não é questão de segredo. É que...

— Vamos, fale.

— Eu tenho um filho.

— Você teve um relacionamento antes de me conhecer, é isso?

Magnólia não tinha coragem de dizer a verdade. Mentiu:

— Namorei um rapaz, descuidei-me e engravidei.

— O tal do Jonas.

— É.

— Vocês mantêm contato?

— Não. O pai do meu filho sumiu no mundo.

— Não dá para localizá-lo?

— Para quê?

— Ele é pai. Tem responsabilidades.

Magnólia não queria falar a verdade. Deu de ombros:

— Meu tio me deixou relativamente bem de vida. Não preciso do pai para sustentar meu filho. Aliás, não quero contato. Nunca mais. Fico feliz que tenha sumido.

— E se ele voltar?

— Ele não vai voltar.

— Será?

Magnólia mordiscou o lábio inferior. Mentira para Gina e vibrava para que Jonas nunca mais aparecesse.

“Vai ver ele já está morto”, pensou.

— Aceito morar com você. E me comprometo a pagar algumas despesas — afirmou Gina, depois de um caloroso abraço. — Obrigada.

— Você cuidou de sua avó com bastante dedicação. Agora chegou a hora de cuidar um pouco mais de você.

— Nem acredito que esteja falando comigo assim! — acrescentou Gina. — Cadê a negatividade? Eu não a vejo — brincou.

— Claro que vejo o negativo. Estou chamando você para morar comigo porque vou me sentir mais segura. A casa é grande, de repente entra ladrão, sei lá. E como a poupança secou, preciso de alguém que me ajude nas contas.

— Então você quer um guarda-costas e contas pagas, não uma companheira.

Magnólia a beijou com carinho.

— Quero uma companheira, sim. Só não sei como meu filho vai crescer neste ambiente.

— Vamos fazer tudo de maneira natural — salientou Gina. — Precisamos transmitir amor e valores nobres ao seu filho. Nada de preconceito.

— Tomara!

— Eu serei uma espécie de tia. Uma boa tia.

— Mas ele vai crescer...

— E vai entender — emendou Gina. — Tudo que é feito com naturalidade agrada a todos. Eu sei me comportar, sei respeitá-la e vou saber fazer o mesmo com seu filho.

— Tem a Custódia.

— Gosto dela. É divertida.

— Quando muda para minha casa?

— Amanhã, pode ser?

Elas riram e se abraçaram.

Duas semanas depois, Gina alugou o apartamento onde vivia e foi de malas prontas para a casa de Magnólia. Assim que seus olhos pousaram sobre o pequeno Fernando, Gina sentiu um brando calor no peito e o amor brotou naturalmente. O menino sentiu o mesmo, apegou-se a ela, provocando ciúmes na mãe.

Custódia deu-se bem com Gina e assim procuravam manter um clima de harmonia e paz, a fim de que o ambiente pudesse ser um lugar saudável para Fernando crescer, dissolvendo um pouco os medos e as negatividades de Magnólia.

— Foi Deus quem mandou você para cá — confessou Custódia.

— Por quê?

— Porque só as minhas orações e vibrações não conseguem afastar a onda de pensamentos ruins que Magnólia exala.

— Eu sei. Mas não se esqueça de que o bem é verdadeiro e derruba o mal com um simples assopro.

— Tenho medo de que o menino cresça e fique como a mãe.

— Vamos fazer um pacto? — sugeriu Gina.

— Qual?

— Não deixar que a negatividade de Magnólia contamine Fernando. Vamos cercá-lo de amor e mostrar-lhe que a vida tem lá seus perigos, mas é maravilhosa e, se nos mantivermos ligados no bem, nada poderá nos machucar.

— Feito! — Custódia falou e estendeu a mão.

Magnólia precisou resolver questões sobre o pagamento de uma conta e foi até o centro da cidade. Ao sair do metrô, teve a certeza de que vira Jonas, de relance.

— Meu Deus! Ele está acabado, mas é ele. Pensei que nunca mais o viria. Santo Deus!

Ela nem fez o que tinha de fazer na cidade.

— A conta já venceu mesmo. Pago outro dia.

Nervosa, desceu as escadas e tomou o metrô. Saltou nervosa, pegou o ônibus e não via a hora de chegar em casa. Entrou irritada, batendo a porta. Fernando estava descendo a escada devagarinho. Ela gritou:

— Desce devagar, Fernando. Senão vai se esborrachar no chão!

Gina saiu do escritório e meneou a cabeça.

— Não pode falar assim com ele. É uma criança.

— É perigoso. Escada de mármore pode matar.

— São dois degraus. Por Deus! Pare de atormentar seu filho. Quer que ele cresça com medo de tudo e de todos?

— Estou fazendo o meu melhor.

Fernando colocou pé sobre pé e desceu os dois degraus. Agarrou-se à barra da calça de Gina.

— Gina! — ele exclamou, abrindo largo sorriso.

Gina comoveu-se e o pegou no colo.

— A titia o ama muito. Sabia?

Ele concordou com a cabecinha e Magnólia bufou:

— Assim não dá. Você vai estragar esse menino. Fica enchendo ele de dengo.

— Ele é tão fofo. Nunca vi criança tão amável. É espoletinha, mas é doce.

— Precisa de limites.

— Já passou da hora de ele ir para uma escolinha.

— Eu decido — Magnólia respondeu de maneira seca.

— Sei que é a mãe, mas vai manter o menino dentro de casa até quando?

— Até quando eu decidir.

— Paloma e Juliana estão indo muito bem na escolinha.

— Isabel é moderna. Não levanta a mão para nada. Não coloca limites para essas meninas. Logo vai ver no que isso vai dar.

Fernando sorriu e pediu:

— Posso ir até o jardim brincar com as plantas, tia?

— Claro que pode — autorizou Gina.

— Vem comigo?

— Daqui a pouco. Preciso ajudar sua mãe no preparo do jantar.

Ela o beijou no rosto e o menino saiu, desviando de Magnólia. Quando Fernando fechou a porta, Magnólia meteu as mãos na cintura, fazendo pose:

— Depois que sua avó morreu, eu a convidei para morar aqui. Mais nada. Não estava incluído no pacote envolver-se na educação do meu filho.

— Eu só não quero que ele adquira traumas ou medos. Você é negativa demais. Não vai querer passar toda a sua insegurança para seu filho, vai?

— Eu não sou insegura — protestou.

— Claro que é! E agora anda cheia de manias. Verifica todas as noites se a portas estão trancadas.

— Vivemos sozinhas.

— Temos a Custódia.

— Não ajuda em nada. Eu deveria fazer todo o serviço.

— A casa é grande, Magnólia. Dá muito trabalho. Como você vai cuidar da casa e do seu filho ao mesmo tempo?

— Não trabalho fora. Posso fazer bem tudo isso — mentiu.

— Eu não quero interferir na criação do seu filho ou na manutenção da casa, mas agora que moro aqui e colaboro com as despesas, eu me sinto no direito de interferir, sim.

Gina falou e voltou para o escritório, chateada. Custódia entrou na sala.

— Por que anda tão nervosa?

— Não ando nervosa.

— Claro que anda. E não tem nada a ver com a mudança de Gina para cá. Você está mais agressiva, respondona...

— É impressão sua.

— Não.

— Está vendo como é bom viver aqui? — ironizou. — Olha quanta gente querendo cuidar de mim.

— Eu e Gina gostamos de você. Eu trabalho e vivo nesta casa há um bom tempo. E a conheço muito bem.

— Não é nada.

— Tem a ver com o pai da criança?

— Hã? — ela perguntou para ter tempo de pensar.

— Você viu o Jonas, não?

— Como sabe?!

— Porque eu o vi dois dias atrás, no centro da cidade.

— É, eu o vi lá na Sé. Pensei que nunca mais fosse vê-lo.

— Por que tem medo dele, Magnólia?

— Ele pode descobrir que tive um filho. Eu herdei alguns bens. Não é lá essas coisas, contudo, tenho medo de que ele venha exigir alguma coisa, ou faça coisa pior comigo.

— Vamos orar para que isso não aconteça.

— Não sou religiosa, Custódia.

— Eu também não. Mas tenho fé. Sei que as forças divinas poderão nos ajudar.

— Não acredito em ajuda divina, em nada.

— Mas deveria. Ao menos podemos nos ligar a Deus e nos sentir protegidas.

— Não quero pensar nisso.

— Converse com Gina.

— E falar abertamente sobre Jonas? Nunca. Eu só fiquei nervosa porque o vi. Esta cidade é imensa. Tenho certeza de que nunca mais o verei. A gente não esbarra na mesma pessoa mais de uma vez.

Um pouco afastados, dois espíritos tentavam enviar a Magnólia energias de equilíbrio e paz. Adelaide meneava a cabeça.

— E agora?

— Nada. Vamos enviar boas vibrações para Magnólia e inspirar bons pensamentos em Gina. Agora temos uma aliada de luz na casa.

— É verdade. Mas será que eles vão se reencontrar, Tarsila?

— Sabemos que há grandes chances de esse encontro se realizar; no entanto, tudo depende da maneira como vibramos, como utilizamos nosso pensamento. Se Magnólia mudar seu jeito de ser e tiver uma mente mais positiva, talvez o reencontro nunca se realize.

— Duvido. Conheço minha filha. Sei que ela carrega muita dor e mágoa no coração. Eu fiz muito mal a ela.

— Fez, Adelaide. Disse bem. No passado. Você mudou sua maneira de encarar os fatos e a vida. Assumiu as responsabilidades pelos seus atos, refletiu bastante e pediu para recebê-la como filha no mundo. Amou Magnólia enquanto lhe foi permitido estar no planeta. Desencarnou cedo, aprendeu a valorizar a vida. E agora está aqui, querendo que ela fique bem.

— É que Magnólia poderá se meter numa grande enrascada.

— Vibre para que isso não aconteça. Sabemos que cada um atrai para si as experiências que vão ajudar o próprio espírito a se fortalecer e, consequentemente, ampliar seu grau de lucidez, descarregando o arsenal de ilusões que adquiriu ao longo de algumas existências.

Adelaide assentiu e fechou os olhos. Tarsila fez o mesmo. Enviaram energias salutares para todos os cômodos da casa. Depois, foram até o quintal e sorriram ao ver Fernando brincar com a terra.

— E não se esqueça de que Magnólia teve o mérito de receber Fernando — considerou Tarsila. — É um espírito inteligente e bondoso. Estará sempre ao lado da mãe.

— Tem razão, Tarsila.

Adelaide aproximou-se do menino e o beijou na fronte.

— Agora precisamos ir. Fabiano está despertando do sono. Ele vai precisar de você — alertou Tarsila.

Adelaide sentiu emoção sem igual e sorriu.

— Fabiano!

As duas desapareceram e, ao menos naquela tarde, Magnólia deixou os pensamentos ruins de lado e cochilou de maneira serena.

14.

O tempo passava. Fernando e as meninas cresciam fortes e saudáveis. Paloma e Juliana deixaram de ser idênticas, porquanto a personalidade delas tornava-se notadamente diferente com o passar dos anos, o que, de certa forma, começou a imprimir mudanças significativas no físico de ambas.

Paloma era agitada, os olhos estavam sempre acompanhando os movimentos das coisas, das pessoas. Era falante e arteira. Juliana era mais quieta. Começou a falar aos três anos de idade e retraía-se com facilidade. Quando era contrariada, trancava-se no quarto e mergulhava em caixas de bombons. Isto se tornou um problema, pois, aos doze anos de idade, quando veio a primeira menstruação, Juliana começou a engordar. A diferença de circunferência no rosto e no quadril passou a ser o item que diferenciava uma da outra.

— Antigamente, se não fosse a bendita marquinha, não saberia distinguir as meninas — tornou Isabel, enquanto pregava um botão em uma blusa. — Preocupo-me agora com Juliana.

— Por quê, amor?

— Ela está engordando além da conta.

— Logo passa.

— Não sei. Precisamos ficar atentos.

Paulo apanhou um porta-retratos em que estavam ele, Isabel e as meninas, em uma viagem à Disney, anos antes. Elas ainda eram bem pequenas. Olhava para a fotografia, perguntava e respondia ao mesmo tempo:

— Hoje o papai já disse que ama vocês? Não? Mas ama. Ama de montão — finalizou, enquanto beijava a foto.

— Vai estragar essas meninas — censurou Magnólia, esparramada no sofá.

— Qual nada! Você faz pior com Fernando. Nunca vi um garoto ser tão mimado pelas mães — brincou. — Ainda bem que ele tem a mim. Senão, seria um caso perdido.

Paulo era um homem como tantos outros. Nem alto nem baixo, nem feio nem bonito, mas tinha carisma. Tinha sido criado por pais rígidos, mas amorosos, e crescera um rapaz íntegro, esforçado, dedicado à família.

Isabel continuava sendo a bondade em pessoa. Amorosa, doce, sempre ligada em assuntos espirituais, não perdia o jeito meigo de ser.

Magnólia retrucou:

— Eu sei cuidar muito bem do meu filho. Mudei um pouco nesses anos. Quero que ele tenha tudo o que não tive. Ele jamais passará por privações.

Paulo riu.

— Você não nasceu para educar um filho, Magnólia.

— Ainda bem que tenho Gina ao meu lado. Educar filho cansa! E ainda mais agora, nestes tempos horríveis que vivemos.

— Que tempos horríveis, Magnólia?

— Ora! Eu ainda acho este mundo muito perigoso.

— Você não se emenda mesmo! — exclamou Isabel. — Tem um filho bonito, saudável, educado. Fernando é um amor de garoto.

— Mas pode ser influenciado negativamente pelos amigos. Outro dia vi um dos garotos da turma dele fumando. Será que era cigarro? Será que era maconha? Meu filho mal completou doze anos. Eu precisarei sempre estar por perto, protegê-lo de toda maldade.

Paulo a cortou com docilidade:

— Você ainda não entendeu, Magnólia.

— O quê?

— Nossos filhos, com o tempo, tornam-se cidadãos do mundo. Um dia eles vão criar asas e vão seguir o próprio caminho.

— Fernando não seria capaz. Nunca vai nos abandonar.

— Você não pode impedi-lo de ser feliz. Não pode — asseverou Isabel, com veemência.

— E deixá-lo se envolver com uma qualquer? Nunca.

— Vamos aguardar e dar tempo ao tempo — tornou Isabel, conciliadora. — Que ao menos Fernando adquira alguns hábitos advindos do tio Paulo! — piscou para o marido.

— Marido feito Paulo não existe mais — reconheceu Magnólia.

— Existe sim — protestou Isabel. — É só ter olhos para ver. Tem muita mulher exigente. Exige tanto, faz uma lista das qualidades do marido ideal, sonha com algo irreal. Dessa forma, o tempo vai passando, ela vai envelhecendo e acaba não se realizando afetivamente.

— Tem homem que faz a mesma coisa — tornou Paulo.

— E como! — exclamou Magnólia. — Veja meu tio Fabiano. Ranzinza e chato, nunca se deu a chance de se casar.

— Será? — questionou Isabel. — Fala com tanta certeza!

— Sabe — Magnólia disse em tom de confissão —, certa vez, enquanto passava pelo corredor, vi meu tio sentado na cama, olhando para uma foto; depois a guardou em uma caixa e escondeu-a no fundo da cômoda. Notei que ele estava triste, falava baixinho, não deu para saber o que dizia. Ele saiu, aproveitei e voltei ao quarto dele. Abri a gaveta e peguei a caixa. Remexi e peguei a foto. Era uma mulher. A foto era antiga, preto e branco, já bem amarelada pelo tempo. O rosto estava apagado. Mas deu para perceber que se tratava de uma mulher bonita, jovem. Foi o que deduzi.

— Será que seu tio gostava de alguém?

— Não sei, Paulo. Como faz tempo que tio Fabiano morreu, difícil saber.

A campainha tocou e Paulo atendeu.

— Gina! — ele a abraçou efusivamente.

— Eu só vim para dar um oizinho.

— Entre. Estamos com saudades.

— Tenho trabalhado muito ultimamente.

— Agora ela trabalha numa cooperativa — acrescentou Magnólia com desdém. — Está se achando.

Gina não deu ouvidos e prosseguiu:

— Aproveito os poucos momentos de folga — dirigiu-se a Paulo — para brincar com Fernando e com as meninas.

— Elas adoram você — acrescentou Paulo.

— Gostam mesmo — concordou Isabel.

Magnólia estava impaciente.

— Eu também brinco com meu filho e com as meninas. Elas também me adoram.

— Sabemos disso, minha querida, entretanto, você reclama das crianças.

— Paloma não para quieta. Já Juliana é mais fácil — tentou justificar. — E Fernando me faz perguntas difíceis de serem respondidas.

— Esse é o jeito Magnólia de ser — opinou Gina, bem-humorada.

Isabel piscou para Paulo e ele falou, alegre:

— Meninas, temos um convite para lhes fazer.

— Um convite? — indagou Gina, ansiosa.

— Sim.

— E qual é? Se não tiver dinheiro no meio... — interveio Magnólia.

Gina a cutucou e fez cara feia. Paulo riu.

— Não se trata de nada que envolva dinheiro. Fique tranquila.

— O que seria?

— Queremos que você e Magnólia sejam madrinhas de nossas filhas.

— Mesmo? Eu e Magnólia? Nós duas?

— Por certo — respondeu Paulo. — Vocês duas. Elas estão chegando à adolescência e precisam de madrinhas. Logo vão se enjoar dos pais.

Gina não tinha palavras. As lágrimas de felicidade desciam sem cessar.

— É muita consideração de vocês.

— Gostamos muito de vocês. Sabemos que são pessoas de valores nobres, do bem. Sei que nossas filhas terão duas tias para recorrer quando brigarem com os pais.

— Nós não as batizamos — salientou Isabel. — Mas precisam estar rodeadas de pessoas que as querem bem.

Gina abraçou Paulo e Isabel. Em seguida abraçou Magnólia. Esta ruborizou.

— Estou insegura — tornou Magnólia.

— Por quê? — perguntou Paulo.

— O que as pessoas vão dizer? Duas madrinhas que andam sempre juntas? As pessoas podem fazer fofoca, sabe como é a boca maldita do povo...

Isabel a cortou com amabilidade:

— Não sei por que você dá tanta importância para o que as pessoas pensam, Magnólia. Por que é tão insegura?

— Insegura e preconceituosa — completou Gina.

— Eu, preconceituosa? Imagine. Mudei muito nos últimos anos. Não reclamo tanto da vida.

— Você disse bem — emendou Paulo. — Não reclama tanto, mas ainda reclama.

— Porque viver não é fácil. A vida é complicada. Vivemos num mundo conturbado, onde as pessoas apunhalam umas às outras pelas costas. É só ligar o rádio ou assistir ao noticiário na televisão. Só tem desgraça. Eu tenho medo do futuro.

Gina suspirou profundamente.

— Não sei se você será uma boa madrinha.

— Como não? Eu amo Paloma e Juliana.

— Ama, mas é muito negativa. Você pode encher a cabeça das meninas de caraminholas, de conceitos falsos, de medo. Poderá atormentá-las com suas reclamações da mesma forma que faz com seu filho — e, virando-se para Isabel, concluiu: — Talvez tenhamos de declinar o convite.

Paulo ia dizer algo, mas Isabel fez um sinal com o olho para Gina e antecipou-se:

— Não vão declinar. Só gostaria que você, Magnólia, olhasse o mundo com outros olhos. Da maneira como fala, parece que olha a vida em preto e branco, sem graça. A vida é colorida, bonita.

— Estamos aqui no mundo para experimentar, para fazer nosso espírito cada vez mais forte — ajuntou Gina. — Vivemos muitas encarnações sob o domínio de um grupo pequeno de homens que ditavam as regras, as normas, que nos diziam como tínhamos de ser, de nos comportar, de falar e até em qual Deus devíamos acreditar. Um novo tempo se aproxima e precisamos nos livrar desses falsos conceitos que só nos colocam para baixo, que só ameaçam a soberania do espírito. O espírito é força, é a verdade.

Magnólia nada disse. Abaixou a cabeça, acabrunhada. Paulo estava hipnotizado pela fala mansa e cadenciada de Gina. Isabel emendou:

— Concordo plenamente com você. Somos seres inteligentes, com poder de escolha. Somos responsáveis pela nossa vida. Penso como você, Gina.

— Bem que eu queria entender melhor tudo isso — contrapôs Magnólia. — Eu só queria ser normal.

— Melhor que ser normal é ser natural. E espiritualizar-se nada mais é do que compreender e procurar se ajustar às forças naturais. Seja você, seja natural, traga seu espírito para fora.

— Vou tentar.

— Faça isso. Verá como a vida muda quando deixamos de nos sintonizar nas ondas negativas.

— Vou fazer um café. Você vem comigo, Gina? — convidou Paulo.

Ela assentiu e foram para a cozinha. Isabel sentou-se ao lado de Magnólia. Pousou sua mão sobre a da amiga.

— Amo você como uma irmã.

— Eu também.

— Pare de ter vergonha de si mesma.

— É difícil — Magnólia murmurava chorosa. — Eu não pedi para nascer assim.

— Assim como? Com desejos diferentes da maioria das pessoas?

— É.

— Depende de como você encara a situação. Se for com naturalidade, vai perceber a grandeza do seu espírito e procurar ser uma pessoa melhor a cada dia, não importa se amando um homem ou uma mulher. Você vale pelo que é, pelo seu caráter, e não por quem ama.

Magnólia abraçou Isabel e deixou as lágrimas escorrerem livremente.

— Tenho medo de enfrentar o mundo. E com um filho sob minha responsabilidade, tudo fica mais difícil.

— Pois não tema. Por motivos pelos quais não temos conhecimento, seu espírito decidiu reencarnar em um corpo de mulher e com atração pelo mesmo sexo. Talvez você precise aprender que é mais forte do que as convenções sociais, entender e aceitar que é natural ser diferente. Você não é errada.

— Não sou?

— Não é. É filha de Deus. É uma mulher cheia de qualidades.

— Obrigada.

A voz de Isabel adquiriu modulação cadenciada e ela finalizou:

— Não importa o caminho, pois todo final é sempre um sucesso.

Abraçaram-se e, em seguida, Paulo e Gina entraram com uma bandeja decorada com xícaras de porcelana, um bule com café e docinhos apetitosos.

15.

Isabel tinha o hábito de sair do trabalho e passar na escola para apanhar as filhas e Fernando. Os três estudavam na mesma classe e se davam muito bem. Havia, nitidamente, um interesse maior de Fernando por Paloma.

Eles entraram no carro e cochicharam algo.

— Para começar, poderiam dizer boa tarde — pediu Isabel.

Os três exclamaram em uníssono:

— Boa tarde!

Juliana em seguida mudou de lugar. Pulou para o banco da frente. Estava mal-humorada.

Isabel percebeu e, pelo retrovisor, fez sinal interrogativo para Paloma.

— Ela saiu da aula assim, com esse bico — comentou Paloma.

— O que aconteceu? — quis saber Isabel.

— A Eduarda chamou a Juliana de balofa. Eu ouvi. Fui defender a Juliana, e os outros começaram a caçoar de mim — emendou Fernando.

— Eu sou mesmo uma balofa. Uma baleia. Vou explodir — retrucou Juliana, voz alterada.

Isabel ia dirigindo e prestando atenção no trânsito. Conversava com a filha olhando para a frente, sem tirar as mãos do volante.

— Não pode se deixar levar, filha. Não ligue para o comentário maledicente de sua colega.

— Ela não é minha colega! — protestou. — Eu odeio a Eduarda. Eu odeio todas as meninas bonitas. Eu odeio!

Juliana falou e levou as mãos ao rosto, tentando ocultar as lágrimas que escorriam sem parar.

— Minha irmã, por favor — Paloma procurava um tom conciliador —, não fique assim. Não se deixe desequilibrar por conta de um comentário. Eu e o Fernando achamos você uma garota bem bonita.

— É verdade — concordou Fernando. — Você é muito bonita, Juliana.

— Eu e seu pai também consideramos você uma bela menina — emendou Isabel. — E tenho certeza de que tia Magnólia e tia Gina também admiram a sua beleza.

— Falam para me agradar. Eu sei que sou gorda.

— Você não é gorda — interveio Paloma. — Você está gorda. É bem diferente. E quem disse que existe um padrão de beleza?

— A sociedade. Eu me sinto mal com os olhares acusadores das pessoas.

— Pois deixe de levar em conta esses olhares — tornou Fernando. — Você tem um rosto perfeito, os lábios bonitos, as sobrancelhas grossas e os olhos atraentes. Você é cheinha, mas é seu jeito de ser. É a sua marca.

— Está falando isso para me agradar.

— Também. Não gosto de vê-la triste. Eu me sinto um irmão mais velho.

— Você tem a mesma idade que a gente — resmungou Juliana.

— Mas sou homem. E vou estar sempre perto de vocês, cuidando, protegendo — Fernando falou e lançou um olhar apaixonado para Paloma.

A menina não percebeu, mas Isabel, pelo retrovisor, notou. Ela sorriu e ficou pensativa.

Em casa, Fernando falava dos comentários negativos que Juliana fora obrigada a ouvir. Magnólia fez um muxoxo e retirou-se para a sala. Foi assistir à novela. Mantinha uma orelha na novela e outra na conversa do filho com Gina.

— Ela não é uma baleia, tia Gina. Está gordinha, mas tenho certeza de que sempre tem alguém que gosta. O que quero dizer é que tem gosto para tudo.

— Isso mesmo, querido — tornou Gina. — Sempre enfrentaremos preconceitos dentro da sociedade. Sofreremos por ser altos, baixos, magros, gordos. A lição que o preconceito nos traz é a de não nos tornarmos também pessoas preconceituosas. Quando nos aceitamos incondicionalmente, tudo fica mais fácil. As pessoas ao redor percebem essa harmonia que há em nós e acabam por nos respeitar.

— Também concordo. A Juliana se deixa levar. Outro dia estava reclamando que os pais dela são muito amorosos.

— Reclamando? Como assim? Não entendi.

Fernando estava sem jeito.

— Estou parecendo um fofoqueiro.

— Não, querido. Está me relatando o motivo pelo qual Juliana queixou-se. Nós temos as melhores intenções com ela. Queremos ajudá-la a ser mais forte e enfrentar a carga de maledicência que, infelizmente, vem das pessoas ao redor.

Fernando concordou e repetiu:

— Juliana está triste porque os pais são amorosos.

— É isso?

— Sim, tia. Ela fica com raiva de ver os pais se dando tão bem. Disse que a maioria dos nossos amigos da classe vem de famílias separadas. Ela acha o cúmulo os pais se darem tão bem.

— Inacreditável!

— Mas é. E não é a primeira vez que Juliana fala dessa forma. Aliás, depois que ela fala, corre para a cantina da escola e se empanturra de doces.

— É por isso que está engordando — deduziu Gina.

— Está engordando porque come demais e é muito mimada — ouviu-se a voz de Magnólia, vindo da sala.

— Não fale assim.

— Como não, Gina? — alteou a voz. — Essas meninas sempre foram mimadas pelos pais. Eu adoro Isabel e Paulo, mas eles criam essas meninas de uma maneira que desaprovo.

— E você por acaso tem um modelo perfeito de como educar um filho?

— Sim — Magnólia declarou de maneira triunfal. Ela abaixou o som da televisão e foi para a cozinha. — Olhe para essa preciosidade — apontou para o filho.

Fernando riu e Gina continuou:

— Fernando é esse doce de criatura porque seu espírito é lúcido e inteligente.

— Lá vem você de novo com esse papo de espírito — resmungou Magnólia. — Meu filho foi gerado na minha barriga e eu o trouxe ao mundo. Não acredito em vidas passadas.

— Se Fernando não fosse um espírito lúcido, facilmente acreditaria em todas as bobagens que você tenta incutir na mente dele.

— Bobagens? Proteger meu filho é sinal de bobagem?

— Proteger é uma coisa. Amedrontar é outra.

— Mas é só assistir aos programas na televisão. Agora mesmo, antes de começar a novela. Um casal assassinado na saída do restaurante. Meu Deus! — ela levantou as mãos para o alto, numa pose dramática. — São assassinatos, crueldades praticadas contra seres indefesos. Vivemos entre pessoas frias e cruéis, que matam por nada. Preciso alertar meu filho sobre as mazelas do mundo. É o meu dever de mãe.

— O seu dever de mãe é conversar com seu filho e mostrar a ele como é o mundo. Precisa dialogar e deixá-lo viver. Mais cedo ou mais tarde, ele terá de enfrentar o mundo lá fora sozinho, com ou sem mãe.

— O filho é meu, e eu o educo da forma como quero.

Fernando moveu a cabeça para os lados, numa negativa.

— Deixa, tia. Não me deixo contaminar pela negatividade de mamãe. Eu penso diferente dela.

Gina riu por dentro. Magnólia iria revidar, mas Custódia apareceu na soleira, enxugando as mãos no avental:

— Dá licença?

— O que foi, Custódia? — indagou Magnólia, contrariada. — Não vê que estamos em uma discussão familiar?

— Sei. Tem uma moça no portão. Quer falar com você, Magnólia.

— Uma moça? Quem é?

— Disse que se chama Lena. Conhece?

Magnólia fez uma careta de espanto, balbuciou algo inaudível e depois exclamou:

— Lena! Pode deixar que eu mesma vou buscá-la.

Na casa de Isabel, tentava-se uma conversa conciliadora.

— Em vez de revidar, ela chora, papai. Eu tento defendê-la, mas não estarei ao lado de Juliana por toda a vida. Ela precisa aprender a se defender.

— Tem razão — disse Paulo.

— Também acho — concordou Isabel.

Isabel levantou-se e sentou-se ao lado de Juliana. Pousou as mãos sobre as dela.

— Você começou a engordar faz uns meses.

— Não. Estou gorda desde os cinco anos de idade.

— Você era fofinha — emendou Paulo. — Notamos que no último ano você engordou bastante. Aconteceu alguma coisa?

— Não! — Juliana gritou, desvencilhou-se das mãos de Isabel e subiu correndo para o quarto.

Paulo levantou-se, mas Isabel o segurou:

— Deixe-a só por instantes, meu amor.

— Nunca a vi dessa forma. Está descontrolada.

— É porque agora somos mocinhas, papai. Nosso corpo já começou a mudar e Juliana tem medo de tornar-se uma mulher obesa. E tem outra coisa.

— O que é? — perguntou Isabel.

— Juliana tem raiva do relacionamento de vocês.

— Como? Não entendi.

— Nem eu — aquiesceu Paulo. — Somos um casal apaixonado. Procuramos transmitir esse amor em nosso dia a dia para vocês duas.

— Se aqui fosse um lar desajustado, com brigas cotidianas e falta de respeito, talvez entenderia a revolta de Juliana. Mas se revoltar porque nos damos bem? — Isabel estava estupefata.

— Ela acha que vocês são felizes demais. A maioria de nossos colegas tem pais separados. Juliana acha que o normal são pais separados e não apaixonados.

— Isso é o que chamo de inversão de valores — considerou Paulo.

— Querido, nossa filha precisa de terapia.

— Também acho.

— Vou conversar com Juliana agora.

O telefone tocou e Paloma atendeu.

— Oi, Fê. Espera. Vou perguntar ao meu pai — ela tapou o bocal do telefone e perguntou: — Papai, posso jantar na casa da tia Magnólia?

— Está escurecendo.

— Rapidinho. Parece que tem visita lá. Fernando quer me apresentar uma amiga da tia Magnólia.

— Pode ir. Eu vou adiantar o jantar. Creio que a conversa entre sua mãe e sua irmã vai ser comprida.

No quarto, Juliana afundava o rosto no travesseiro. Não queria escutar.

— Assim fica difícil. Eu vim aqui para termos uma conversa de amiga para amiga — tentou Isabel, em tom conciliador.

— Impossível. Você é minha mãe.

— Melhor ainda. Não acha que uma mãe amiga é tudo de bom?

— Não sei. Os pais gostam de manipular a gente.

— Alguma vez eu e seu pai fizemos alguma tentativa nesse sentido?

— Não, mas...

— Mas o quê, Juliana?

A menina tirou o travesseiro do rosto e sentou-se na cama. Os olhos estavam inchados de tanto chorar.

— Você e papai se amam demais. Parece que saíram daqueles filmes açucarados de cinema.

Isabel iria rir, mas se segurou. Emendou:

— E isso não se torna bom exemplo para você e sua irmã? Acredito que uma casa com brigas constantes entre os pais deva produzir algum trauma, algum desequilíbrio em seus filhos. Mas amor? Eu e seu pai nos amamos, amamos vocês e procuramos manter essa energia de harmonia, carinho, amor e respeito vinte e quatro horas por dia. Criamos você e Paloma sob as leis do amor incondicional. Será que vai me desapontar?

— Não quero desapontá-la, de maneira alguma — Juliana agarrou-se a Isabel e a abraçou forte. — Tenho medo de não ser assim quando me tornar mulher.

— Assim como eu?

— É, mãe. Eu tenho medo de não encontrar um homem como papai. Tia Magnólia sempre diz que os homens são perigosos, que não devemos confiar em ninguém, em nada, porque o mundo é terrível. E os homens são lobos em pele de cordeiro. Só nos fazem mal.

— Magnólia tem uma maneira bem negativa de enxergar a vida. Já conversamos a respeito disso.

— Às vezes acho que ela tem razão.

— Você acha que o mundo é tão ruim assim?

— Bom, assistindo aos programas violentos da tevê, diria que sim.

— E o que me diz das árvores, das flores, dos pássaros, dos cachorrinhos e gatinhos? Não são belezas da natureza? Acordar e ver o sol invadindo o quarto pelas frestas da janela não é uma bênção? Ouvir o trinado dos pássaros, saltitantes nos galhos das árvores, não é uma beleza? Ter uma casa e uma família feliz não é uma dádiva?

— É, parece que sim.

— Então não se deixe levar pela onda negativa do mundo. Ela está aí, mas você não precisa vestir essa negatividade e ter medo de deus e o mundo. Você foi criada para a felicidade.

— Com esse corpo gordo?

— Se isso a incomoda tanto, vamos fazer dieta.

— Não adianta.

— E exercícios!

— Tenho vergonha de ir à academia. Esse sentimento de rejeição ao meu corpo é muito forte, mamãe.

— Vamos fazer caminhadas juntas. Não acha que é um bom começo?

— Será que vai dar resultado?

— Se não tentarmos, o resultado não vai aparecer.

— Tem razão — Juliana agora estava sorridente.

— Vou ajudá-la no preparo do jantar — a voz dela estava mais animada.

— Assim que se fala. Vá lavar o rosto. Eu a espero.

Juliana assentiu e foi ao banheiro. Intimamente, Isabel fez uma prece de agradecimento ao Alto.

— Obrigada, meu Deus. Peço que ajude Juliana a ser uma menina mais forte e mais dona de si.

Isabel não percebeu, mas pétalas de luz salpicavam pelo quarto, limpando as formas-pensamento negativas de Juliana e restaurando o ambiente com energias de equilíbrio e bem-estar.

16.

Magnólia abraçou Lena e ambas se emocionaram. Ela mal podia acreditar que na sua frente estava uma mulher de corpo bem-feito. Em nada se assemelhava à menina de anos atrás.

— Como cresceu! Mal posso acreditar — disse Magnólia, comovida. — Quando conversava com você ao telefone, sempre me vinha a imagem daquela menina de treze anos! Achei que fosse receber uma garotinha.

— Pois é. O tempo passou e eu cresci.

— Está com quantos anos?

— Vinte e sete.

— É uma mulher! Seja bem-vinda.

Magnólia apanhou a pequena mala e foi indicando o caminho para Lena. Ao entrar na sala, ela se emocionou ao ver Fernando.

— Meu Deus! O bebezinho transformou-se em um mocinho tão bonito! Prazer.

Lena aproximou-se e beijou Fernando no rosto. Magnólia exultou:

— Ela é a responsável por você se chamar Fernando.

Ele riu.

— Mamãe me contou essa história milhares de vezes. Eu praticamente sei de cor a música do Abba.

Todos riram. Em seguida, Gina apresentou-se.

— Seja bem-vinda. Há anos queria conhecer a bruxinha.

Lena a cumprimentou com beijinhos.

— Olá, Gina. Magnólia nunca acreditou na minha sensibilidade. Estou acostumada com os apelidos que ela deu para mim ao longo dos anos. — Lena tinha um sorriso cativante e prosseguiu: — Eu a conheci por carta e pelas conversas ao telefone. Magnólia sempre falou tão bem de você! Não imaginava que fosse uma mulher tão bonita.

— Eu? Imagine!

Magnólia pigarreou.

— Vamos, sente-se — e, dirigindo-se a Fernando: — Leve a mala para o quarto de hóspedes.

O garoto sorriu e subiu com a mala.

— Não tenciono ficar muito tempo — Lena avisou, depois de acomodar-se no sofá.

— Nem quero saber. Você vai ficar o tempo que quiser — disse Magnólia, em uma efusividade que deixou Gina ressabiada.

— Obrigada.

— E sua mãe, melhorou?

— Mamãe não suportou a doença — a voz de Lena era triste, mas havia um brilho em seu olhar — e desencarnou há dois meses. Eu não quis mais ficar em Populina.

— Podia ir para Rio Preto.

— Não. Queria mudar de ares. Agora que mamãe partiu, tenho muito que fazer. Sempre quis viver na cidade grande.

Magnólia abraçou-a com carinho. Gina fez o mesmo.

— Meus sentimentos. Não imaginava que o estado de saúde de Roseli fosse tão crítico.

— Achei melhor não preocupar você. A doença era terminal.

— Poderíamos tentar um tratamento melhor. Poderia trazer Roseli para a capital.

— Mamãe não tinha condições de ser transportada e, pelo estado avançado da doença, não teria tempo de fazer tratamento. Morreu dormindo, segurando minha mão. Os nossos amigos espirituais apareceram e a encaminharam para um posto de socorro no astral.

Magnólia girou os olhos para o alto.

— Os anos passaram, mas não perdeu essa mania de falar no sobrenatural. Continua bruxa.

— Você diz sobrenatural porque desconhece o assunto. Se conhecesse, seria tudo natural, como de fato é.

— Pelo que já sei, acredita em vida depois da morte, certo? — perguntou Gina, interessada.

— Sim. Magnólia nunca lhe contou sobre nossas conversas quando ela estava grávida do Fernando?

— Não. Nunca me disse nada.

Magnólia fez um gesto girando o indicador ao lado da cabeça.

— Coisa de maluco. Essa menina dizia ver e falar com espíritos.

— Não acredito! — devolveu Gina, interessadíssima. — Você vê e fala com *eles*? — enfatizou.

— Sim. Antigamente eu tinha maior facilidade. Mas ainda sou capaz de ver e sentir os espíritos, bem como as energias que deles emanam.

— Isso é muito fantasioso — contrapôs Magnólia.

— É fato, querida. É como micróbio. A gente não vê a olho nu, mas que eles existem, ah, disso não há dúvida.

— Espíritos são frutos da nossa mente em desequilíbrio. Outro dia vi um programa na televisão que desmistificava tudo isso. Tem muita gente esperta querendo se aproveitar da fraqueza e ingenuidade das pessoas.

— Pessoas que agem de má-fé sempre vão existir — ajuntou Lena. — Mas há pessoas que são boas e pregam o bem. E o mundo espiritual é uma realidade. Há estudos sérios sobre o tema. A reencarnação deixou de ser algo fantasioso e tornou-se real, cientificamente comprovada.

— Difícil acreditar.

— Há muita pesquisa, muita gente ao redor do mundo dissecando e revelando os mistérios da vida. Eu posso lhe indicar alguns livros, se preferir.

— Eu gostaria — salientou Gina. — Adoro o assunto.

— Adora porque seu espírito acredita na reencarnação. Você não precisa de provas.

— Eu preciso — argumentou Magnólia.

— Vai sempre precisar, minha querida. Até o dia em que terá de encarar a si mesma e decidir: ou você continua acreditando nas ilusões do mundo, ou passa a acreditar na força do seu espírito.

— Cruz-credo! — Magnólia bateu três vezes na mesinha ao lado. — Parece que está me rogando praga.

— Não. Ocorre que seus pensamentos são muito pesados, densos e negativos — salientou Lena. — Conforme o tempo passa, esses pensamentos vão se solidificando ao redor do seu corpo astral, que é uma cópia desse corpo físico que você vê e toca. Quando o corpo astral é invadido constantemente por pensamentos ruins, acaba por produzir caminho para bactérias e vírus entrarem no nosso corpo físico.

— Deus me livre!

— Pois modifique seus pensamentos. Acredite que a vida é boa e que você também é uma boa pessoa. Acredite sinceramente que o que importa na vida é só o amor. Mais nada.

— Sei — Magnólia redarguiu com desdém. — Amor não enche barriga.

— Mas nos afasta da maldade. Porque o amor é energia pura, promove conexão direta com Deus. Quanto mais amor você sentir e produzir, mais estará ligada a fontes protetoras da vida.

— Eu digo o mesmo para ela — interveio Gina. — Contudo, Magnólia tem a cabeça dura, e suas crenças são muito arraigadas. Precisaria de três vidas para melhorar o teor de seus pensamentos.

— Ou precisaria de um grande choque para aprender mais rápido.

As duas a olharam assustadas. Lena prosseguiu, serena:

— Às vezes, uma chacoalhada da vida nos faz repensar e reavaliar muitas crenças que não nos servem mais. Quando esse tipo de choque aparece, geralmente traz consigo dor ou sofrimento.

— Vire essa boca para lá! — Magnólia exasperou-se. — Não gosto quando você fala nesse tom, Lena. Eu fico assustada. Pelo visto, só cresceu. Continua falando absurdos.

— Deveria cuidar mais de sua mente, em vez de ficar assustada — prosseguiu Gina.

— Eu cuido da minha mente. O que fazer se este mundo onde vivemos é realmente cheio de atrocidades e crueldades? Eu não posso ficar cega e deixar de notar a violência que nos circunda. Você fala assim porque viveu trancafiada numa fazenda, em uma cidade pequena, em um oásis de tranquilidade. Quero ver viver aqui, na cidade grande, cheia de grandes infortúnios.

— Uma boa dose de otimismo ajuda bastante — acrescentou Lena. — Gina é um ótimo exemplo de quem não se deixou corromper pela maldade do mundo. Acredito que ela veja a vida de maneira bem mais positiva do que você.

Magnólia não respondeu. Gina replicou:

— Faz anos que tento fazer com que Magnólia mude sua maneira de enxergar o mundo. Eu prefiro ver a vida como uma dádiva, uma oportunidade de crescimento, de reencontro com nossa essência. Sinto a vida como um grande presente de Deus.

— Eu também penso assim — acrescentou Lena. — Infelizmente, não podemos mudar ninguém. Não temos esse poder. Só podemos orientar e inspirar bons pensamentos, assim como fazem os bons espíritos que se preocupam conosco. O aprendizado, mesmo que feito pelo caminho da dor, fortalece e amadurece o espírito, arrancando de uma vez por todas o véu da ilusão.

— A conversa está ficando desinteressante — Magnólia protestou e levantou-se. — Você vai ficar com a gente por quanto tempo? — perguntou em um tom enfadonho.

— Ainda não sei. Quero procurar emprego e voltar a estudar. Eu parei na oitava série.

— O que gostaria de estudar? — indagou Gina.

— Arquitetura. Sou apaixonada pela estética, pelo belo. Como disse a Magnólia, anos atrás, quero me formar e viver um tempo em Barcelona, rodeada das obras de Antoni Gaudí, Picasso e Juan Miró.

— Conhece bem a Espanha.

— Só por livros. Mas aqui estou e quero, primeiro, concluir os estudos e me formar. Depois, irei para lá.

— Pode ficar conosco o tempo que quiser — declarou Magnólia, para surpresa de Gina.

— Mesmo? Não quero atrapalhar. Quero arrumar emprego, ajudar nas despesas e custear os meus estudos.

— Arrume emprego e guarde seus ganhos para os estudos. Aqui terá sempre casa e comida — garantiu Gina.

— E depois eu lhe passarei a sua parte das despesas da casa — comentou Magnólia.

Gina a cutucou e Magnólia fez ar de enfezada. Fernando falou, em um tom amável:

— A farmácia da esquina está precisando de balconista.

— A farmácia sempre está precisando de balconista. Faz anos que o emprego lá está vago! — disparou Magnólia.

Todos riram e Lena perguntou:

— Tem certeza de que não vou atrapalhar o dia a dia de vocês?

— Bom...

Magnólia ia falar, mas Gina a cortou e disse:

— Qual nada! Hoje você fica no quarto de hóspedes. Amanhã vou arrumar a edícula para você. Está vazia e lá terá privacidade. Quer dizer, ao lado tem o quarto da Custódia, mas ela só usa o quarto durante a semana. Nos fins de semana, sai para visitar parentes e retorna domingo à noite ou segunda na parte da manhã. O que me diz?

— Oh, não sei como agradecê-las!

Lena abraçou-se a Magnólia e derrubou algumas lágrimas de contentamento.

— O que é isso? Nada de choro — protestou Magnólia.

— Você é uma boa pessoa — salientou Lena. — Com muitos pensamentos negativos, mas é uma boa pessoa. Eu gosto de você.

Magnólia iria falar, mas Fernando ligou o aparelho de som e logo uma música agradável inundou o ambiente.

Muitas madrugadas depois, Fernando despertou e não conseguiu mais conciliar o sono. Calçou os chinelos e saiu pé ante pé, para não fazer barulho. O corredor era de assoalho e rangia conforme os movimentos. Desceu as escadas devagarinho e foi direto para a cozinha. Abriu a geladeira, apanhou a garrafa de água. Pegou um copo sobre a pia e levou para a mesa. Sentou-se e, com a luz da geladeira aberta, encheu o copo.

Gina apareceu na soleira.

— O que o preocupa?

— Despertei e perdi o sono, tia. Estou com sede. Quer água?

Ela assentiu, acendeu a luz e aproximou-se. Sentou-se à mesa.

— O que foi?

— Nada.

— Como nada, Fernando? Eu o conheço muito bem. Algo o aflige.

— Está tudo bem, tia.

— Sabe que comigo pode se abrir e conversar.

— Eu sei. Eu me sinto mais à vontade conversando com você do que com mamãe.

Ela sorriu emocionada.

— Eu o quero como um filho. De verdade.

— Eu sei, tia. Sou muito feliz por ter duas mães. Os cuidados são redobrados — ambos riram e ele prosseguiu, fisionomia entristecida: — Pena que mamãe não seja uma pessoa para cima, positiva.

— Sua mãe carrega muita mágoa, muitos traumas. E até tenho certeza de que isso vem de outras vidas.

— É, eu também acho. Depois que comecei a estudar um pouco o mundo espiritual tenho certeza de que mamãe traz muitas aflições, situações emocionais mal resolvidas de outras vidas. Por isso é que tenho paciência e tudo farei para que ela fique bem.

— Sei. Você é um bom filho. Temos muito orgulho de você. Mas não acordou no meio da madrugada para pensar sobre as atitudes negativas de sua mãe.

Ele riu um pouco sem graça.

— Tem razão. Eu não estou aqui preocupado com a maneira como mamãe enxerga a vida. Sou um homenzinho e sei que cada um colhe o que planta.

— Ou o que pensa. Dominar os pensamentos é imperioso para uma vida equilibrada e com grande bem-estar.

— Sim. Eu percebo isso.

— O pensamento é tão poderoso que, ao pensar em algo muito bom, seu corpo se expande, capta energias astrais saudáveis, sorri, se assim posso dizer. Você sente imediatamente uma agradável sensação de bem-estar. Quando o pensamento é ruim, negativo, o peito se fecha e as sensações produzidas no corpo não são nada agradáveis.

— Eu procuro praticar e ter domínio absoluto dos meus pensamentos, tia. Tenho conseguido bons resultados. Aprendi também a separar os meus pensamentos dos do mundo, pois a nossa mente se liga à mente dos outros e nem sempre o que pensamos é nosso.

— Está se saindo muito bem — Gina o elogiou.

— É que ultimamente um pensamento me perturba e ainda não consigo dominá-lo.

— Quer falar sobre ele?

Fernando fez sim com a cabeça.

— Então fale — Gina baixou o tom de voz, mostrando cumplicidade.

Meio sem jeito, ele começou:

— Eu gosto da Paloma.

— Do mesmo jeito que gosta da Juliana?

— Não. Eu vejo a Juliana como irmã. Já a Paloma...

— Você gosta dela de outro jeito, é isso.

— Sim. Acho que estou apaixonado.

— Esse sentimento é delicioso. E, cá entre nós, eu já desconfiava.

— Sério?

— Hum, hum. Já havia comentado com sua mãe sobre você e Paloma.

— Eu sempre escondi este sentimento. Não sei se deveria expressá-lo. Sou jovem, ainda tenho muitos anos pela frente.

— Há quanto tempo descobriu-se interessado em Paloma?

— Faz tempo. Acho que desde sempre.

— Já se declarou a ela?

Fernando sacudiu a cabeça, enérgico:

— Não! Ela jamais poderá saber disso.

— Como? Você gosta da garota e não quer se declarar a ela?

— Tenho medo de ela me rejeitar.

— Bom, você corre esse risco. Mas não acha melhor declarar-se de uma vez, apesar do resultado?

— É?

— É. Se ela disser sim, você acaba com essa aflição.

— E se eu receber um não?

— Ora, se Paloma disser um não, você chora um pouco, passa uns dias meio acabrunhado e chateado, depois retoma a vida. Vai ter a chance de se apaixonar muitas outras vezes.

— Nunca vou me apaixonar por outra mulher. Paloma é o amor da minha vida.

— Você é muito jovem para ter essa certeza.

— Não. Outro dia o tio Paulo me contou que desde garoto gostava da tia Isabel e eles namoraram e casaram. Ele me disse que sempre soube que Isabel era e é o amor da vida dele. Eu também sei que Paloma é o meu amor.

— A história de Paulo e Isabel é digna de conto de fadas, é como ganhar na loteria. A maioria dos casais não se apaixona dessa forma.

— Então, pode ser que eu também tenha acertado na loteria.

— Sim, meu querido — Gina passou a mão delicadamente sobre o rosto dele. — Mas precisa se expressar, correr o risco, falar. Quer que Paloma adivinhe que você gosta dela?

— É difícil. Nem sei como me aproximar.

— Vocês não vão a uma festinha na sexta-feira?

— Vamos. Amanhã mamãe vai comigo a uma loja de aluguel de trajes na 25 de Março.

— Aqui perto tem uma loja muito boa.

— Mamãe diz que é cara e que o dono não presta.

Gina meneou a cabeça de maneira negativa.

— Bem típico de sua mãe: ela nem conhece o fulano e já o julga.

— É o jeito dela.

— Deixemos sua mãe de lado. Vamos nos concentrar na festa de sexta-feira. Quer que eu o ajude com algumas técnicas de aproximação?

— Você faria isso por mim?

— Claro. O que uma mãe não faria para ver um filho feliz?

Fernando a abraçou e logo começaram alegre conversação. Já estava clareando quando os dois, cansados e felizes, decidiram dormir.

17.

No outro dia, Juliana entrou em casa nervosa. Bateu a porta da sala com tanta força que Isabel levantou-se do sofá assustada.

— O que foi?

— Nada! — bramiu.

Ela subiu as escadas feito um foguete. Paloma chegou logo atrás.

— Oi, mãe.

— O que aconteceu com sua irmã? Por que ela está tão nervosa?

— Mexeram com ela de novo na escola.

— Pensei que isso era coisa de criança.

— Faz tempo que esse grupinho pega no pé de Juliana.

— Não posso acreditar!

— Pois acredite.

— Por isso ela chegou tão nervosa?

— Sim. Eduarda a chamou de baleia. Pela enésima vez.

— Assim não dá. Sua irmã não pode se desequilibrar dessa forma.

— Também acho. Foi o que disse a ela. Ficou mais nervosa e me acusou de estar do lado do grupinho. Justo eu, que sempre fui amiga da minha irmã.

— Vou ao quarto conversar com ela.

— É melhor mesmo, mamãe. Vá.

Isabel subiu e Paloma pegou o telefone; ligou para Caíque, colega da escola.

— Oi.

— Pensei que estivesse acudindo sua irmã. Ela saiu tão nervosa. Achei que fosse ter um treco.

— Mamãe está com ela, agora. E então, vai me levar na festa ou não?

— Não sei. Você ainda não me beijou.

Paloma riu.

— Se eu lhe der um beijo, vou à festa? É isso?

— Sim, senhorita. Eu pego você a que horas?

— Me pegar? Seu pai vai deixar você dirigir?

— Claro — ele respondeu num tom destemido. — Eu sei dirigir desde os catorze.

— Você é o máximo, Caíque.

Ele estufou o peito do outro lado da linha.

— E então, a que horas passo aí?

— Dez horas. Muito cedo?

— Para o beijo?

— Pare, Caíque. Assim me deixa encabulada — ela riu, meio descontrolada.

— Você, encabulada?! — ele exclamou.

Paloma escutou a voz alterada da irmã vindo lá de cima e concluiu rápido:

— Preciso desligar. Me pega às dez horas, está bem?

— E a Juliana?

— Meu pai leva ela e o Fernando. Beijo. Tchau.

— Tchau.

Ela desligou o telefone e subiu. Entrou no quarto. Juliana havia rasgado praticamente todas as suas roupas.

— Odeio tudo o que tenho. Odeio!

— Calma, filha — Isabel tentava contemporizar. — De nada adianta ficar desse jeito.

— Como não? É fácil falar. Não é você que é a gorda, balofa.

— Você tem outra estrutura óssea, filha. Não adianta se comparar aos outros.

— É difícil. Paloma nasceu junto comigo e é magra de doer. Eu engordo só de ver um brigadeiro. Não é justo.

— Querida, por que rasgou suas roupas? — Paloma imprimia docilidade à voz.

— Não quero você aqui. Ficou defendendo aquela piranha e aquele grude da Bruna.

— Não fale assim — censurou Isabel. — Isso lá são modos?

Enquanto Paloma recolhia os retalhos espalhados pelo quarto todo, dizia:

— Juliana não está assim nervosa só porque Eduarda a chamou de baleia.

— Eu a proíbo de falar — tornou Juliana, enérgica.

— Que bobeira! — Paloma aproximou-se da irmã e a abraçou. — Mamãe é nossa amiga.

— Eu sou amiga de vocês. Sabem disso — assegurou Isabel.

— Juliana está gostando do Erik.

— Não me diga! — Isabel suspirou, feliz. — Erik é um encanto de menino. Eu e seu pai costumamos conversar com a mãe de Erik. É sempre um prazer encontrar Teresa lá no clube.

— A Eduarda é bem atirada e convidou o Erik para a festa de hoje à noite — tornou Paloma.

— Você gosta dele, filha? — indagou Isabel, acariciando o rosto avermelhado de Juliana.

— Go... gosto. Gosto, sim. Eu o amo. É o homem da minha vida.

— Também não exagera — contrapôs Paloma. — Você é muito jovem para pensar dessa forma.

— Mas é o que sinto.

— Eu e seu pai nos gostamos desde a infância — acrescentou Isabel. — O que Juliana sente é normal.

— Não é normal — replicou Paloma.

— Como não? Acaso eu e seu pai somos anormais?

— Não, mãe. Não é isso. O fato é que Juliana nunca dirigiu uma palavra ao Erik.

— Como não? — Isabel perguntou sem entender.

— É amor platônico.

— Não era para falar! — protestou Juliana.

— Qual é o problema?

Isabel interveio:

— Deixe a Eduarda de lado. Aquela menina não recebeu educação adequada. Eu estudei com a mãe dela. Glória é uma mulher fútil e sem valores.

— Eduarda é fútil também. Não tem valor, mas é bonita — replicou Juliana.

— Qual é o problema, filha? Aqui você só tem aliadas. Nós vamos ajudar você a aproximar-se de Erik.

— Como?

— Você vai à festa comigo — disse por fim Paloma.

— Não! Você vai com o Caíque.

— E daí? Na verdade — ela sussurrou no ouvido de Juliana — eu queria ir sozinha, mas mudei de ideia. Você vai comigo e com o Caíque.

— Não vou atrapalhar?

Paloma abraçou e beijou a irmã na bochecha.

— Você nunca me atrapalha, irmã querida. Eu amo você.

Isabel comoveu-se.

— Adoro vê-las assim, juntas, uma dando força para a outra.

— Como vou à festa? Rasguei praticamente tudo o que tinha — Juliana tomava consciência do que acabara de fazer.

— Não tem problema. Podemos sair agora e comprar-lhe um lindo vestido.

— Estou cheinha. Não tem roupa que caiba.

— Claro que tem. Você não é tão gorda quanto pensa. Vamos, vá lavar esse rosto e mamãe vai nos levar ao shopping.

— Ei! Cheguei faz pouco do trabalho — protestou Isabel. — Paulo vai chegar logo. Preciso cuidar do jantar.

— Tive ideia melhor — continuou Paloma. — Esperamos papai chegar e vamos todos ao shopping. Lanchamos lá e depois voltamos para nos arrumar para a festa.

— Adorei a ideia do lanche — devolveu Juliana, em um largo sorriso.

A noite estava fresca. A brisa soprava agradável. Era um baile típico de jovens entre quinze e dezessete anos, em um casarão localizado na zona nobre da cidade. Paulo fez questão de levar as meninas e Fernando. Paloma ligou antes para Caíque e cancelou a carona. Encontraria o rapaz no baile.

— E o beijo?

— Na festa, Caíque. Espere mais um pouquinho.

— Está bem. Até mais.

— Beijo.

No trajeto, Paulo observava pelo retrovisor os olhares apaixonados de Fernando para Paloma.

Ele sorriu e perguntou a Juliana, sentada no banco do passageiro:

— Fale-me um pouco mais desse Erik. Eu só conheço a mãe, socialmente. Ela é bem simpática.

Os olhos dela brilharam emocionados.

— É o moço mais lindo da escola.

Paloma interveio:

— Menos, Juliana — e virando para o pai: — Ele até é simpático, mas não é um deus grego, não. O Fernando aqui, por exemplo, dá de dez a zero no Erik.

Fernando não sabia onde enfiar a cara. Sentiu as faces arderem. Paulo sorriu novamente e Juliana protestou:

— Imagine! Fernando não é feio, mas não pode compará-lo ao Erik. Sabe por quê, papai? — ele fez uma negativa e ela prosseguiu: — Porque Erik é louro, tem ascendência escandinava. O avô dele era sueco.

— A rainha da Suécia tem sangue brasileiro — rebateu Paulo.

— E o Fernando tem esse nome lindo por causa de um conjunto de música sueco — ajuntou Paloma. — Olha quanta coincidência!

Chegaram ao local. Paulo despediu-se das filhas. Ao se despedir de Fernando, pediu com gentileza:

— Fique de olho nas duas. Vão logo completar dezoito anos, mas sei que você é como irmão. Qualquer problema me ligue.

— Pode deixar, tio. Vou tomar conta delas.

— A que horas passo para pegá-los?

— Não precisa. Tia Gina me deu dinheiro para tomar um táxi. Vá descansar. Está tudo bem.

Despediram-se e, depois de acenar para Paulo, percebeu que as meninas já haviam entrado. Fernando apertou o passo e chegou à recepção, montada nos jardins do casarão. Deu de cara com Eduarda.

— Está arrumadinho. Se eu não tivesse outro na mira, juro que pegava você.

Ele enrubesceu e devolveu, pigarreante:

— Você não faz meu tipo.

Ela gargalhou.

— Você prefere a pomba.

— Não entendi.

Eduarda fez uma careta.

— Hello-o! Deixe-me explicar para você, fofo: *paloma*, na língua espanhola, significa “pomba”. Entendeu? Ou preciso desenhar? Não gostou da brincadeira?

— Não sei do que está falando.

— Você é alucinado por Paloma. Só a tonta é que não percebe esses olhos apaixonados. Bom, ao menos você tem bom gosto. Se gostasse da orca, eu já iria lhe recomendar um oftalmologista.

— Não gosto que faça chacota com Juliana. Quando você a ofende, também me ofende.

— Ai, ai. Coitadinho. O jeca é sentimental.

— E chega de papo, Eduarda. Preciso ir atrás delas.

— A orca passou e foi atrás do Erik, mas o meu gato — enfatizou — ainda não chegou. A sua pomba já voou para o bosque atrás da piscina — apontou. — Deve estar de papo com o Caíque, do terceiro ano. Corra antes que passe o baile todo chupando o dedo.

Fernando fez um muxoxo e entrou. A festa estava animada. A banda que cantava era agradável e os jovens se divertiam. Não havia bebida alcoólica, um ou outro tinha levado uma garrafinha de vodca ou uísque para misturar ao refrigerante.

Era uma festa de uma garota da classe deles, de família rica e conhecida da cidade. Fernando cumprimentou alguns amigos e avistou Paloma do outro lado da piscina, que estava adornada com balões coloridos. Os olhos dele fixaram-na com amor.

— Puxa, como Paloma é linda! — sibilou. — Hoje preciso tomar coragem e conversar com ela.

Aos poucos, Fernando foi se recordando da conversa com Gina, das palavras amáveis que ela sugeriu que ele dissesse a Paloma. Ensaiou, ensaiou e, quando percebeu que estava pronto para aproximar-se, respirou fundo e abriu os olhos.

Paloma não estava mais lá. Fernando a procurou com os olhos e a viu passar com um copo de refrigerante. Antes de encontrá-la, ouviu os gritos de Eduarda:

— Essa gorda desastrada — ela falava com o dedo em riste — derrubou refrigerante no meu vestido de propósito.

— Foi sem querer — defendeu-se Juliana. — Eu não a vi passar.

E não tinha visto mesmo. De propósito, Eduarda fingiu tropeçar no gramado e jogou sobre si o copo de refrigerante. Ela tinha uma voz bem irritante e alta, muito alta. As pessoas começaram a se aproximar. Bruna, a amiga inseparável de Eduarda, colocou mais lenha na fogueira:

— Eu vi. Foi essa gorda que derrubou a bebida na minha amiga.

Eduarda encostou o dedo no nariz de Juliana e gritou:

— Você sujou um vestido caro.

— Não fiz por mal.

Eduarda colocou as mãos na cintura. Provocou:

— Sabe que, quando encontro pessoas como você na minha frente, sou completamente favorável ao aborto?

O grupinho de Eduarda começou a rir, e um menino disparou, maldoso:

— A Juliana é como carro esportivo último tipo. Quando sobe na balança, vai de zero a cem em um segundo.

O pessoal caiu na gargalhada, e Fernando interveio. Empurrou o menino para trás.

— Sai daqui, ô babaca. Olha o respeito. Se se meter com ela, eu o cubro de porrada.

Eduarda acrescentou com desdém:

— O irmão postiço chegou para defender os fracos, gordos e oprimidos.

— Você não pode machucar as pessoas dessa forma — Fernando gritou.

— Eu falo o que bem entender na hora que quiser. Essa baleia só atrapalha o meu caminho. Três corpos não ocupam o mesmo espaço.

As pessoas silenciaram, e Juliana começou a chorar. Eduarda mordiscou os lábios e disparou:

— Sabiam que Juliana veio à festa para conquistar o Erik?

Houve um burburinho alto de vozes e risos. Muitos risos. Juliana não sabia onde enfiar a cara. Levou as mãos ao rosto e foi nesse momento que Eduarda deu o golpe final: empurrou Juliana na piscina. Todos na festa correram e se acotovelavam ao redor da área.

A piscina era rasa, mesmo assim Fernando pulou e trouxe Juliana para a beirada. Ela saiu da piscina tossindo muito, o vestido grudado no corpo, evidenciando suas formas arredondadas.

— Agora faz respiração boca a boca na gordinha — Eduarda sugeriu, irônica.

As pessoas estavam quietas, algumas olhavam para Eduarda com cara de poucos amigos. Ela não se deu por vencida:

— Aproveita e enxuga logo essa menina porque daqui a pouco o mosquito da dengue aparece e já viu... ele adora se reproduzir em pneus molhados!

A garotada não aguentou e riu à beça do comentário infeliz. Todos apontavam e riam. Riam muito. Juliana recomeçou a chorar e, amparada por Fernando, deixou o local. Paloma apareceu de repente, com a boca toda manchada de batom e os cabelos em desalinho. Na sequência chegou Caíque com a boca toda vermelha de batom. Uma grande coincidência.

Fernando olhou para Caíque, depois seus olhos cravaram em Paloma. Ele também sentiu uma dor sem igual. Uma lágrima rolou pelo canto do olho.

Paloma alteou a voz:

— O que está acontecendo aqui? Quem jogou minha irmã na água?

— Fui eu! — Eduarda assumiu, sorridente.

Não deu tempo para a defesa. Paloma avançou sobre Eduarda e rolaram o gramado ao lado da piscina. Foi difícil apartá-las e, quando os rapazes conseguiram separá-las, Paloma tascou um tapa certeiro — plaft — no rosto de Eduarda.

— Se voltar a humilhar minha irmã, juro que te mato. Acabo com a tua raça.

Eduarda levou a mão ao rosto ardido. Não respondeu. Tinha respeito por Paloma e medo dela.

Fernando foi arrastando Juliana até os portões do casarão.

— Fique aqui. Vou chamar um táxi.

— Por favor — Juliana suplicava.

Um dos empregados da casa trouxe uma toalha e Juliana colocou sobre as costas.

— Obrigada.

— Querida — Paloma a abraçou com carinho —, por que a deixou tratá-la dessa maneira?

— Não sei, ela começou a falar e eu fui me envergonhando.

— Não pode se envergonhar. Precisa se dar o respeito. Eduarda não é nada melhor que você.

— Ela é bonita... e magra.

— Você também é bonita. E tem que aceitar o corpo que tem. Não importa se é magra ou gorda. Tudo é relativo.

— Mas a sociedade é cruel.

— Deixe a sociedade de lado. Você é minha irmã. Eu a amo do jeito que é. Porque não importa a forma, mas sim a essência. Você tem a essência do bem. Eduarda, essa va... — fez uma pausa para não proferir um palavrão. — Essa menina é perturbada das ideias.

— Você tem um rosto lindo — completou Fernando, aproximando-se e tentando animá-la. — O táxi já está a caminho.

Paloma agradeceu:

— Obrigada.

Ele fechou o cenho e baixou o rosto.

Paloma achou que ele estivesse chateado com a situação. Nem suspeitou que ele estivesse a fim dela.

Caíque aproximou-se de Erik e perguntou:

— O que aconteceu?

— Eduarda fez uma brincadeira de extremo mau gosto com Juliana.

— Que chato. Uma pena, porque eu e Paloma estávamos nos entendendo tão bem...

Fernando sentiu raiva por não ter sido mais rápido. Engoliu em seco e afastou-se. Acercou-se de Juliana e Paloma. Logo o táxi chegou. Os três entraram e seguiram calados até a casa delas. Fernando esperou que elas entrassem em casa e fechassem a porta. Depois, andou mais algumas quadras, e o táxi parou na calçada em frente à casa dele. Ele pagou, desceu e entrou.

Subiu direto para o quarto e arrancou as roupas. Entrou embaixo do chuveiro com água fria. Sentou-se e, enquanto seu corpo tremia, as lágrimas misturavam-se à água que caía forte.

“Nunca mais terei uma chance de me declarar”, pensou, aflito.

18.

Eduarda podia ser considerada uma menina linda. Tinha olhos claros, boca carnuda, nariz perfeito e corpo estonteante. Os cabelos eram naturalmente louros e tocavam elegantemente os ombros. Tinha sido a princesinha nas peças infantis, a noiva na quermesse e agora, no último ano do ensino médio, saía com todos os garotos bonitinhos da sala, à exceção de Caíque, porquanto Paloma engatara um namorico com o rapaz.

Eduarda não se envolvia por muito tempo com garoto que fosse. Era a rainha de tudo. O tipo de menina que ditava moda, acompanhada por um séquito de meninas inseguras e infelizes, que não acreditavam na própria força, na própria beleza e deixavam-se levar pela queridinha do colégio. O seu bordão, "Hello-o" [rélo-ou], era marca registrada.

Do tipo mignon, era uma lolita moderna. Senhora absoluta de sua beleza, aproveitava e seduzia a todos para conseguir seus intentos. Ela chegou a ponto de deitar-se com um professor de química para ganhar o troféu de melhor trabalho na Feira de Ciências e, consequentemente, ganhar pontos no boletim para não ficar de recuperação.

Havia duas garotas que ela adorava espezinhar e tripudiar sobremaneira: Paloma e Juliana. Paloma, porque era destemida e algumas meninas da escola gostavam das atitudes dela. Portanto, Paloma era uma rival à altura, que poderia fazer balançar o seu reino. Todavia, lá no fundo, nutria carinho e respeito pela rival.

Por outro lado, implicava com Juliana porque a menina era tudo o que ela desprezava em uma pessoa: era bonita, mas gorda, fora dos padrões, e porque era defendida a unhas e dentes pela irmã. Eduarda também notara que Erik tinha uma quedinha pela gordinha.

— Isso é inadmissível — ela dizia enquanto se penteava. — Erik não pode ter olhos de paixão por aquela baleia branca. Isso não é normal. Não é natural.

— O que não é natural? — indagou Glória, sua mãe, que passava pelo corredor.

— Hã?

Glória era o tipo de mulher que evitava envelhecer a todo e qualquer custo. Conhecia e utilizava todos os produtos de beleza, fazia todo tipo de intervenção cirúrgica. Lutava constantemente contra a balança e contra as rugas. Estava com quarenta e cinco anos, mas aparentava pouco mais de trinta. Tinha orgulho disso e incutia na filha os mesmos valores falsos adquiridos ao longo da vida.

Glória fora rejeitada por um namorado da juventude e prometeu que se transformaria em uma mulher linda e desejada para compensar o sentimento de rejeição. Eduarda crescera impregnada por esses falsos valores. No fundo era uma boa garota, mas tinha medo de não agradar, de não corresponder à altura da mãe. Fazia dietas rigorosas, praticava, contra a vontade, balé e exercícios físicos os mais variados; participava de todos os concursos de beleza que surgiam, tudo para agradar e equiparar-se a Glória. Estava relativamente feliz porque tinha sido coroada, recentemente, Rainha da Primavera, no clube.

Glória parou próximo à porta e ajeitou a roupa colante de ginástica.

— Então, o que não é natural?

— Um garoto gostar de uma gorda... uma menina imensamente gorda.

Glória riu irônica:

— Quanta redundância!

— Porque ela é muito gorda.

— Não vai me dizer que uma deformada está balançando a sua autoestima! Eu criei você para ser linda, gostosa e poderosa. Como pode deixar-se estremecer por um ser de outro planeta, insignificante?

Eduarda sentiu a intimidação. Até nutria um pouco de afeição por Juliana, mas, com medo de ser repreendida, suspirou:

— Mãe, aquela gorda da Juliana está a fim do Erik.

— O neto do sueco?

— Esse mesmo!

— O menino não tem tanta beleza, mas, segundo os boatos, tem dinheiro à beça.

— Não sei, mãe. Ele anda com roupas comuns, vive em uma casa comum, tem uma vida comum. A mãe dele tem um carro velho... e comum.

— Parece que o avô deixou uma *gorda* herança — ela riu — para o menino, visto que o pai já partiu desta para melhor. Se você engravidasse... — sugeriu.

— Não gostaria de deformar meu corpo. Engravidar requer muito sacrifício.

— No caso desse menino, em particular, não vejo problema de acontecer, digamos, um acidente.

Glória gargalhou e Eduarda alegou, a contragosto:

— Sou muito jovem. Erik não liga para mim.

— Porque você não está sabendo usar as armas que lhe dei — censurou Glória, nervosa.

— Eu sei, mamãe, mas o que fazer? Atirar-me aos pés dele?

— Se for o caso...

— Eu não me humilharia tanto. E a senhora não me disse sempre que os homens não prestam? Não é o que me diz todo santo dia, desde que papai foi embora?

Glória engoliu a raiva e bateu no umbral da porta.

— Abra os olhos! Os homens não valem nada. Nunca se apaixone, a não ser que seja amor à primeira vista pelo dinheiro do pretendente, como no caso desse menino. Só neste caso você deverá ceder.

Eduarda sentiu o corpo tremer. Não gostava da maneira leviana como Glória se referia a ela. Sentia-se uma boneca bonita, desprovida de sentimentos, que deveria estar sempre pronta para laçar o primeiro homem rico que aparecesse no pedaço. Glória não estava nem aí para seus sentimentos, para saber o que a filha sentia, o que pensava da vida, seus medos e suas inseguranças. Nada. Só queria que Eduarda fosse como ela: bonita e magra, e arrumasse um homem rico que a sustentasse.

Preferiu não rebater os comentários da mãe. Glória falou e gargalhou a valer. Eduarda fez um rabo de cavalo e levantou-se.

— Fique tranquila. Eu nunca vou me apaixonar, mamãe. Não quero sofrer como você.

— Eu não sofri — mentiu.

— Sei. Eu me lembro do dia que papai foi embora e nos abandonou. Quantas garrafas de vodca vazias eu tive de jogar no cesto de lixo?

Glória ignorou o comentário.

— Seu pai é desprezível. Um verme. Aliás, todos os homens são vermes — afirmou, referindo-se ao amor da juventude que a trocara por outra. Eduarda nada percebeu e a mãe prosseguiu: — Por isso, fique esperta. Nunca, jamais, de forma alguma, envolva-se afetivamente com homem que seja. Quer dizer, só se for com esse garoto que parece ser podre de rico, ou com o príncipe Willian, filho da Diana. Porque não pense que eu vou sustentar seus luxos.

— Papai nos manda bastante dinheiro do exterior.

— Para mim — esclareceu Glória. — Eu pago seus pequenos luxos porque ainda é menor de idade. Logo vai ter de se virar e arrumar um homem que a sustente. Eu não nasci para sustentar ninguém.

— Eu sei, mãe — Eduarda respondeu, triste.

— Mãos à obra, minha filha.

Eduarda estava cansada de ouvir esse comentário da mãe, anos a fio, desde que o pai saíra de casa. Sentia-se sozinha no mundo, triste, amargurada. No fundo, descontava toda a sua amargura em cima de Juliana, porque julgava a menina mais fraca que ela. Se não descontasse em Juliana, seria capaz de morrer, como já pensara algumas vezes. Mas ela não quis contra-argumentar. Ajuntou de maneira lacônica:

— Pode deixar. É que não posso permitir que Erik se interesse por uma gorda pavorosa — disse sem convicção, mas Glória não percebeu.

— Isso é acabar com a sua reputação! Acabou de ser eleita a rainha do clube. Como pode deixar uma gordinha fazer mais sucesso que você?

— É, mãe, tem razão. E, de mais a mais, o ano letivo está acabando. Erik vai prestar medicina, eu vou fazer moda em outra faculdade.

— Continuarão na mesma cidade.

— Sei, mãe. Mas agora é a hora. Na escola eu posso manipulá-lo, mas, quando todos forem para a faculdade, não sei se conseguirei.

— Use os artifícios que eu lhe ensinei. E, claro — Glória piscou —, sempre na companhia de preservativos. Jamais faça a burrada de engravidar. A não ser que seja de um homem rico, muito rico, como é o caso desse garoto, em particular.

— Tem certeza de que Erik vai herdar uma grande fortuna?

— Sou bem informada. Vou acionar os meus contatos e me aproximar da mãe dele. Sabe que não meço esforços para defender meus interesses.

— Pode deixar, mamãe — Eduarda apanhou a bolsa e abriu-a. De maneira triste, tirou um pacotinho de preservativos e os mostrou, fingindo um sorriso: — Eu sei me cuidar.

— Pois então trate de acabar com as ilusões dessa gorda. Afinal, você é Eduarda, filha de Glória. A divina Glória! — Ela consultou o relógio: — Oh, estou atrasada para a minha sessão de drenagem linfática. Não me espere para o jantar.

Glória riu, apanhou a bolsa sobre a cômoda e saiu, obviamente na companhia de energias nada agradáveis, que se alimentavam dos seus pensamentos mesquinhos.

Eduarda permaneceu parada, olhando para sua imagem refletida no espelho. Era uma moça linda por fora, mas profundamente infeliz por dentro.

A vida de Glória era assim, descaradamente fútil. A história contada para Eduarda era a de que o pai abandonara as duas e trocara Glória por uma mulher mais jovem. A realidade, porém, era bem diferente: Glória apanhara o marido em flagrante com... outro homem. Ela estava pouco se lixando para as preferências sexuais do marido, mas Otaviano era um homem muito rico, filho único de uma família tradicional do Sul. Para manter segredo sobre o ocorrido, Otaviano fez um acordo milionário com Glória. Pagava-lhe uma pensão astronômica, e dessa forma ela e a filha viviam em completo luxo e completo ócio, em uma cobertura imensa com vista para o parque do Ibirapuera.

Dois anos depois da separação, Otaviano foi indiciado por lavagem de dinheiro e tráfico de influência. Ao ser intimado, conseguiu fugir do país. Associou-se a um poderoso traficante internacional de armas e continuava a enviar dinheiro para Glória, por meio de uma conta bancária situada em um paraíso fiscal. Como Glória torrava tudo em estética, plásticas e cremes caríssimos, incitava a filha a arrumar um ótimo partido para poder também ter uma longa vida de luxo.

Até onde levaria essa vida, Glória não sabia. E nem queria saber. Ferida em seu orgulho por conta do desprezo do namorado de juventude, tentava, na aparência física, minimizar a rejeição.

— Eu vim para aproveitar e me esbaldar — era seu lema. — Otaviano foi muito idiota. Eu nunca senti nada por ele e também nem me choquei ao flagrá-lo com outro homem. Felizmente, seus olhos apavorados me fizeram pensar nos milhões que poderia arrancar. Deitei e rolei, e ainda vou tirar muito proveito desse mau passo. Nem que para isso eu tenha de passar um rolo compressor sobre as pessoas. A vida é assim. Dos espertos e dos bonitos!

Juliana evitava sair. Pretextava dor de cabeça ao menor sinal de um convite para sair. Ela tomava banho, empanturrava-se de guloseimas, assistia a um monte de filmes na tevê a cabo e chorava. Essa era a forma como vivia depois da fatídica noite da festa, mais ou menos mantendo a mesma ordem dos fatores.

Paloma entrou no quarto e foi categórica:

— Chega! Você vai sair deste quarto nem que seja no tapa!

— Olha a violência — rebateu Juliana. — Não quero mais sair deste quarto. Nunca mais.

— Nunca mais é muito tempo. Vamos, levante-se. Tanto tempo neste estado? Ninguém aguenta.

— Que leve mais dez!

— Tia Gina e Fernando vão passar aqui e nos levar ao cinema. Vamos assistir a *Titanic*.

Juliana fez uma careta.

— Já vi na tevê.

— Está confundindo com *O destino do Poseidon*, que foi feito quando a gente nem estava neste mundo.

— Tem razão. Lembro-me quando Eduarda insistiu em adaptar o filme para uma peça de teatro. E, naturalmente, queria que eu fizesse o papel da Shelley Winters[3].

— Eu gosto da Shelley Winters.

Juliana jogou uma almofada em Paloma.

— Estou brincando. Vamos nos divertir. Todos no colégio já viram o filme. É lindo. E tem o Leonardo DiCaprio — suspirou.

Paloma grunhiu algo ininteligível. Terminou de levantar as persianas e abriu a janela. Ela aspirou o ar fresco do fim de tarde e alguns raios alaranjados deram um colorido ao quarto triste e abafado. Depois, ela se aproximou da cama e sentou-se na cabeceira. Apanhou a mão de Juliana.

— Irmã, sei que está magoada e chateada. Mas de que adianta ficar enfurnada dentro do quarto? De que adianta querer sumir do mundo?

— Assim eu não sofro mais. Acho que aos dezessete anos acabei com as minhas cotas de sofrimento.

— Você é bonita.

— E gorda.

— Não segue um padrão estabelecido pela sociedade.

— Fácil falar. Logo entrarei na faculdade e vou sofrer novamente.

— Às vezes não. Em uma faculdade sempre tem pessoas mais velhas, mais interessadas no curso. Acho que você já passou pelo pior.

— E ainda falta me ver livre de Eduarda, Bruna e companhia.

— Elas não vão mais cruzar nosso caminho. Falta pouco para as aulas acabarem. Vamos nos formar e adeus a Eduarda.

---

3 Atriz americana (1920-2006) de grande prestígio. Ganhadora de dois prêmios Oscar, em 1973 ganhou um Globo de Ouro, pela personagem obesa e com talento para a natação, em *O destino do Poseidon*. Shelley Winters engordou vários quilos para o papel e nunca mais os perdeu.

Juliana esboçou um sorriso.

— As aulas estão acabando. Graças!

Paloma acariciou o rosto da irmã:

— Se você pudesse escolher, de coração, gostaria de ser bem magra?

— Queria ser magra e continuar comendo.

— Tudo tem um preço na vida. Quer emagrecer?

— Quero!

— Precisa fechar a boca, praticar exercícios, adotar hábitos mais saudáveis de vida. Não adianta passar os dias atirada na cama, empanturrando-se de doces.

— Não sou como você. Engraçado que somos gêmeas idênticas na aparência. Mas você come um boi e não engorda um grama. Se eu comer um docinho, o botão da calça não fecha. Quanta injustiça!

— Somos parecidas, mas bem diferentes. Nossos temperamentos são bem distintos. Talvez você esteja comendo além do normal para se esconder, se proteger.

— Por que eu faria isso?

— Li uma matéria em uma revista dia desses. Alguns psicólogos acreditam que a gordura nada mais é do que uma defesa criada pelo organismo. Às vezes é inconsciente e você engorda para não chamar a atenção, com medo de parecer sensual...

— Toda mulher quer chamar a atenção e ser sensual — respondeu Juliana.

— Será? Você gosta do Erik, não?

— Gosto.

— Por que não conversa com ele?

— Depois do ridículo daquela noite?

— Noite que já está longe, diga-se de passagem. Até hoje, Erik não se envolveu com outra menina, que eu saiba.

— Ele vai me rejeitar. Todos os homens vão me rejeitar. Eu não me encaixo nesse padrão de pele e osso que eles tanto apreciam.

— Nem todos apreciam corpos magros e ossudos. Há aqueles que gostam de mais carne.

Juliana riu.

— Não sei...

— Irmãzinha, você é tão inteligente, tão sensível. Tem um rosto bonito, é uma moça bem-educada. Por acaso acha que o formato do seu corpo é o único fator para o qual os homens vão dar atenção?

— Claro! Os homens são todos imprestáveis.

— Está falando como tia Magnólia. Não se deixe levar pelo lado negativo das situações. A negatividade atrapalha e embaça a nossa visão, não nos permite enxergar a essência das coisas e das pessoas. Se você tirar o mal da sua frente, ele vai desaparecer. Você é quem escolhe enxergar a vida pelo lado bom ou ruim.

— Erik nunca se aproximou de mim.

— Porque você nunca permitiu. Eu acho que ele é um moço diferente. A família dele é sueca. Os suecos são mais liberais, têm uma educação bem diferente da nossa. São inteligentes e perspicazes. Você precisa fazer a sua parte para que tudo aconteça da maneira como deseja.

— Estou com medo. E tem Eduarda.

— Hoje é Eduarda. Amanhã será outra. Sempre terá alguém no pé.

— Por que ninguém pega no seu pé? — questionou Juliana, contrafeita.

— Porque eu não dou trela, porque não escuto. Só escuto e dou valor àquilo que me faz bem. O que não me faz bem não me pertence.

— Não consigo pensar dessa forma.

— Precisa tentar.

— Eu daria tudo para me ver livre de Eduarda. Adoraria ter uma varinha mágica e fazê-la sumir.

Paloma achou graça.

— Pensemos no mundo real. Quanto mais combate, maior o problema fica. Você precisa deixar de dar importância para Eduarda. O pai saiu de casa, a mãe é uma louca de pedra que só pensa em permanecer jovem pelo resto da eternidade — Juliana riu e ela prosseguiu: — Eduarda sofre.

— Essa é boa! Eduarda sofre? Está maluca?

— Eduarda é uma moça infeliz — observou Paloma. — Tem medo de não corresponder aos caprichos da mãe tresloucada. Nos últimos tempos, tenho notado como ela é triste. Muito triste.

— E por que ela me atormenta?

— Porque precisa descarregar em alguém seus medos e suas inseguranças. Ela é infeliz. Você se mostrou mais fraca e ela aproveitou. Sinto que Eduarda fala essas barbaridades da boca para fora.

— Porque não é com você — protestou Juliana.

— Bom, esse é o meu modo de ver. Eu sinto que, lá no fundo, Eduarda até gosta de você.

Juliana arregalou os olhos. Iria protestar, tamanha indignação. Paloma sorriu e emendou, a tempo:

— Acha que essa menina recebeu o mesmo amor que nós duas?

— Não.

— Então! Temos pais amorosos. Somos privilegiadas.

— Mudando o assunto, porque falar de Eduarda me cansa e me chateia, eu fico irritada com esse eterno namoro do papai e da mamãe.

— Por quê?

— Porque eles vivem um conto de fadas. Contos de fadas só existem nos filmes.

— Papai e mamãe acreditam que a vida deles é um conto de fadas. Eles se entendem, se respeitam. Eles se amam de verdade.

— Eu nunca vou amar como eles.

— Por que diz isso? Cuidado com o que diz porque a vida adora atender aos nossos pedidos. A vida respeita nossas crenças.

— Preciso acreditar em coisas boas para atrair coisas boas? É isso?

— Exato.

— É complicado.

— Eu vou ajudá-la — sorriu Paloma. — Agora você vai tomar um banho e vou escolher uma roupa bem bonita para você.

— Não tenho quase nada. Tudo fica apertado.

— Sem problemas. Vá se lavar que eu escolho as roupas.

— Não sei o que seria de mim sem você — Juliana abraçou-se a Paloma, e assim ficaram por alguns segundos, sem nada dizer.

Depois do abraço, Juliana levantou-se, calçou os chinelos e foi para o banheiro. Paloma sorriu e abriu o guarda-roupa. Encontrou um vestido longo e estampado. Apanhou um par de tamancos, brincos e colares.

"Juliana vai ficar linda!", pensou, alegre e sorridente.

19.

Erik Gustafsson era um rapaz simpático e reservado. Louro, pele bem clarinha, o rosto coberto por algumas espinhas e, definitivamente, não fazia o tipo bonitão. Era atraente porque era alto e tinha ombros largos. Praticava natação no clube e nem era muito paquerado pelas meninas.

Eduarda não achava Erik a oitava maravilha do mundo. Ela fingia estar interessada nele porque Glória a pressionava todo santo dia.

— E aí, falou com o sueco? — perguntava no café.

— Depois da aula, chegou perto e se insinuou ao menino? — indagava depois do almoço.

— Quando vai seduzir o garoto? — era o comentário do jantar.

E assim sucessivamente. Eduarda acreditou que iria enlouquecer.

— Um dia minha mãe me mata! — desabafou em desespero.

Havia poucos anos, Glória escutara numa roda de fofocas que o rapaz estava para receber uma considerável herança do avô, Karl Gustafsson, um homem que fora muito rico e, segundo os comentários, era dono de metade da Europa.

— Metade da Europa? — indagou Eduarda. — Eu sempre quis viver no Cairo, perto das pirâmides — suspirou, emocionada.

— No Cairo? — perguntou Bruna, a amiga-chiclete que não desgrudava de Eduarda nem para ir ao banheiro. — Vi um filme outro dia na televisão e tinha tanto elefante! Não gosto de elefante.

— Hello-o! No Cairo não tem elefante. Tem camelo e dromedário.

— Você é tão inteligente, Eduarda. Eu adoraria ser você.

Eduarda sorriu:

— Vai praticando, fofa. Um dia, quem sabe, você consiga chegar perto.

Glória entrou no quarto e inquiriu:

— Vão ficar trancadas no quarto?

Bruna tornou alegre:

— Não. Vamos para a Europa. Viver na cidade do Cairo.

— Você se refere a Cairo, lá do Egito?

— Sim, senhora — respondeu Eduarda.

— Minha filha — Glória fez uma negativa, encarando Eduarda —, o Egito fica na África.

— Nunca fui boa em geografia — desculpou-se, mexendo os ombros. — Erik vai herdar metade da Europa, mamãe. A gente leva o Cairo para lá!

As meninas riram a valer. Glória foi incisiva:

— Está demorando para fisgar o rapaz.

— Ele sumiu naquela longínqua noite. Nunca mais o vi nos lugares da moda. Estou pensando em ir ao clube, fingir que quero praticar natação.

— Está deixando esse rapaz escapar-lhe pelos dedos. Olha, estou atrasada para minha aula de ginástica e depois tenho uma limpeza profunda de pele para rejuvenescer e acetinar a minha cútis. E, só para ficar esperta, uma conhecida do clube ouviu Erik falando sobre uma tal de Juliana. Conhece?

— Se conheço?

— Sim.

— É a gorda que quase acabou com a água da piscina na noite da festa.

— Hã?

— A gorda barraqueira daquela festa, mãe. Eu lhe contei. Não disse outro dia que Erik estava caidinho por uma gorda?

— Isso faz séculos! Quem é essa menina?

— A que tem uma irmã gêmea e magra — disse Bruna.

— A filha da Isabel?

— A própria.

Glória riu com desdém.

— Aquela menina não é páreo para você, filhinha. Se fosse a Paloma...

Eduarda a cortou e rilhou os dentes:

— Nem me fale na Paloma. Ainda não me esqueci do tapa.

— Esqueça a Paloma. Foco, filhinha. Foco. Concentre-se em detonar a gordinha.

— A senhora está certa. Se Erik mencionou, é porque está mesmo a fim dela. O cloro da piscina está afetando os neurônios desse menino.

— O que será que tem? — Bruna indagou.

— Não sei, mas... claro!

— Claro o quê, Eduarda?

— Você — ela enfatizou — vai se aproximar da Juliana.

— Eu?! Nem morta. Quer queimar meu filme na escola?

— O ano letivo está acabando e vamos nos ver livres desse bando de adolescentes abobados. Somos quase mulheres!

— Mesmo assim.

— Você é minha amiga ou não, Bruna?

— Sou, mas me passar por amiga da Juliana? Eu mal a conheço. E ela sempre nos vê juntas.

— Estou atrasada. E meu recado foi dado — Glória encarou a filha e advertiu-a, com firmeza: — Abra o olho, filhinha. Não me decepcione.

Eduarda sentiu um frio na barriga. Decepcionar a mãe era o que menos queria. Tinha pavor de se sentir menos, de não se sentir boa o suficiente. Para driblar o sentimento de impotência, fingiu estar com raiva e estufou o peito:

— Deixe comigo, mamãe. Ainda vai ter orgulho de mim e...

Glória nem estava mais no quarto. Girou nos calcanhares, despediu-se das meninas e saiu pelo corredor. Eduarda ficou rubra de vergonha. Bruna não percebeu. Depois de muito pensar, Eduarda deu um gritinho de satisfação:

— Já sei!

— O quê?

— Eu e você vamos brigar. Na frente de todo mundo. Lá na escola.

— Não quero brigar com você. Sou sua amiga.

— Hello-o! Criatura, eu estou dizendo que você vai — ela fez um gesto com os dedos das mãos —, abre aspas, fingir, fecha aspas, que brigou comigo.

— Entendi.

— Daí a gorda vai ter pena de você e vai chamá-la para fazer parte do time das excluídas.

— Não quero.

— Precisa, Bruna. Só por um tempo. Prometo que você poderá continuar vindo em casa. Escondida, claro. Só não vamos poder ser vistas juntas por um tempo. Mas vai ser de mentirinha. Eu grito, dou-lhe um tapa e está tudo certo. O circo está armado.

— Por que eu não posso dar o tapa?

— Porque fui eu que tive a ideia, oras. Ou leva o tapa, ou melhor desgrudar do meu pé.

Bruna também era uma menina muito insegura. Nem feia, nem bonita, contudo tinha medo de ser motivo de gozação das meninas "perfeitas" de sua classe. Espelhava-se em Eduarda e fazia qualquer coisa para agradar a amiga. Ela respirou resignada e suspirou:

— E depois?

— Depois você arranca tudo o que puder, nos mínimos detalhes. Vai monitorar a vida de Juliana para mim, todos os passos dela.

— Anoto num caderno?

— Se não conseguir guardar na cabeça — apontou —, anote, grave, faça o que for necessário e me traga todas as informações. Estamos entendidas?

— Acho que sim.

— Tive uma ideia melhor!

— Qual é, Eduarda?

— Posso não ser boa em geografia, mas sou ótima em tramar!

— Diga logo.

— Você vai filmar a Juliana.

— Filmar? Como?

— Com uma câmera de vídeo. Meu pai tinha mania de filmar minhas festinhas. É uma filmadora meio antiga, mas funciona bem.

— E?

— Vai fingir ser amiga confidente, que troca segredinhos. Quero que a filme entrando no banho, trocando de roupa, enfim, nas situações mais íntimas possíveis e... — Eduarda foi discorrendo sobre o assunto e, a cada sugestão, Bruna tremia, contrafeita.

— Isso é demais, Eduarda!

Ao final, Eduarda decidiu:

— Vamos brigar amanhã, espero.

— Já? Ah, Eduarda, vamos deixar esse teatrinho para semana que vem.

— Negativo. A probabilidade de Erik se apaixonar por Juliana, pelo visto, é bem alta. Não quero facilitar. Viu o ultimato de minha mãe?

— A gorda anda meio sumida da escola.

— Deve estar chorando por conta da humilhação constante que sofre. Se ela voltar amanhã, brigaremos amanhã. Não importa o dia.

— Você é quem manda — concordou Bruna.

As duas deitaram na cama e ficaram arquitetando maneiras e maneiras de fazer com que a briga parecesse real. Lá no fundo, Eduarda sentia grande desconforto. Não queria ser cruel com Juliana, mas não podia parecer fraca diante da mãe. Ela era capaz de tudo para mostrar a Glória que era uma filha à altura de suas expectativas.

Bruna, por outro lado, sentia uma pontinha de remorso. Não tinha intimidade com Juliana, mas lhe queria bem. Achava a gordinha simpática, alegre. Entretanto, a fim de não fazer feio para Eduarda, topou participar dessa brincadeira de mau gosto.

No clube, Erik se preparava para ir embora. Caíque, amigo de treino, convidou-o para sair.

— Vamos dar uma volta. A noite está bonita.

— Não costumo sair durante a semana. Amanhã tem aula.

— Ainda é cedo — Caíque consultou o relógio: — São seis e meia. Dá tempo de irmos ao cinema. Depois, tomamos um lanche e lhe dou carona.

— Já tirou a carteira de motorista?

Caíque riu.

— Claro. Esqueceu que eu já completei dezoito anos?

— Você é repetente. O mais velho da turma.

— Sou o mais velho e era repetente — enfatizou. — Desta vez eu me formo. Dirijo desde os catorze anos — disse, orgulhoso. — Meu pai me ensinou.

— Eu ainda não sei dirigir.

— Eu posso ensiná-lo.

— Você? — Erik riu. — De jeito algum. Você corre muito.

— Corro porque o meu carro é esportivo, e carros esportivos foram feitos para correr.

— Não em uma cidade grande e com o trânsito caótico feito a nossa.

Caíque riu matreiro.

— Aí você se engana. Dirigir feito um louco nesta cidade é que dá prazer. Costurar no trânsito é um grande barato. E então, vamos passear ou não?

— Promete não correr nem costurar no trânsito?

— Sim, senhor. Prometo.

Erik olhou para o céu e sorriu.

— É. Acho que vai ser bom. As aulas estão acabando e praticamente já passei de ano.

— Isso, vamos relaxar um pouco. Mais uns meses e vamos nos formar. Merecemos.

— Está certo.

Eles saíram do clube, entraram no carro e pegaram a avenida. No trajeto, controlando a força do pé para não pisar fundo no acelerador, Caíque perguntou:

— Vai prestar vestibular?

— Já me inscrevi. Vou prestar para medicina aqui e no interior. E você?

— Ainda não me decidi. Meu pai insiste que eu preste vestibular para direito, porque quer que eu vá trabalhar com ele.

— Legal.

— Legal nada, Erik. Eu não gosto de leis e tampouco de estudar. Acho que vou aprender a pilotar aviões. Eu já "voo" com um carro, imagine com uma aeronave nas mãos!

Os dois riram e continuaram a conversa. O trânsito estava carregado e as principais vias estavam engarrafadas. Em determinado momento, Erik perguntou, meio sem jeito:

— Você está saindo com a Paloma?

— De vez em quando. Ela é bonita, está sempre disponível. Mas até agora só trocamos beijinhos. Não fomos mais adiante por falta de oportunidade. E oportunidade sempre aparece.

— Gosta dela?

— Eu curto. Se dá mole para mim, eu traço. Aprendi com meu pai.

— Eu não tenho pai. E não gosto de conversar sobre meus sentimentos com minha mãe. É que lá na escola eu sempre vejo você de olho na Bruna.

Caíque disfarçou:

— Ela é uma gata. Mas não quero me apaixonar por mulher nenhuma. Quero aproveitar a vida.

Caíque gostava de Bruna, contudo, naturalmente inseguro nas questões afetivas, tinha medo e vergonha de se declarar. Como estava com os hormônios explodindo, saía com quem lhe dava trela. E Paloma era bem oferecida.

Ele trocou a marcha, mudou o tom e perguntou a Erik, desviando o assunto:

— Por que pergunta sobre Paloma?

— É que eu a acho liberal demais.

— Prefere as certinhas?

— É — respondeu Erik, pensando em Juliana —, prefiro as meninas comuns.

— Eu também me interesso pelos tipos comuns, que não despertam tanto a atenção. Tipo a Bruna.

— A Bruna? Eu sabia. Vive de olho nela.

— É. A Bruna é meio burrinha, mas é gostosinha. Faz muito o meu tipo.

— Tem a Eduarda.

— Eduarda não é um tipo comum — Caíque riu.

— Eduarda não me atrai.

— Ela é um mulherão!

— Eu sei, ela é um pedaço de mau caminho. Mas não faz meu tipo.

— Está gostando de alguma menina?

— Não.

Erik mentiu, naturalmente. Desde a noite da festa, quando vira Juliana saindo às pressas, amparada pela irmã e por Fernando, sentiu uma emoção diferente. Sem saber o porquê, teve ímpetos de aproximar-se, abraçá-la e protegê-la. Mas se segurou. Depois o tempo foi passando, Juliana foi se retraindo mais. Mal se viam.

Chegaram ao shopping e estacionaram. Caíque foi comprar os ingressos e Erik foi para a fila da pipoca. O rapaz da frente pagou e apanhou a bandeja. Ao virar-se, sorriu:

— Erik! Você aqui?

— Olá, Fernando. Tudo bem?

— Tudo. Veio para uma sessão?

— Eu e Caíque resolvemos dar uma esticadinha, quebrar e mudar a rotina da semana.

Os olhos de Fernando entristeceram.

— Caíque está com você?

— Está. Foi comprar os ingressos. E você, está sozinho?

— Não — Fernando apontou com a cabeça. — As meninas me esperam ali.

Erik acompanhou o gesto de Caíque e viu Paloma, Juliana e outra mulher.

— Bom, a gente se vê depois.

— Não quer dar um oi para elas? — sugeriu Fernando, um tanto contrariado, pensando na felicidade de Juliana em rever Erik.

— Pode ser.

Erik comprou um saco de pipocas, um copo de refrigerante e caminharam juntos até as meninas.

— Olha quem estava aí perdido — anunciou Fernando, num gracejo.

Juliana sentiu um friozinho no estômago. Erik aproximou-se e a beijou no rosto, timidamente.

— Tudo bem?

— Tudo.

— Bonito seu vestido.

Juliana corou e Paloma o cumprimentou:

— Como vai, Erik?

— Tudo bem.

— Esta é nossa tia Gina.

— Prazer — ele estendeu a mão.

Gina achou-o simpático, mas um tanto tímido.

— Você veio sozinho? — indagou Paloma.

— Não. O Caíque foi comprar os ingressos.

Fernando mordiscou os lábios, contrariado. Gina percebeu e acercou-se dele.

— Está tudo bem? — perguntou baixinho.

Fernando fez sim com a cabeça. Entregou um copo de refrigerante para cada uma e o saco de pipocas para Gina. Pretextou devolver a bandeja quando Caíque se aproximava.

Paloma deu uma risadinha.

— Vou sair com ele — segredou à irmã.

— Imagine! Tia Gina está de olho na gente — falou Juliana.

— Darei um jeito.

Ela cumprimentou Caíque, encostando propositadamente seus lábios nos dele.

— Estou de carro — ele sussurrou no ouvido dela.

Paloma riu com satisfação.

— Vamos dar uma saidinha depois?

— A gente pode fingir que vai ver o filme e saímos escondidos. Conheço um lugarzinho bem maneiro aqui perto.

— Está bem.

Fernando sentiu o sangue subir. Tinha vontade de dar um murro em Caíque e arrastar Paloma para bem longe dali. Mas teve outra reação. Pegou na mão de Gina e foram para a sala de projeção. Juliana e Erik iam atrás, conversando amenidades.

Paloma sorriu ao ver a irmã feliz. Entrou com Caíque e sentaram-se algumas poltronas mais no fundo. Assim que as luzes se apagaram, os dois saíram de fininho. Passaram pela bilheteria e Caíque perguntou:

— Quando acaba esta sessão?

— Deixe-me ver... são duas horas e meia de filme. Creio que acabe às oito e meia. Em ponto.

— Obrigado — Caíque consultou o relógio e disse, língua passando pelos lábios: — Temos pouco mais de duas horas para nos *conhecer* mais a fundo.

Paloma fez sim com a cabeça e em poucos minutos Caíque estacionava na garagem de um motel.

20.

Lena estava muito, mas muito feliz. Trabalhava em uma loja de roupas no bairro do Bom Retiro. O trabalho era pesado. Ela atendia uma horda de mulheres que vinham do país inteiro para comprar roupas boas e baratas. Mas a comissão que recebia compensava. E, graças a esta comissão, tivera condições de pagar as mensalidades do curso de arquitetura em uma faculdade de prestígio.

O curso era puxado e exigia muita dedicação. Lena não desanimava. Acordava ainda de madrugada, preparava o café, arrumava-se e conferia as matérias. Estudava durante uma hora e pegava dois ônibus até a Consolação. Saía da faculdade na hora do almoço, comia um lanche, descia até a Praça da República e tomava o metrô até a estação da Luz. Caminhava até a loja, nas imediações da José Paulino. E lá permanecia até oito da noite.

Voltava para casa sempre com um sorriso nos lábios.

— Não sei como pode chegar com essa alegria toda — dizia Magnólia, inconformada.

— Por quê?

— Porque você dorme pouco, estuda muito, trabalha demais. Leva uma vida muito dura, muito sofrida.

Lena deixou a bolsa e a sacola com os livros da faculdade sobre uma cômoda e sentou-se ao lado de Magnólia.

— Esta é a sua interpretação. Por acaso pareço uma pessoa sofrida?

— Não. Está sempre bem. Chega a ser irritante.

Gina entrou na sala e cumprimentou Lena.

— Como estão as coisas, querida?

Lena fechou os olhos e suspirou:

— Está indo tudo muito bem. O trabalho é cansativo, mas compensa. O dinheiro paga a faculdade e ainda sobra um troco para ajudar aqui nas despesas.

— O que não era necessário — considerou Gina.

— Como não? — protestou Magnólia. — Lena toma dois banhos por dia. Chuveiro elétrico puxa muita energia e...

Gina a cortou com amabilidade:

— Sim. Você tem toda razão — e, voltando-se para Lena: — Está gostando do curso?

— Estou a-do-ran-do!

— Você estuda em uma das faculdades mais tradicionais e de prestígio da capital. Este diploma vai lhe abrir muitas portas.

— Eu tenho certeza que sim. Afinal, quando fazemos o que gostamos, nossa alma se encanta, produz uma energia positiva ao nosso redor e tudo passa a dar certo.

— Trabalhar no Bom Retiro não deve encantar a alma — resmungou Magnólia, com azedume na voz.

— Hoje ela está de ovo virado — tornou Gina, de maneira divertida.

— O que aconteceu?

— Discutimos porque Magnólia recusa-se a ver o lado bom da vida.

— E por acaso a vida tem lado bom? — exasperou-se Magnólia.

— Sim. Tem vários. Muitos — concordou Lena. — A vida é mágica e trabalha sempre pelo nosso melhor. Quanto mais nos realizamos, mais a vida cria condições para que nossa felicidade neste mundo seja duradoura.

— Não acredito.

— Outro dia apanhei um livro sobre visualização — Lena sorriu — e os exercícios têm me ajudado bastante.

— Vai mentalizando um carro zero para mim. E também — apontou para o alto — visualiza aquela infiltração no teto desaparecendo.

— Magnólia, você insiste em ver a vida de maneira negativa — disse Lena, rindo da ironia. — Parece que não mudou nada desde quando nos conhecemos.

— E mudar para quê? Se a vida é tão dura e sacrificada, como enxergá-la pela lente do bem? Impossível.

— Você é abençoada — alegou Lena.

— Eu?! Imagine — Magnólia indignou-se. — Acha que eu pedi esta vida? Acha que eu quis nascer *assim*?

— Falando desse modo você me ofende — retorquiu Gina.

— Desculpe. Não quis ofendê-la. Mas se eu tivesse outro sentimento...

— Teria talvez uma vida pior — replicou Lena. — Você não se cansa de abraçar o negativo, o mal. Prende-se às ilusões do mundo e deixa de viver, alimentando em sua cabeça um sonho de vida que nunca vai ter. O "podia ser" é maléfico, cega nossa visão e não nos permite enxergar as bênçãos ao nosso redor.

— Não é verdade — protestou Magnólia. — A vida é perigosa. O que fazer?

— Rezar — Lena falou com convicção. — Porque, se continuar a enxergar a vida desta forma negativa, tenha certeza de que o negativo vai abraçar você.

Lena falava com modulação de voz alterada. Ela não percebia, mas estava sendo inspirada por Adelaide.

— Não sou de rezar. E não tenho uma vida abençoada. Perder os pais ainda criança e viver de favor, implorando por uma mísera mesada a um tio sovina é ser abençoada?

— Quem disse que você vivia de favor? Foi acolhida com carinho pelo seu tio Fabiano, teve educação, casa, comida e roupa lavada. Depois herdou tudo do seu tio. Tem uma vida de regalias e nunca teve de mover uma palha para ganhar um centavo.

— Isso é pouco para uma pessoa que nunca recebeu carinho e amor dos pais. Claro, se eu os tivesse... mas esse Deus que vocês tanto defendem e veneram não pensou em mim quando deixou meu pai capotar o carro e se esborrachar no asfalto.

— Não fale o que não sabe. Se entendesse um pouco mais sobre as leis que regem a vida, saberia, naturalmente, que Deus não pune, não castiga. Deus é amor. Só amor. E como somos feitos à imagem e semelhança Dele, temos a obrigação de nos amar incondicionalmente. Você precisa parar de se criticar. Aceite-se do jeito que veio ao mundo, faça as pazes consigo mesma e mude seu destino.

— Não tenho como mudar o que não sinto.

— Na vida, aprendemos por duas vias: do amor e da dor. Eu prefiro a do amor. Acho que você prefere sofrer. Uma pena.

— Lena, falando dessa forma, eu me preocupo — interveio Gina.

— As nossas atitudes são como tinta que escreve o livro do nosso destino. Magnólia já escolheu a caneta dela. Não vejo um final feliz.

— Não diga isso nem por brincadeira — Magnólia levantou-se atordoada. — Essa menina falava cada barbaridade para mim! Pensei que fossem alucinações da adolescência. Mas vejo que continua falando de maneira profética.

— A minha sensibilidade mudou muito da adolescência para cá — devolveu Lena. — Naturalmente, eu a eduquei ao longo dos anos e continuo estudando o mundo dos espíritos. Eles me afirmam que você precisa mudar seu jeito de ser. Antes que seja tarde.

Magnólia mordiscou os lábios e encarou Gina. Lena levantou-se.

— Preciso descansar. Amanhã terei um dia corrido. Boa noite e durmam com os anjos. Antes de ir para a edícula, preciso subir e pegar a régua T que deixei no quarto de Fernando.

Ela beijou as duas, apanhou a bolsa e a sacola. Subiu. Bateu levemente na porta e encontrou Fernando lendo um livro.

— Olá.

— Oi, Lena. Tudo bem?

— Tudo. Está lendo o quê?

— *Com o amor não se brinca*, da Mônica de Castro.

— Eu gosto dessa autora. Se não fosse a faculdade, estaria cercada de romances espiritualistas. Está gostando?

— Se estou? Não tem como não gostar. Não consigo parar de ler.

— Os romances me fazem um bem danado — ela se aproximou da escrivaninha, apanhou a régua e despediu-se do rapaz com um beijo: — Boa noite.

Antes de ele responder, porém, Lena o advertiu: — Procure logo Paloma e declare seu amor a ela. Se não o fizer agora, só terá nova chance daqui a dez anos. Pense nisso. Afinal, com o amor não se brinca. Jamais!

Ela o beijou na fronte e saiu. Fernando fechou o livro, sentou-se na cama, pensativo.

— Como vou me abrir? Ela está de caso com o Caíque. E agora?

Antes que a aflição o atormentasse, Adelaide apareceu no quarto e lhe deu um passe restaurador, eliminando as formas-pensamento que poderiam desestabilizá-lo. Beijou-o na testa e afastou-se.

Imediatamente Fernando começou a bocejar. Colocou o livro sobre o criado-mudo, deitou-se, apagou o abajur e adormeceu em seguida. Seu perispírito desprendeu-se do corpo e continuou dormindo alguns palmos acima.

Adelaide sorriu.

— Meu filho é lindo!

— Você se refere ao espírito que foi seu filho em outra vida — corrigiu Tarsila.

— Mas amor de mãe dura tanto tempo!

— É verdade. O amor maternal é capaz de atravessar os séculos. Você não tem com o que se preocupar.

— Será? Fernando é tão puro.

— Por isso mesmo. Ele é puro e logo vai despertar para os verdadeiros valores do espírito. Ainda é jovem e carrega as inseguranças naturais de um rapaz que acabou de sair da adolescência.

— Ele e Paloma nasceram para ficar juntos!

— Quando decidimos retornar ao planeta, ou seja, reencarnar, traçamos algumas metas e alguns objetivos. Existem possibilidades e probabilidades.

— É a mesma coisa.

— Não é, Adelaide. Existe a possibilidade de Paloma e Fernando ficarem juntos. É provável que fiquem juntos? Tudo depende das escolhas que cada um fizer. Aí entram as probabilidades!

— Eu gostaria muito que eles se acertassem desta vez. Fernando está triste. Não quero mais vê-lo nesse estado. Da última vez que tiveram a oportunidade de ficar juntos... — Adelaide parou de falar e uma lágrima escapou pelo canto do olho.

— Ele se deixou morrer por conta do amor não correspondido de Paloma — tornou Tarsila.

— Não precisa me lembrar — Adelaide soltou fundo suspiro. — Ele chegou ao astral completamente perturbado. Foram anos de tentativas de reequilíbrio.

— E duas encarnações bem difíceis na sequência — lembrou Tarsila. — Agora que o perispírito dele está novamente em equilíbrio, livre das energias deletérias daquela vida amargurada de outrora, poderá fazer melhores escolhas.

— Tenho medo de que ele venha a cometer algum desatino.

Tarsila sorriu.

— É possível? Sim. Mas é provável? Acredito que não. Lá no escaninho da alma, Fernando sabe que se matar não é a melhor saída. O espírito dele sabe, mesmo inconscientemente, que a vida não acaba com a morte do corpo físico. Não vê que ele tem se distraído com leituras edificantes? — Tarsila falou e apontou para o romance sobre o criado-mudo.

— É verdade. Fico feliz que ele se interesse pelos assuntos espirituais.

— O conhecimento espiritual nos dá equilíbrio, promove a lucidez e nos afasta da negatividade.

— Pena que o mesmo não ocorra com Magnólia — volveu Adelaide, triste.

— Magnólia também sofreu muito. São muitas vidas acreditando, erroneamente, que o mal é mais forte que o bem. Nada como uma encarnação atrás da outra, com uma carga grande de sofrimento, para que o espírito desperte e amadureça.

— Depois que Fernando se matou, o espírito dela ficou assim. Ela não tem culpa.

— Somos responsáveis por nossos atos, portanto, somos responsáveis pelos nossos pensamentos. Devemos vigiá-los. Não se esqueça da máxima que nos foi transmitida há mais de dois mil anos: "Vigiai e orai".

— Magnólia é fraca, pobrezinha.

— Magnólia é forte. Ela não quer reagir, não quer ir para a frente. A vida foi generosa e trouxe Fernando novamente para perto dela. Da mesma forma, antes trouxera Gina e Lena. Magnólia está cercada de pessoas muito boas, de espíritos de muita lucidez e generosidade, ligados efetivamente no bem. Isabel sempre foi amiga e irmã, sempre tentou transmitir para Magnólia valores positivos. Mas Magnólia não os aceitou. É possível que ela mude? Sim. É provável? Depende da intensidade do choque que a vida vai lhe dar.

— Tenho medo quando você fala dessa forma, Tarsila. Parece que Magnólia vai ser punida.

— Não — ela sorriu. — A vida não pune ninguém. A vida orienta, educa, ajuda a crescer e nos empurra para a felicidade, mesmo que aparentemente estejamos só enxergando o lado negativo. No momento que nossa mente se conecta com nossa essência, o mal se esvai e só há espaço para o bem. Porque o bem é real, e o mal é só uma grande ilusão.

— Amo Magnólia.

— Então trate de enviar a ela vibrações de amor. Muito amor. É de amor que Magnólia precisa, porque o que importa para a regeneração de um espírito é o amor. Mais nada.

— Por falar em amor, estou preocupada com Fabiano. Será que, depois de todos estes anos, estará apto a viver comigo em minha cidade astral?

— Depende do estado emocional. Ele tem frequentado os cursos da sua cidade astral?

— Sim. Tem progredido bastante.

— Vamos ter com ele. Agora deixemos este lar abençoado. Fernando precisa descansar.

Tarsila falou e, em instantes, ela e Adelaide desvaneceram no ar, deixando um rastro de luminosidade que atingiu beneficamente todos os cômodos e todos os moradores daquela casa.

21.

Conforme o combinado, Eduarda e Bruna fingiram uma briga feia durante o intervalo de aulas.

— Cadela sem-vergonha! — vociferou Eduarda, enquanto empurrava Bruna. — Suma da minha frente.

Bruna assentiu, abaixou a cabeça para não mostrar o riso iminente e saiu em direção ao banheiro. Juliana estava dentro da sala de aula, passando uma matéria a limpo no caderno, quando escutou as vozes alteradas e o bulício lá fora.

Levantou-se e saiu. Ela ouviu os gritos de Eduarda e viu Bruna passar por ela feito um furacão, direto para o banheiro. Condoída, Juliana a seguiu.

Bruna havia se trancado na cabine. Sentara sobre o vaso sanitário e resmungava:

— Odeio as meninas lindas e certinhas.

Juliana bateu na porta:

— Bruna, tudo bem?

— Não! — ela dramatizou o grito e choramingou. — Como posso estar bem? Eu fui humilhada. Eduarda é uma pessoa que não tem sentimentos. Por ninguém — e fingiu desatar a chorar.

Juliana insistiu na batida e girou a maçaneta. A porta estava, propositalmente, destrancada. Aproximou-se, e Bruna continuou de cabeça baixa.

— Vocês tiveram uma briga feia. Nunca pensei que você e Eduarda fossem desentender-se um dia. Sempre foram ótimas amigas.

— Para você ver como nada é eterno. Eu também jurava que Eduarda seria minha amiga para sempre. Mas ela me traiu, tripudiou sobre meus sentimentos.

— Brigaram por conta de quê?

Bruna tentou se lembrar do combinado.

— Ela... ela disse que estou engordando e vou virar uma baleia como... — ela parou de falar.

Juliana completou:

— Como eu, né? Foi isso que ela falou.

— Não quero conversar sobre isso, Juliana. Faz-me tremendo mal ver as pessoas sendo achincalhadas por Eduarda. Ela pensa que é a menina mais encantadora do mundo. Fez troça de mim. Agora percebo o quanto ela tem sido injusta com você.

— Comigo?

— É. Eduarda não gosta de pessoas diferentes. Ou a pessoa é linda e magra, ou não é amiga dela. Isso é desumano.

Juliana passou a mão sobre o ombro de Bruna.

— Não fique assim. Logo passa e vocês voltarão a ser amigas.

— Nunca! Não quero mais ser amiga daquela falsa. Você me ajuda?

Juliana foi pega de surpresa.

— Ajudar? Como?

— A não me aproximar mais daquela boba. O ano está acabando e não gostaria mais de olhar para a cara da Eduarda. Posso me sentar perto de você na sala de aula?

— Eu sento na frente. Você faz parte da turma do fundão.

— Não tem problema. Preciso passar de ano mesmo. E você é inteligente, poderá me ajudar nas matérias difíceis. Para mim, você é a menina mais inteligente da classe, Juliana. Verdade.

Juliana sentiu bem-estar. Ser elogiada lhe fazia enorme bem. Ainda mais em uma escola onde só Paloma e Fernando lhe dirigiam palavras gentis. Mas Paloma era irmã, Fernando era um quase-irmão e, tirando os dois, não sobrava ninguém. Ah, tinha o pipoqueiro na frente da escola que a cumprimentava, mais ninguém.

Aquela súbita valorização vinda de uma menina que até horas atrás não lhe dirigia a palavra fez a autoestima de Juliana aflorar. Ela apanhou a mão de Bruna:

— Venha. Vamos sair daqui. Precisa se recompor.

— Para quê?

— Para mostrar a Eduarda que você não se deixa derrotar tão facilmente.

— Obrigada.

Bruna levantou-se e foram até a pia. Enquanto jogava água sobre o rosto, Paloma entrou no banheiro.

— Fiquei sabendo da confusão.

— Bruna está desolada — refletiu Juliana. — Eduarda lhe disse poucas e boas.

— Está melhor? — Paloma perguntou a Bruna.

— Um pouco.

Paloma era mais astuta e ainda não engolira aquela briga. Achava bastante improvável duas amigas inseparáveis pegarem-se a tapa quase no fim do ano letivo. Sondou, com olhos de esguelha:

— Logo os ânimos se acalmam e vocês voltarão a se falar.

— Jamais! Eu não quero mais olhar no rosto daquela sirigaita. Eduarda pensa que é a dona do mundo. A intocável. Mas não é. Ela não vai mais ter o privilégio de ter a minha amizade. E, além do mais, ela é fútil.

— Disso sabemos faz tempo — riu Paloma.

— É verdade — considerou Juliana. — Eduarda é bem superficial.

Bruna começou a contar sobre Eduarda querer viver no Cairo, sobre afirmar que a cidade ficava na Europa e não na África, e inventou algumas outras situações para ganhar a confiança das meninas.

Saíram do banheiro e foram para a cantina. A hora do recreio estava chegando ao fim e Juliana queria comer um salgadinho. Ao longe, Eduarda, sem ser vista por elas, ria satisfeita.

— Agora é só uma questão de tempo!

Na colônia astral, Adelaide seguia sua rotina. Morava em uma espécie de condomínio, com casas térreas pequenas, porém confortáveis. Todas as casas tinham jardim na frente. Elas formavam um círculo e no meio deste havia uma pracinha com bancos e uma fonte. O ambiente florido e perfumado exalava harmonia e convidava à meditação.

Os moradores reuniam-se duas vezes ao dia, de manhã e no fim da tarde, para fazer prece aos amigos ou parentes encarnados.

Adelaide descansava algumas horas. Acordava, fazia parte do grupo de orações e trabalhava como voluntária em um pronto-socorro bem próximo à Terra. Recebia os recém-desencarnados e os preparava emocionalmente para a nova realidade. No fim da tarde, reunia-se novamente com o grupo de orações e, à noite, fazia cursos, participava de palestras, sempre para melhorar seu emocional e manter-se em equilíbrio.

Uma vez por mês, ela ganhava um dia de descanso. Podia visitar parentes na Terra ou amigos que habitavam colônias próximo à sua. Era uma vida bem dinâmica, porém tranquila.

Em um desses dias de descanso, depois de visitar Magnólia e Fernando, ela resolveu ir ter com Fabiano.

Fazia anos que Fabiano desencarnara; no entanto, ainda continuava em tratamento em um pronto-socorro não muito distante de onde Adelaide morava.

Sempre orientada por Tarsila, uma espécie de mentora, Adelaide contava nos dedos os dias que faltavam para Fabiano receber alta e ter a permissão para morar com ela.

— Depende ainda do estado emocional dele — considerou Tarsila. — Você mora em um local com muita tranquilidade, onde as pessoas falam baixinho, estão sempre sorridentes, de bem com a vida, que praticamente se comunicam pelo pensamento. Você bem sabe que só permanece na sua cidade quem tem domínio total dos pensamentos.

— Fabiano está há mais de dez anos estudando.

— Estudar é uma coisa. Praticar é outra — tornou Tarsila.

— Mas eu levei bem menos tempo para me readaptar à vida no astral.

— Cada um é um. Você, quando estava encarnada, estudara sobre o mundo espiritual. Foi mais fácil para você se desligar dos padrões do mundo e manter-se aqui. Fabiano ainda carrega o *se* dentro de si. Se tivesse escolhido diferente, se tivesse ido atrás de você, se... *Se* é algo que atrapalha a mente e desorganiza a mente do espírito. O arrependimento é bom para entender que determinadas escolhas não surtiram bons efeitos. Daí mudamos crenças, renovamos atitudes e procuramos ter uma vida melhor e acertar mais em nossas escolhas. Todavia, ficar preso naquilo que "poderia ser" só atormenta. Não ajuda em nada.

— Hoje é meu dia de folga e já visitei Magnólia e Fernando. Sinto que Fabiano precisa de mim.

— Precisa mesmo — concordou Tarsila. — Está na hora de você ter uma conversa franca com ele.

— Contar tudo?

— Sim. A verdade pode desestabilizar em um primeiro momento, mas é sempre benéfica. Depois do susto, a verdade é capaz de ajudar a restabelecer o elo entre mente e espírito, arrancar o ser da ilusão e torná-lo mais forte e lúcido.

— Tenho medo de ele fraquejar e voltar à estaca zero.

Tarsila deu de ombros.

— Qual é o problema? Temos a eternidade pela frente. E não se esqueça de que tudo ocorre no tempo certo, na hora certa.

— É verdade.

Adelaide suspirou fundo. Caminhou até a pracinha, sentou-se ao lado dos amigos que já estavam em meditação. Fechou os olhos, pensou em Fernando, Magnólia, Gina, Lena, Custódia, Isabel e sua família. Enviou eflúvios de paz e harmonia a todos. Em seguida fixou na mente a imagem de Fabiano e fez sentida prece.

Abriu os olhos e Tarsila não estava mais lá. Adelaide saiu e foi até o posto onde Fabiano estava. Era um prédio não muito alto, todo envidraçado, circundado por árvores e grades de ferro bem reforçadas. Ela se aproximou de um grande portão e olhou para um ponto colorido. O portão abriu-se, ela entrou. Andou um pouco. Entrou e parou na recepção. Deu o nome de Fabiano. Cumprimentou as enfermeiras e foi-lhe designado o andar.

— Ele está em nova ala — informou uma das atendentes. — A previsão de alta é para daqui a um mês.

Adelaide sorriu e foi até o local onde Fabiano estava. Era um quarto simples, com uma cama, uma mesa lateral com um jarro de água e um copo; havia uma cadeira ao lado da cama. Mais nada. Tudo bem claro, bem simples e arejado. As grandes janelas permitiam que o sol iluminasse bem o ambiente e os pacientes recebessem as energias salutares dos raios dourados. Ela bateu na porta e entrou.

Fabiano estava deitado e, ao ouvir a batida, soergueu o corpo. Ajeitou-se nos travesseiros. Seu aspecto era um pouco mais jovial, mas Fabiano ainda mantinha o semblante tal qual à época em que desencarnara.

Ao ver Adelaide, seus olhos brilharam e os lábios esticaram num grande sorriso.

— Você? Estava morrendo de saudades.

— Como vai, querido?

Adelaide aproximou-se e o beijou nos lábios.

— Agora estou mil vezes melhor. Não vejo a hora de sair daqui e ir viver ao seu lado, para sempre.

— Para sempre é tempo demais da conta — ela fez um gracejo, enquanto sentava-se na cadeira ao lado da cama. Apanhou um copo com água e o serviu.

— Você está linda.

— Obrigada.

— O que faz para estar sempre assim, jovem, bonita e radiante?

Adelaide sorriu.

— Tudo aqui ocorre de acordo com o teor dos nossos pensamentos e consequente irradiação de energias advindas deles. Bons pensamentos geram boa aparência e equilíbrio. Não precisamos de cremes para rejuvenescer. Basta bons pensamentos sobre si mesmo.

— Estou maravilhado com tanta novidade.

— Nem é tanta novidade assim. Na verdade, este aqui é o nosso verdadeiro mundo. A Terra é um local de aprendizado, de passagem.

— As minhas lembranças sobre estar neste lado são bagunçadas. E faz tempo que estou aqui. Pensei que fosse tudo tão mais rápido.

— Aqui o que conta é o grau de amadurecimento do espírito e não o tempo em si. Você carregava muita matéria astral tóxica. Seus pensamentos não eram saudáveis.

— Deixei-me levar pelo orgulho e pelas normas estabelecidas pela sociedade do mundo terreno. Perdi muito tempo.

— Não perdeu. Nada se perde, meu querido. Tudo é motivo para despertar a lucidez em nosso espírito.

— Mas se eu tivesse agido diferente...

— Se, se, se... De que adianta martirizar-se com o *se*, com a possibilidade do que não aconteceu? Esse tipo de preocupação só atrapalha o nosso desenvolvimento. O que vale é reconhecer que poderia ter feito de outra forma e, quando novamente deparar-se com situação semelhante, agir de outra maneira.

— Simples assim?

— Simples assim.

— Mas poderíamos ter uma vida diferente. Eu e você poderíamos ter nos casado. Mas fui fraco e não corri atrás do meu sonho. Eu a perdi para meu irmão. O que fazer?

— Você não me perdeu para seu irmão. Estava tudo certo.

— Poderíamos constituir família. Sempre pensei, quando olhava para Magnólia, que ela poderia ter sido nossa filha.

— E ela foi.

— Eu sei, mas... — Fabiano engoliu seco. Demorou um pouco para concatenar os pensamentos. Adelaide manteve postura serena, os olhos sem desviar dos dele.

— Papai me obrigou a casar-me com seu irmão. Era o acordo entre as famílias.

— Sim e...

— E lembra-se que nos encontramos na casa de campo para nossa despedida? Não se lembra de que tivemos uma noite de amor?

— Sim. Como esquecer? Foi a melhor noite que tive na vida! — Fabiano suspirou emocionado. — Aquela noite embalou os meus mais doces sonhos por décadas.

— Lá concebemos Magnólia. Depois de dez dias eu me casei com seu irmão.

— Como pode assegurar que Magnólia seja minha filha?

— Porque seu irmão, por conta das viagens a trabalho, só se deitou comigo, de fato, depois de dois meses de casados. Magnólia nasceu de nove meses, mas o médico, amigo meu à época, afirmou que a menina nascera prematura. Como Magnólia era miudinha e pequenina, todos acreditaram. Mas eu posso jurar que Magnólia é nossa filha.

Os olhos de Fabiano brilharam emocionados.

— Por isso senti uma vontade muito forte de ficar com ela. Por isso Begônia não sentia tanto carinho por mim, por isso...

Adelaide pousou delicadamente o dedo sobre os lábios dele.

— Por isso estamos aqui. Eu precisava contar-lhe este detalhe.

— Por que não me contou enquanto estávamos encarnados?

— Porque acreditei que, quando as meninas estivessem maiorzinhas, teria condições e estrutura emocional para me separar de Fausto. Eu estava decidida. Depois iria procurar você e contar-lhe a verdade. Fausto viajava bastante, era funcionário do governo. Vivia na ponte aérea, contudo, quando houve a mudança da capital federal, passou a ficar cada vez mais isolado em Brasília. As meninas cresciam e um dia ele quis levá-las para conhecer a nova capital. Foi quando aconteceu o acidente e desencarnamos.

Fabiano deixou uma lágrima escapar pelo canto do olho.

— Uma pena. Todavia — disse com voz segura — também cansei de lamentar-me. Quero rejuvenescer e viver ao seu lado, não importa se dez dias ou dez anos. Tenho aprendido a valorizar o momento, o presente, o agora, e quero que meu espírito adquira as feições jovens para ficar bonito ao seu lado.

Adelaide sorriu, levantou-se e o beijou demoradamente nos lábios. Depois, segurando suas mãos, acrescentou:

— Acredite: a verdadeira juventude consiste em deixar o amor fluir em seu peito, cultivar as coisas boas do momento presente, aceitar a vida como ela é e tirar proveito de todo bem que já possui. Não deixe que pensamentos pessimistas destruam sua paz. A felicidade é uma conquista árdua, que requer muito trabalho, mas possível; obtê-la depende apenas de você.

22.

As semanas corriam rápidas. O ano letivo estava praticamente no fim e a amizade de Juliana e Bruna crescera sobremaneira. As duas não se desgrudavam e, no início, conforme planejado, Bruna fazia tudo que Eduarda mandava. Anotava as confidências, filmava Juliana fazendo graça, trocando-se, tomando banho. Fazia questão de filmar as partes salientes do corpo da menina. À noite, ligava para Eduarda e passava a agenda de traquinagens do dia a limpo.

Eduarda gargalhava de prazer. Antegozava a noite do baile de formatura, data que escolhera para destruir o pouco de autoestima que Juliana construíra, de uma vez por todas.

— Agora preciso desligar porque mamãe chegou e vamos fazer compras no shopping. Tchau — Eduarda desligou e deu um saltinho.

— O que a faz tão feliz? Ainda não compramos nada — observou Glória.

— Mamãe, você não tem ideia do que vou aprontar com aquela gorda.

— Ainda pensando nela? Achei que estivesse em outra...

— Não. Não estou pensando na gorda da Juliana. Aliás, quero que ela se dane. Só quero dar a ela um presentinho de despedida. Afinal, não vamos mais nos ver depois do baile. Eu vou cursar moda e ela provavelmente vai fazer um curso nos Vigilantes do Peso.

Glória riu à beça.

— Vai estourar a balança! Conheço esses tipos. Essa menina nasceu gorda e vai morrer gorda. Não tem nada que mude esse triste fim. Paciência. Uns nasceram para ser gordos e feios. Outros nasceram para ser magros e lindos. Como eu, querida.

— É, mamãe. E como eu...

Eduarda queria dizer à mãe que também era linda e magra, mas Glória só pensava em si e mal tinha olhos para a filha. Ela tentou encobrir a tristeza. Levantou-se e Glória considerou:

— Não tem sentido falta da Bruna? Estavam sempre juntas.

Eduarda fez um muxoxo.

— Não sei. Acho que Bruna não é do meu nível. Eu preciso sair deste mundinho de adolescentes classe média que se conhecem desde a infância. Preciso de novos amigos, circular na alta sociedade. Preciso frequentar mais o clube, aproximar-me do Erik.

— Esqueça o Erik.

— Por quê? Foi você quem quis que eu me atirasse sobre ele. Por que mudou?

— Porque ouvi que a tal herança não é tão grande assim.

— Mesmo assim é herança, né, mãe?

— E parece que há impedimentos legais. Eu já me informei a respeito.

— Como o quê?

— Erik só vai poder botar a mão na grana depois que completar vinte e cinco anos. Vocês mal completaram dezoito.

— Sete anos é muito tempo para esperar por algo que nem sabemos ao certo quanto é.

— Sim.

— Melhor eu deixar esse garoto de lado e pensar em outro partido.

— Também acho. Em todo caso, tenho uma drenagem marcada no domingo. Tenho certeza de que vou encontrar a Teresa no clube. Farei uma última sondagem. Só para colocarmos os pingos, definitivamente, nos is.

— Bom, eu já convidei o Erik para ficar com a gente na mesa do baile, conforme sua orientação.

— Espere até domingo — Glória fechou os olhos e suspirou. — Já estou pensando em me aproximar da família Mendes Sá. O filho deles tem sua idade.

— Murilinho é gay.

Glória mordiscou o lábio. Lembrou-se do marido. Mexeu a cabeça para espantar os pensamentos. Eduarda perguntou:

— Se eu falar com papai?

— Como assim?

— Ele mora na Europa, deve conhecer gente de nível.

— Não acho aconselhável — Glória sentiu aperto no peito. — Não quero que fale com seu pai. Ele não merece sua atenção.

— Ora, por quê?

— Porque não! — a voz de Glória saíra esganiçada.

— Ah, mãe...

Glória a cortou e consultou o relógio.

— Vamos logo. Senão não dará tempo de ir a todas as lojas que quero. Já é tarde.

Eduarda deu de ombros, ajeitou os cabelos, apanhou a bolsa sobre a cômoda e saíram.

Glória deu graças a Deus de a filha esquecer, por ora, de entrar em contato com o pai. Ela sabia que Otaviano andava metido com gente barra-pesada na Europa. Ela sabia e acompanhava todos os passos do marido. Reconhecia não ser boa mãe. No entanto, havia nela um mínimo de instinto maternal. Era um fiozinho, suficiente para proteger instintivamente a filha. Sabia que o contato de Eduarda com o pai poderia trazer à garota muitos dissabores.

Fazia algum tempo que Otaviano associara-se a Javier, um dos maiores traficantes de armas da Espanha. Por mais doidivanas que Glória fosse, ela não queria Eduarda metida com esse tipo de gente.

— Ou Eduarda se acerta com esse escandinavo, ou lutarei para lhe encontrar um excelente partido. Dessa forma, ela não vai mais precisar ser mantida por dinheiro vindo do tráfico de armas. E eu me livro dela. Quem sabe não reencontro Antônio? Ora, por que estou pensando nele agora? Faz tantos anos — suspirou triste, lembrando-se do amor de juventude.

Bruna desligou o telefone e sentiu a frieza de Eduarda. No começo da brincadeira, elas se falavam várias vezes ao dia. Agora era ela que ligava para Eduarda e a colocava a par dos acontecimentos.

Da mesma maneira que sentia o afastamento daquela que julgara ser sua melhor amiga, Bruna começou a nutrir sentimentos verdadeiros de amizade por Juliana, por Paloma e pelos pais delas.

No início ela fingia ser amiga e contava as horas para se ver livre da gordinha. Depois de algumas semanas, porém, passou a gostar sinceramente de Juliana. Todavia, Bruna lutava contra o sentimento.

— Não posso me deixar levar por sentimentalismo. A minha amiga de fato é Eduarda.

— Será? — Bruna escutava uma voz amiga que parecia vir de dentro de sua mente. Era seu mentor espiritual que conversava com ela por meio do pensamento.

Ao que Bruna respondia:

— Eduarda é que é amiga. Juliana não passa de uma brincadeira, é passatempo.

— Não será o contrário? Juliana gosta de você. Paloma também. E a família delas também.

— Não sei — Bruna falava alto, como se estivesse conversando consigo mesma. — Depois que o ano escolar acabar, nunca mais vou ver Juliana.

— Quem disse? Por que não consulta seu coração? Você gosta mesmo da Eduarda? Acha que ela também gosta de você? Será que a amizade de Juliana não parece verdadeira e com chances de florescer e durar bastante? Nunca pensou que a aproximação de vocês não passa de um reencontro?

Bruna mordiscou os lábios dentre os pensamentos que a faziam refletir sobre os verdadeiros valores da amizade. Por um lado, Juliana era uma menina com aparência condenada por uma parcela da sociedade; por outro, era um doce de criatura, era animada, divertida, inteligente e bonita.

Eduarda também era bonita, mas não tinha carisma e vivia deslumbrada com o mundo dos ricos e famosos. Para agradar a mãe, era capaz de tudo. Mal dava trela para Bruna. Nunca a escutara, nunca quisera saber de seus problemas pessoais. Juliana, por sua vez, escutava Bruna, dava-lhe conselhos de como lidar com as constantes brigas que ela travava com os pais e com o irmão mais velho.

— Juliana é legal — disse para si, enquanto desligava a câmera de vídeo.

Ela guardou o equipamento em uma caixa no fundo do armário. Sentou-se e ligou para a casa de Eduarda novamente. Uma das empregadas atendeu e informou que mãe e filha ainda não tinham voltado do shopping.

Bruna sabia qual era o shopping que Eduarda frequentava e decidiu fazer-lhe uma surpresa. Arrumou-se, penteou os cabelos e tomou a condução. Em meia hora saltou do ônibus na Avenida Faria Lima, a uma quadra do shopping.

Ao entrar, deparou-se com Caíque. Ela o cumprimentou e ele sorriu.

— O que está fazendo aqui?

— Nada — mentiu. — Vim comprar presente para a mãe da Juliana. É aniversário da dona Isabel no sábado.

— Fiquei feliz que tenha trocado a Eduarda pela Juliana. A Juliana é amiga de verdade.

— Como pode afirmar? Mal a conhece.

— Você bem sabe que tenho saído de vez em quando com a Paloma. Tive o prazer de estar com ela e com a irmã algumas vezes. Gosto delas.

— Eu também — Bruna estava sendo sincera. — E o namoro de vocês? Engata?

Caíque fez um gesto vago com a mão.

— Não. Eu só estou curtindo bons momentos com a Paloma. Depois que a gente se formar, cada um vai seguir seu caminho.

— Cuidado para não magoá-la.

— Paloma é diferente das outras meninas. Foi ela quem me propôs ficarmos juntos até o fim do ano letivo. E você?

— Eu o quê?

— Não está a fim de ninguém?

— Não.

Caíque sentiu uma ponta de decepção.

— Puxa! Não tem nenhum carinha que te interesse na escola?

— Não — Bruna falava com uma sinceridade desconcertante.

— Bom — ele ficou encabulado —, preciso ir. A gente se vê na escola.

Ele a beijou no rosto e sentiu um frêmito de emoção. Quando seus lábios roçaram o rosto de Bruna, Caíque sentiu um calor pelo corpo.

Bruna não percebeu. Despediu-se dele e foi até a loja em que, supostamente, Eduarda deveria estar com a mãe. Dito e feito. Encontrou as duas entre peças e peças de roupas, deixando as vendedoras de cabelos em pé.

— Oi.

Eduarda a viu e fez uma careta.

— O que faz aqui? — indagou com azedume.

— Vim te ver. Matar saudades.

— Como me descobriu?

— Liguei para sua casa e a empregada me disse, então eu deduzi...

Eduarda a cortou com secura.

— Deduziu e aqui está. Aconteceu alguma coisa extraordinária na vida da orca?

— Não, é que...

Eduarda a cortou de novo, dirigindo-se de maneira ríspida a uma vendedora:

— Esse não, queridinha. O tom é muito vermelho. Já disse que não gosto de vermelho.

A vendedora forçava o sorriso. Queria ganhar a comissão, mas olhava para o relógio e não via a hora de ir embora para casa, descansar.

— Foi sua mãe quem pediu para pegar o vermelho. Vai ser o must da estação.

— Hello-o! Não preciso que uma vendedora de loja me dite as tendências. Eu leio as principais revistas de moda do país e do mundo, meu bem. Eu sei quais são as cores da próxima estação. Vá até o estoque e pegue o vestido azul. Turquesa. Rapidinho, vai.

A vendedora mordeu os lábios de raiva.

— Sim, senhora. Vou buscar o azul.

— Turquesa — Eduarda reforçou.

— Sim.

Bruna sorriu.

— Está experimentando vestidos para o baile de formatura?

— Imagine! Comprar meu vestido aqui? Não.

— Mas esta loja é cara. Sofisticada.

— Hello-o! Aqui é para roupa do dia a dia.

— Já pensou no vestido do baile?

— Claro. Mandei fazer naquele ateliê da Oscar Freire.

— Não tenho dinheiro para tanto.

— Se quiser eu lhe empresto um vestido meu.

— Adoraria e...

Eduarda deu um gritinho.

— Eu disse azul — ela soletrou: — tur-que-sa. Entendeu? Ou quer que eu desenhe? Ou melhor, quer que eu pinte a cor? Você trouxe um azul royal.

— Este é turquesa.

— Então você é daltônica, fofa. Peça à sua chefe para trazer o turquesa. Logo. Não vou dormir na loja. Corre.

A menina saiu atarantada e Bruna arriscou:

— Tenho tanta saudade dos nossos papos. Será que podemos lanchar juntas depois que terminar suas compras?

— Não vai dar tempo. Eu e mamãe vamos ao cinema. A gente marca outro dia, pode ser?

— Outro dia?

— É. Eu não marquei de encontrar você aqui. Portanto, não tenho obrigação nenhuma de sair com você. Dá licença, Bruna. E não se esqueça de continuar filmando a gorda, tá?

Eduarda falou e entrou no provador. Discutiu novamente com a vendedora e Bruna sentiu-se um peixe fora d'água. Estava passada com a frieza. Seus olhos até marejaram.

— Será que ela sempre fingiu ser minha amiga?

Ela fez a pergunta e saiu do shopping com o semblante triste, carregado. Não percebeu que próximo ao ponto de ônibus estava Caíque, sentado dentro do carro e fazendo hora, na esperança de vê-la novamente.

Ao avistar Bruna, o coração do rapaz pulsou contente. Ele piscou os faróis do carro. Bruna não o viu. Ele desceu o vidro e a chamou.

— Melhor eu pegar um ônibus, Caíque.

— Por quê? O que aconteceu?

— Nada, não.

— Faço questão de levá-la para casa, nem que eu fique quietinho, só dirigindo.

— Só se me prometer não correr.

— Juro — ele cruzou os indicadores e os beijou.

— Está bem.

Bruna deu a volta, abriu a porta e entrou. Caíque deu partida e foram em silêncio. Ela, pensando na grosseria de Eduarda e no verdadeiro sentido de uma amizade. Caíque, pensando nos encontros fortuitos com Paloma e no verdadeiro sentido de uma relação afetiva entre um homem e uma mulher.

23.

Geralmente, aos domingos, Lena almoçava na casa de Isabel e Paulo, e passava o resto da tarde na companhia das meninas. Tinha afeição especial por Paloma.

Em um desses domingos, enquanto tirava a mesa, Isabel observou:

— Você tem carinho especial por Paloma. Eu já notei.

— É. Como se fosse minha filha.

— Ou uma irmã.

— Não, Isabel. Nutro por Paloma um sentimento maternal. Eu gosto muito de Juliana, mas o sentimento por Paloma é diferente. Há uma sintonia fina entre nós duas. E, de mais a mais, eu também sinto necessidade de protegê-la.

— Paloma sabe se virar muito bem — considerou Isabel. — É uma menina avançada, liberal, muito dona de si.

— Nem tanto. É insegura em relação ao que vai em seu coração. Por isso mete os pés pelas mãos. Até o dia que der o braço a torcer e perder o medo de amar.

— Medo?

Lena não respondeu e prosseguiu:

— Juliana tem lá seus problemas com baixa autoestima, mas, no fundo, é forte. Assim que a maioridade chegar, ela vai deslanchar na vida, e você e Paulo vão se orgulhar muito dela.

— Eu já me orgulho. Ela tem travado uma luta com a balança desde que nasceu. Às vezes gostaria de colocá-la sob minhas asas e protegê-la para sempre. Mas sei que a vida não funciona desta forma.

— Não funciona mesmo. Mas insisto em dizer: não se preocupe com Juliana. Ela é mais ajuizada que Paloma.

— Acha mesmo? — Isabel falava enquanto começava a lavar a louça.

Paulo apareceu na soleira.

— Querem ajuda?

— Não, meu querido — Isabel falou e beijou-o nos lábios. — Eu e Lena estamos aqui numa boa conversa. Vá descansar um pouco. Aproveite para um cochilo.

Ele assentiu e saiu. Juliana apareceu em seguida e pediu a sobremesa.

— Daqui a pouco — disse Isabel.

— Faz uma hora que você diz daqui a pouco. Estou cansada de esperar. Estou com vontade de comer logo esse pudim de leite.

— Tenha calma — interveio Lena. — Logo que terminarmos a louça, serviremos o doce. Já vou passar o café.

— Quero só o doce. Dispenso o café.

Lena aproximou-se e falou firme:

— Precisa deixar de se sentir vítima das situações do dia a dia. Você pode estar em um corpo adolescente, mas seu espírito tem muita idade e tem bastante lucidez. Aprenda a lidar com seus impulsos e sua ansiedade. Ainda terá muita coisa boa para viver.

— Por que está falando assim comigo?

— Porque você se deixa levar pela emoção do momento. Não para, não se interessa em refletir e sentir. Será que está mesmo com vontade de comer o pudim? Agora? Não seria mais prazeroso aguardar para logo mais, quando poderemos sentar todas juntas?

— Não tenho o que fazer. Passei por todos os canais da tevê. Não tem nada que preste. Não gosto de programa de calouros.

— Vá ler — replicou Isabel. — Você sempre gostou de ler.

— Ou vá escrever uma carta — observou Lena.

— Uma carta? O que é? Estamos no século 19? — Juliana riu.

— Você pode escrever a carta a caneta ou por meio do computador.

— E vou escrever o quê?

— Coloque nela tudo o que sente pelo neto do estrangeiro.

— Neto do estrangeiro? — Juliana não entendeu.

— Estou falando de Erik, o moço da escola.

Juliana sentiu as faces arderem. O rubor apareceu imediatamente.

— Não sei do que está falando — desconversou.

— Do rapaz por quem nutre sentimentos genuínos de amor.

— Ora, Lena. De onde tirou essa ideia...

Lena a cortou com amabilidade.

— Você gosta desse rapaz. Ele também gosta de você. Escreva uma carta e declare-se.

— Ora...

— Ora, nada. Aproveite. Vocês ainda terão uma bela vida juntos, obviamente, se você der o primeiro passo. Vá e escreva.

Juliana respirou fundo e girou nos calcanhares. Subiu até o quarto e ligou o computador. Paloma se preparava para sair.

— O que vai fazer? — perguntou Paloma, enquanto terminava de secar os cabelos.

— Escrever uma carta.

— Para quem?

— Lena sugeriu que eu colocasse tudo o que sinto por Erik em uma carta.

— Ótima ideia.

— Mas ele deveria vir até mim.

— Ele não veio. Pode ser que seja reservado.

— Ou não goste de mim. Afinal, tudo pode ser fantasia da minha cabeça.

— Não é, Juliana. Imagine. Erik gosta de você.

— Será?

— Por que alimentar a dúvida? Melhor escrever e entregar a carta a ele. Semana que vem será nosso baile de formatura. Depois sabe lá deus quando você terá nova oportunidade de reencontrá-lo.

— Sinto medo.

— Medo de quê? De ser rejeitada?

— Hum, hum.

Paloma desligou o secador. Sentou-se na beirada da cama, próximo de Juliana. Tomou-lhe as mãos.

— Irmã querida, por que alimenta tanto esse sentimento de rejeição? Você é bonita, inteligente e tem ótimo senso de humor. Por que se deixa levar pelas convenções do mundo?

— Não sei. Fico com medo de ouvir um não.

— Na sua cabeça esse não já existe. Você já sabe qual é a sensação. Por que não arrisca escutar um sim? Deixe de ser boba e vá atrás da sua felicidade. Não é você quem diz que Erik é o homem da sua vida?

— Sim.

— Pois então. Vá atrás dele.

— Você e Lena têm razão. E também conseguem me ajudar a restaurar a paz. Não sei o que seria de mim sem vocês.

— Amamos você.

Paloma a beijou na fronte. Levantou-se.

— Vai sair com o Caíque?

— Não. Conheci um amigo dele que está no segundo ano de engenharia. Acredita? Tem vinte anos!

— Olha lá o que vai fazer.

— Deixe comigo, maninha. Sei me virar.

Despediram-se e, enquanto Juliana se concentrava para transformar em palavras o que sentia por Erik, Paloma desceu. Passou pela sala, beijou o pai e foi até a cozinha.

— Oi, meninas!

— Filha, você vai sair?

— Sim. Marquei de ir ao cinema. Até as oito estou de volta.

Ela beijou Isabel e abraçou Lena.

— Pena que você só possa vir aqui aos domingos. Por mim, veria você todos os dias.

— Eu sei — Lena a beijou na bochecha. — Mas estou quase acabando meu curso. Logo a gente vai poder se ver mais.

— Qual nada. Você vai se formar e vai embora para a Espanha.

— Você pode me visitar!

— É verdade. Será o máximo ter uma amiga morando no exterior. Na Espanha! É muito chique.

Lena sorriu e depois disse, séria:

— Escute mais seu coração. Não se envolva emocionalmente por impulso. Ainda poderá se meter em grande enrascada.

— Eu?! Enrascada? Imagine, Lena! Eu sei me virar muito bem.

— Não confie tanto nisso. Eu gosto muito de você e não quero vê-la sofrer.

— Eu nunca vou sofrer. Ou entrar em apuros. Pode acreditar.

Paloma a beijou, apanhou a bolsa sobre a mesinha da sala e saiu. Lena moveu a cabeça para os lados.

— Eu me preocupo com Paloma.

— Não deveria. Ela sabe se virar. É uma menina esperta.

— Não sei. Algo me diz que ela...

— Que ela? — Isabel interessou-se.

— Nada. Vou arrumar a mesa para servir a sobremesa.

Lena desconversou e Isabel permaneceu calada. Mas sentiu algo estranho, o peito oprimido. Passou a mão pelo ar como a empurrar aquela sensação desagradável para longe.

Erik acabou de treinar e correu para o vestiário. Tomou banho, vestiu uma bermuda e uma camiseta, calçou as sandálias e ajeitou a mochila nas costas. Foi até o restaurante do clube. Avistou sua mãe sentada num canto, conversando com outra mulher. A conversa parecia estar animada.

Ele se aproximou e Teresa levantou-se.

— Olá, meu filho — cumprimentou. — Conhece a Glória?

Ele estendeu a mão e Glória sorriu.

— Como vai? Sou a mãe de Eduarda.

Ele esboçou um "ah" e sentou-se. Glória percebeu o muxoxo e Teresa tentou quebrar o gelo.

— Eduarda nos convidou para sentarmos juntos na noite do baile.

— Foi ideia minha — disse Glória.

Teresa viu a cara do filho e desconversou:

— Erik está nadando bastante. Vai participar do campeonato estadual. É um bom nadador.

— Poderá competir pelo mundo — opinou Glória.

— Não sou de competir. Participo de algumas maratonas por gosto, mais para praticar e manter a forma.

— Nos dias de hoje, um atleta com patrocínio pode ganhar muito dinheiro.

— Patrocínio? Não me interessa.

— Erik decidiu estudar medicina. Quer ser obstetra — emendou Teresa.

— Bela profissão — admirou-se Glória. — Trazer crianças ao mundo é um ato nobre.

— Eu gosto — ele completou, seco.

— Mas para que se esforçar tanto se vai receber uma gorda herança?

— Gorda herança? — espantou-se Teresa. — Que gorda herança?

Glória remexeu-se na cadeira e forçou o sorriso:

— O clube inteiro não comenta outra coisa — falou baixinho.

— Posso saber do que se trata? — perguntou Erik, já não simpatizando com Glória.

— Dizem que seu avô deixou uma grande fortuna para você.

Glória queria certificar-se de que a herança de Erik era tão grande ou maior do que escutara.

Erik começou a rir.

— O que foi? Eu disse algo inapropriado? — perguntou Glória, surpresa com a reação.

— Não é nada — comentou Teresa, também rindo. — É que inventaram essa lenda de que Erik teria uma fortuna para receber.

— E não tem?

— Ora, Glória, uma casa no valor de cem mil dólares não é propriamente uma fortuna, é?

Ela deu um sorriso amarelo.

— É. Cem mil dólares não é lá tanta coisa.

— Pois é — rebateu Erik. — Essa é a fortuna que eu vou receber quando completar vinte e cinco anos.

Glória continuou forçando o sorriso. Consultou o relógio e fingiu:

— Meu Deus! Esqueci que tenho uma drenagem linfática daqui a quinze minutos. Preciso me preparar.

Ela se levantou rápido e acenou para mãe e filho. Colocou os óculos escuros, apanhou a bolsa e saiu.

— Nós nos vemos no baile — ajuntou Teresa.

Assim que Glória afastou-se da mesa, Erik meneou a cabeça:

— Mãe! Você é impossível.

— Eu?! — Teresa riu. — Conheço essas caçadoras de dotes.

— Glória não é propriamente uma caçadora de dotes. Acho que já passou da idade, mesmo com tamanha beleza.

— Não falo dela, mas da filha dela. A Eduarda.

— O que tem?

— Antes de você chegar, Glória não falava outra coisa a não ser elencar os atributos da filha maravilhosa. Fiquei aliviada quando o vi se aproximar da mesa.

— E adorou contar lorota para ela, não? Eu vi seus olhos brilhando de contentamento.

— Eu quero esse tipo de gente longe de nós. Seu pai morreu e eu preciso assegurar que você tenha um futuro tranquilo.

— Vou ter. Vou me formar médico e terei uma vida digna.

— E — ela baixou o tom de voz — uma poupança de cinco milhões de euros para emergências.

Ele riu e ela continuou:

— Não quero nenhuma embusteira na sua cola. Isso eu não vou permitir, jamais.

— Tem razão, mãe. Agora entendi. A Glória vai espalhar para todo mundo que eu sou um pé-rapado.

— Que o mundo tenha essa ideia a seu respeito! Siga seu sonho. Forme-se e crie a instituição que sempre desejou, sem burocracia, sem depender dos governos. Construa parcerias e ajude mulheres carentes a ter seus filhos, ajude outras a ter noção do que seja controle de natalidade. Faça a sua parte e ajude a construir um mundo melhor.

— Obrigado pelo apoio, mãe.

— Eu sempre vou apoiá-lo, meu filho. Em tudo que precisar.

— Mas quanto a Eduarda...

— Pode ter certeza de que Eduarda não vai mais importuná-lo.

— Será? Esqueceu-se do baile? Estaremos todos juntos.

— Pode apostar que ela vai ligar para você hoje à noite inventando que uns parentes apareceram de última hora e ela precisa de mais lugares na mesa. Quer apostar quanto?

— Eu, apostar com você? Nunca! Sua intuição é afiadíssima.

Os dois riram. O garçom aproximou-se e fizeram os pedidos. Enquanto Erik bebericava um copo de suco, Teresa perguntou:

— E como vai a paquera com aquela garota da sua classe?

— Que garota? — ele desconversou.

— A que sofre por ser gordinha.

— Juliana, mãe. E ela não é gorda. Tem formas diferentes das estabelecidas pela sociedade. É linda como as telas dos mestres da pintura.

Teresa sorriu.

— Você gosta mesmo dela, não?

— Gosto.

— Não acha que está na hora de se declarar?

— Você sabe, mãe. Sou tímido.

— Se os seus sentimentos são verdadeiros, eles devem ser mais fortes que sua timidez. Vença-a e declare seu amor a essa menina. Não perca tempo. Na vida, o que importa é o amor.

— Tem razão, mãe. Eu vou tomar coragem e vou conversar com ela no dia do baile.

— Isso mesmo. Tem o meu apoio.

A comida chegou e os pratos foram servidos. Entre uma garfada e outra, mãe e filho riam e trocavam confidências.

24.

Glória trocou o horário da drenagem para mais tarde. Precisava encontrar Eduarda de qualquer maneira. As palavras de Teresa ainda ecoavam em sua mente: "Ora, Glória, uma casa no valor de cem mil dólares não é propriamente uma fortuna, é?".

— Não pode ser! A Mirtes é a maior fofoqueira que existe na face do planeta e me jurou de pés juntos que esse menino espinhudo iria receber milhões de euros. Mas ouvi o contrário. E direto da fonte. Ah, a Mirtes me paga!

Glória jogou o carro nas mãos do manobrista do prédio e subiu pelo elevador batendo o salto. Entrou na cobertura e foi até o quarto de Eduarda. A menina estava deitada, assistindo a um filme na tevê.

— Pare agora! — sentenciou Glória.

— O filme está quase acabando, mãe. Depois a gente conversa.

— Precisamos conversar agora, neste momento.

Eduarda levantou-se de má vontade.

— O que foi?

— Esqueça o sueco espinhudo.

— Hã?

— Esqueça o menino da escola, aquele sueco. De uma vez por todas.

— O Erik?

— Esse mesmo.

— Como, mãe? Você me obrigou a convidá-lo. Ele e a mãe vão estar conosco no baile.

— Sim, eu sei. Mas houve mudança definitiva de planos.

Eduarda abaixou o som da televisão. Mexeu a cabeça para os lados.

— O que aconteceu? Conseguiu descobrir quantos milhões de euros?

— Que milhões de euros que nada! Acabei de vir do clube. Não lhe disse para aguardar? Eu bem que estava desconfiada de que tudo era mentira. Joguei um verde sobre a Teresa para confirmar os boatos de Mirtes.

— E daí?

— E daí, minha filha? E daí que o sueco vai herdar uma casinha de cem mil dólares. Cem mil dólares, Eduarda! Está me escutando? — Glória alteou a voz. — Deve ser um iglu.

— Cem mil dólares não é nada.

— Isso mesmo. É nada de nada. Minha filha — Glória sacudia a cabeça para os lados —, estávamos apostando em cavalo morto.

— Mas não vai ter como mudarmos a mesa do baile. Está em cima da hora.

— Não. De maneira alguma. Você vai ligar hoje à noite e vai... vai... — Glória pensou e deu um gritinho: — Vai ligar para o sueco e dizer que seus tios de Bauru fazem questão de vir ao baile.

— Que tios de Bauru? Eu não tenho tios.

— Filha! Estamos criando uma historinha. Vamos inventar, nem que eu tenha de contratar um casal para se passar por tios, com sotaque do interior e tudo. Teresa e Erik não vão mais se sentar à nossa mesa.

— Está bem. Eu ligo.

— Fiquei sabendo que o filho do Lindomar Gouvêia está solteiro.

— Deus me livre, mãe. Quer me empurrar para o Rubens? Ele já foi casado três vezes.

— Mas é podre de rico. Só se envolveu com mulheres mais velhas. Você é linda e jovem. Precisa aproveitar enquanto pode.

— Você tem dinheiro. Papai deposita uma quantia astronômica na sua conta.

— Disse bem: *minha* conta. Eu me dei bem. Você precisa seguir o mesmo caminho. O dinheiro do seu pai é bem generoso, mas não mantém o nosso padrão no longo prazo.

Eduarda deu de ombros.

— Então, está bem. Depois me passa a ficha completa do Rubens.

— Agora pode deixar o espinhudo ficar com a gorda.

— Eles se merecem mesmo.

— E nem precisa mais aprontar com a menina. Foco, filhinha. Foco na família Gouvêia.

Eduarda a cortou:

— Imagine! Erik pode se casar com a orca, se quiser. Mas eu preciso deixar Juliana com saudades de mim. Essa brincadeira eu levarei até o dia do baile.

— Você é impossível, filha! Pena não ser tão maravilhosa como eu. Mas fazer o quê? Não nascem duas Glórias iguais e maravilhosas. Só uma.

Eduarda não respondeu. Os olhos embaciaram e ela abaixou o rosto, desiludida e triste. Muito triste.

Naquela noite, conforme o previsto por Teresa, Eduarda ligou para Erik, fez uma voz chorosa e disse que um casal de tios do interior, padrinhos dela, ligou na última hora e fazia questão de estar no baile.

— Não podem ir só à colação de grau? Acho que a colação é mais importante, não?

— Hello-o! Erik, são meus padrinhos! A gente se forma no colegial uma vez só na vida. Puxa! Seja compreensivo.

— E vou me sentar aonde? As mesas já estão tomadas.

— Sinto muito.

Ela falou e desligou. Em seguida, Eduarda ligou para Bruna. Contou sobre a merreca que Erik iria herdar, e que ele e Juliana estavam livres para ficar juntos. E concluiu:

— Afinal, eles se merecem. O porco-espinho e a baleia.

Eduarda riu, Bruna não.

— Hello-o! Não gostou da piada?

— Estou cansada. Estou estudando muito para o vestibular.

— Faça como eu. Vá para uma faculdade que não precise de vestibular.

— Quero entrar em uma universidade pública. Não quero mais ser um peso para os meus pais.

Do outro lado da linha, Eduarda deu de ombros.

— Quarta-feira, passarei na sua casa para pegar a câmera.

— Tudo bem. Tem certeza de que é isso que quer fazer?

— É. Tenho. Por quê? Está amarelando, fofa?

— Não. Mas será que tem necessidade? Você não está mais interessada no Erik. Deixe ele e Juliana em paz.

— E perder o momento *Carrie, a estranha*? Nunca. Eu quero me divertir. Só isso.

Na verdade, Eduarda precisava extravasar o sentimento de baixa autoestima que sua mãe lhe despejava de hora em hora. Caso contrário, enlouqueceria.

— Tripudiando sobre o sentimento dos outros? — perguntou Bruna, sentida.

— Ultimamente você tem estado muito chata. Cansei de conversar com você. Até quarta-feira. Tchau.

Eduarda falou e desligou o telefone. Bruna mordiscou os lábios, apreensiva.

— Não acho legal o que Eduarda tenciona fazer.

Ouviu-se uma voz logo atrás:

— Falando sozinha?

— Oi, Marcos.

O irmão de Bruna entrou no quarto e sentou-se na beirada da cama.

— O que se passa?

— Eu fiz um trabalho sujo.

— Trabalho sujo? Você?

— É.

— Não acredito.

— É verdade, Marcos. Tudo começou como uma brincadeira... de mau gosto, diga-se de passagem. Mas daí eu me afeiçoei à Juliana.

— A sua amiga gorda?

— Não fale assim dela.

— Mas ela é gorda. É uma maneira de me referir à pessoa. A gente costuma dizer: atrás do careca, ao lado do baixinho, na frente do grandão...

— Formas nada elegantes.

— Você ficou amiga da menina. De verdade.

— Sim. Aprendi em poucas semanas que ela, sim, é uma amiga de verdade. A Eduarda não é minha amiga.

— Mas é gostosa.

— Marcos! Que modos!

— Ih! Qual é? A Eduarda é o maior mulherão. Eu daria tudo para passar um tempo com ela. Mas ela não me dá trela. Eu sou bem-apessoado, mas ela curte homens com muita grana no bolso. E grana, definitivamente, a gente não tem.

— Ela pediu para eu fazer uma coisa... — Bruna hesitou. — Não sei se posso ir adiante.

— Do que se trata?

— Nada.

— Como nada? Não confia no seu irmão?

— Oh, Marcos, eu gravei algumas cenas da Juliana — revelou, aturdida.

— Cenas, como cenas?

— Momentos de intimidade. Eu a filmei no banho, trocando de roupa, fazendo careta... coisas de meninas. Ela nem desconfia que eu fazia isso só para deleite da Eduarda. Uma vingança boba.

— E agora você desistiu.

— Sim. Aprendi o verdadeiro valor da amizade. Não quero magoar a Juliana. Não posso fazer para ela o que não gostaria que fizessem para mim.

— Então não entregue o filme. Apague.

— É. Tem razão. Mas é uma filmadora antiga, não sei como proceder.

— Conheço esses aparelhos. Se quiser, eu apago para você.

— Faria isso? Eu não quero mais saber de machucar ninguém. Vou entrar em uma boa faculdade, formar-me e ter uma vida digna. Não quero mais tripudiar sobre os sentimentos de ninguém.

— Está certa. Onde guardou a câmera?

— Ali no armário — apontou.

— Vá se distrair. Deixe que eu apago isso para você.

— Eu apago. Tem situações comprometedoras.

— Eu não sou de bisbilhotar. Rebobino a fita e apago tudo.

— E quanto a Eduarda?

— Eu falo com ela. Pode deixar.

— Obrigada. Não me sinto confortável em confrontá-la.

Bruna beijou o irmão e saiu do quarto. Marcos apanhou a câmera e ligou. Divertiu-se com as imagens. Em seguida, procurou uma fita semelhante e a encontrou nos pertences do outro irmão, que sempre comprava fitas de vídeo para gravar programas da tevê. Estava lacrada. Marcos sorriu, matreiro. Pegou a outra fita e introduziu no aparelho.

— Pronto. Maninha vai achar que fiz uma boa ação.

Ele riu, saiu do quarto e desceu. Pegou o telefone e ligou para Eduarda.

— Quem fala?

— Marcos, irmão de Bruna.

— Oi, fofo. O que foi?

— Bruna quer apagar as gravações.

— Nunca! Nem morta.

— Ela me pediu encarecidamente que apagasse todo o conteúdo gravado.

— Obviamente, você não apagou!

— Não. De forma alguma.

— Ainda bem. Quanto quer pela fita?

— Você.

— Não entendi, Marcos.

— Quero você, gostosa. Você vai se deitar comigo. Só uma vez.

— Que garantia tenho de que você vai me entregar a fita gravada?

— Confie em mim. Eu não sou rico, mas sou homem de palavra. E tenho uma boa pegada.

Eduarda estremeceu do outro lado da linha.

— Está certo. Na quarta-feira...

Marcos a cortou com docilidade.

— Nada. Você vai sair comigo agora. Estou excitado.

— Agora não. Eu tenho compromisso.

— Desmarque, ou então não vai ter vingancinha na noite do baile. Passo na sua casa daqui a uma hora.

— Na minha casa não.

— Não vamos fazer nada na sua casa. Você vai me levar a um motel chique, cinco estrelas. Nunca tive grana para entrar em um. Pego você na esquina.

Eduarda bufou e consentiu. O que fazer? Marcos estava com o curinga da canastra nas mãos. Não podia deixar de tripudiar, pela última vez, sobre Juliana e tirar um pouco do sentimento ruim que Glória despejava sobre seus ombros. Desligou o telefone e suspirou, contrafeita.

— Marcos é um pobretão, mas é bonito. O que fazer? Paciência. Vou ter de andar num carro velho. O que não faço por uma vingança!

Ela tomou um banho demorado, perfumou-se e colocou um vestido florido. Apanhou a bolsa e desceu até a portaria. Ao sair e dobrar a esquina, avistou Marcos parado dentro do carro. Acelerou o passo, entrou e pediu a fita.

— Depois.

— Não. Você vai colocar a fita na câmera para eu saber se não está blefando.

— Está certo.

Ele meteu a mão no bolso da calça e pegou a fita. Introduziu na câmera e, quando as cenas surgiram, ela riu. Riu muito.

— O filme devia se chamar *A orca em ação* — ela disse e gargalhou.

Marcos tirou a fita da câmera e a colocou novamente dentro do bolso da calça.

— Como vê, estou com o seu objeto de desejo. Agora vamos ao nosso trato.

— Como queira.

O rapaz acelerou e seguiram até a marginal do Tietê. Marcos indicara um motel famoso, cuja propaganda ele vira em uma revista erótica, algo como "*lugar de sacanagem não é só no Congresso*".

— Hoje eu terei uma das melhores noites da minha vida — sussurrou entre dentes, feliz da vida.

25.

Magnólia levantou mal-humorada naquela manhã. Havia tido pesadelos a noite inteira. Desceu para o café. Gina cumprimentou-a:

— Bom dia!

Magnólia resmungou:

— Só se for para você. Tive uma noite péssima.

— Caiu da cama?

— Antes tivesse caído. Não acabei de dizer que tive uma noite péssima?

— Pesadelos? Não notei.

— Você dorme a sono solto. Se eu tiver um derrame, morro. Porque se for esperá-la acordar...

— Acabei de passar o café. Sente-se.

Magnólia bufou e sentou-se à mesa. Apanhou um pedaço de pão e passou manteiga de qualquer jeito. Serviu-se de café com leite.

— Não sei explicar. Primeiro sonhei com tio Fabiano.

— Faz tempo que você não sonha com ele. Tenho certeza de que está bem.

— Se está bem, eu não sei. Os mortos não costumam falar comigo — disse, num tom irônico.

Gina colocou um bolo de laranja sobre a mesa. Ajeitou-o sobre uma boleira de porcelana.

— Sei. Os mortos não falam com você. E que mais?

— Depois eu queria falar com ele, mas umas figuras estranhas e bizarras me impediam de chegar até ele.

— Devem ser suas formas-pensamento negativas — interveio Lena, que acabava de entrar na cozinha.

— A senhorita não foi chamada para participar da conversa! — protestou Magnólia.

— Que falta de educação! Está ficando velha e mal-educada — replicou Gina.

— Eu não me incomodo — tornou Lena, alegre. — Conheço Magnólia e não levo suas rabugices para o lado pessoal.

— Não sou rabugenta. Sou uma pessoa cética, descrente de tudo.

— Por quê? — perguntou Lena, sempre solícita e interessada, ignorando que todos os dias Magnólia falava a mesma coisa.

— Não está atrasada para a faculdade? — questionou Magnólia, mastigando o pedaço de pão com manteiga.

— Você acordou cedo demais. Estou no meu horário ainda — respondeu Lena, consultando o relógio.

— Voltando às formas...

— Formas-pensamento — completou Lena. — São os pensamentos que você produz e ficam à sua volta. Tudo o que você pensa cria forma, seja pensamento positivo ou negativo. Você carrega muitas formas-pensamento negativas. Precisa mudar sua maneira de enxergar a vida.

— Fala isso todo dia.

— Porque você faz a mesma reclamação todos os dias. A resposta é sempre a mesma, querida.

— Sente-se, Lena. A Custódia fez esse bolo de laranja especialmente para você.

— Custódia nunca fez um bolo para mim, acredita? — disse Magnólia, irritada. — E olha que eu pago o salário dela. Ingrata, isso sim.

Lena sorriu e cortou um pedaço do bolo. Serviu-se de café com leite.

— Hum! Está delicioso. Custódia cozinha muito bem.

— Como mudar? — Magnólia alteou a voz, dramática. — Eu tive uma vida muito dura. Sofri com a falta dos meus pais, com as minhas escolhas afetivas. Engravidei e tive de criar um filho sozinha.

— Eu sempre estive do seu lado — observou Gina.

— Mas não conta. Quem sofreu na hora de dar à luz fui eu. Quem teve de enfrentar a ira de tio Fabiano fui eu. Você chegou depois.

— Tudo o que aconteceu na sua vida foi para o seu melhor — acrescentou Lena.

— Essa é boa! Não posso imaginar como uma vida triste e sem graça poderia promover o meu melhor.

— Simples, Magnólia. Você sempre foi um espírito rebelde e impulsivo. Sempre quis tudo do seu jeito, à sua maneira. Por vidas a fio teve dificuldades de escutar e aceitar um não como resposta. Sempre foi adepta da violência, do olho por olho, de devolver na mesma moeda.

— É assim que sobrevivemos nesta selva chamada Terra — retorquiu Magnólia. — Para mim "dente por dente, olho por olho" faz todo o sentido. Quem mata deve morrer. Estou farta de assistir aos programas na tevê que mostram tanta desgraça, violência e crueldade. Se Deus existisse, de fato, nada disso aconteceria.

— Engana-se, Magnólia. Deus é bom e justo. Se permite a dor e o sofrimento em nossa vida, é porque ajudam a abrir nossos olhos para perceber certas coisas, sensibilizar nossa alma, amadurecer nosso espírito.

— E eu já a avisei para deixar de assistir a esses programas. Eles só fazem mal — lembrou Gina.

— E o que quer que eu faça? Arranque os fios da antena?

— Não. Assista a outros programas que alimentem seu espírito, que lhe deem prazer. Ou leia um livro.

— Não gosto.

— Não esquente, Lena. Estamos juntas há muitos anos. Estou acostumada com esse baixo-astral.

— Você merece um prêmio, Gina! — gracejou Lena.

— Vão brincando, vão tripudiando — condenou Magnólia. — Quero ver vocês estarem inteiras como eu e suportar tantas obrigações.

— Por acaso gostaria de ter uma vida diferente? — perguntou Lena.

— Diferente como?

— Diferente, Magnólia. Se pudesse escolher agora, voltar à sua juventude, o que escolheria?

— Ah, eu não teria gosto por mulheres e jamais teria um filho.

Fernando entrou na cozinha naquele instante. Ficou parado, sem ação.

Lena levantou-se da mesa e o abraçou:

— Bom dia, querido, como vai?

Gina fez o mesmo. Levantou-se e o cumprimentou de maneira efusiva, procurando ocultar o constrangimento.

— Dormiu bem, querido?

Ele não respondeu. Aproximou-se de Magnólia e a encarou:

— Quer dizer que sua vida seria melhor se eu não tivesse nascido?

— Não é bem assim... — ela tentou se justificar.

— Eu sou um fardo em sua vida, certo?

— Não!

— Quem é meu pai?

— Que pergunta mais disparatada!

— Se me odeia tanto assim, se nunca quis me ter, ao menos me dê uma pista de quem foi meu pai. De repente ele pode me aceitar.

— Não! Jamais vou revelar a identidade do seu pai.

— De que tem medo?

— De nada, filho. Sente-se. Tome seu café.

Fernando estava com o rosto avermelhado, coberto de indignação. Era a primeira vez que Gina e Lena o viam nesse estado.

— Sua mãe falou por falar — amenizou Lena.

— Sei. Eu sou um fardo na sua vida, não?

— Não é bem assim.

— Está bem. Vou prestar vestibular em uma universidade pública no interior, bem longe daqui, e não vou mais depender de você. Nunca mais. Não quero continuar sendo o peso que a atormenta.

— Não foi isso que quis dizer, filho.

— Como não? Eu ouvi. Você disse que, se pudesse voltar no tempo, jamais teria um filho. E você deve odiar meu pai. Toda vez que me olha, lembra-se dele, não é?

Magnólia não teve tempo de responder. Fernando girou nos calcanhares, apanhou a mochila e saiu. Gina a repreendeu com o olhar.

— O que foi? — tentou justificar-se Magnólia. — Eu não tenho culpa. Não falei por mal.

— Mas feriu seu filho — disparou Gina. — Você não tem sentimentos. É mesquinha, só fala porcarias e pensa porcarias. Não sei como a estou aturando até agora. Quer saber?

— O quê? — a voz de Magnólia era quase inaudível.

— Cansei de suas lamúrias. Se Fernando for para o interior, eu vou apoiá-lo.

Seria o momento ideal para Magnólia refletir e pedir desculpas. Mas não. Ela usou de toda sua agressividade e negatividade:

— Pois bem. Quero ver como ele vai se sustentar sem o *meu* dinheiro — enfatizou. — Vai voltar correndo para casa em menos de uma semana.

— Você passou dos limites.

— Olha quem fala! Não se esqueça de que também banco você.

Gina meneou a cabeça negativamente.

— Eu nunca precisei do seu dinheiro. Recebo o aluguel do meu apartamento e tenho umas economias no banco. Também tenho dois braços e duas pernas, além de uma cabeça que pensa, de maneira positiva, diga-se de passagem. Eu sempre trabalhei. Nunca tive medo do trabalho, coisa que você nunca fez na vida — e, virando-se para Lena: — Desculpe-me. Eu me excedi. Vou me arrumar e sair um pouco. O ar desta casa está muito carregado.

Gina bufou e deixou uma lágrima escapar pelo canto do olho.

— Eu não disse nada de mais — tentou justificar-se Magnólia. — Eu crio um filho, dou casa, comida e carinho, e olha como ele me trata. Não mereço.

Lena levantou-se e apanhou sua bolsa e os livros da faculdade.

— Cada um escolhe o caminho que deseja seguir. Quem prefere a dor, o sofrimento, a revolta ou a mágoa, não reage, por isso torna-se vulnerável à energia doentia de espíritos com os quais se afiniza. Deu para perceber qual caminho você escolheu. Tenha um ótimo dia.

Lena falou e saiu. Magnólia ficou sentada à mesa, terminando seu café.

— Eles não me entendem. Não sabem o que é ter uma vida triste. Eu sei...

Fernando chegou à escola. O ano letivo havia terminado e ele aproveitava o tempo para dar aulas de reforço de matemática para alunos em recuperação da sua série e das anteriores. Ganhava algum dinheiro e colocava na poupança.

— Vou pegar o pouco que tenho e me mudar daqui. Nunca mais vou depender da minha mãe. Nunca mais.

Ele estava muito triste. Arrasado, para dizer a verdade. Ouvir a mãe dizer que, se pudesse voltar no tempo, jamais teria um filho atingira-o em cheio o coração. E ainda havia o mistério sobre o pai. Ele cresceu sem se interessar, porquanto Magnólia não conversava sobre isso. Ele era feliz assim. Mas, se ela não queria revelar a identidade do pai, boa coisa o homem não era. Deve ter magoado muito sua mãe para ela evitar contato. Tudo isso ia e voltava na sua cabeça. Fernando adorava Magnólia e nunca supôs que ela o visse como um peso.

— Mas o peso vai embora, logo — disse baixinho, enquanto dobrava o corredor.

Ele estava de cabeça baixa e esbarrou em Paloma, que tinha ido até lá para doar os livros escolares para a biblioteca. No esbarrão, os livros que ela segurava caíram no chão.

— Desculpe, Paloma. Não a vi.

— Tudo bem — ela respondeu.

Fernando permaneceu quieto e a ajudou a pegar os livros.

— Pronto. Aqui estão.

— Está preparado para a noite do baile? — ela perguntou animada. — Faltam poucos dias!

— Não sei se vou — foi a resposta seca.

Fernando falou e saiu, deixando-a ali parada. Foi a primeira vez que Paloma sentiu algo diferente, que a incomodou.

— Por que será que me tratou assim? — questionou.

Juliana chegou acompanhada de Bruna.

— Que cara é essa, minha irmã?

— Nada.

— Como nada? Eu a conheço muito bem. Está chateada.

— Acabei de cruzar, ou melhor, de dar um encontrão com o Fernando.

— Eu não o vi.

— Ele foi tão seco comigo. Aconteceu alguma coisa.

— Você perguntou a ele o porquê?

— Não deu tempo. Fernando sempre me tratou muito bem, com deferência até demais. Não gostei dessa maneira fria com que me tratou.

— Interessante — Juliana desconfiou. — Será que Fernando significa mais do que um amigo-irmão para você?

— Hã? — Paloma desconversou. — Deixe-me em paz. Não quero falar sobre isso. A biblioteca vai fechar. Preciso correr e entregar os livros.

Quando se afastou, Juliana comentou:

— Paloma gosta de Fernando e ainda não descobriu.

— Você acha? — quis saber Bruna.

— Sim. Eu já desconfiava que Fernando gostava da minha irmã. Mas nunca havia notado um traço de interesse dela por ele. Hoje notei.

— Eu acho o Fernando uma ótima pessoa.

— Eu também, Bruna. Gosto muito dele.

Bruna estava aliviada, pois acreditava que a fita da câmera fora apagada. Nutria sentimento verdadeiro de amizade por Juliana e não queria que essa amizade sofresse qualquer tipo de abalo.

— Sabe, Juliana, eu aprendi nestes poucos meses a valorizar nossa amizade e devo admitir que você é uma boa amiga.

— Obrigada. Eu também gosto muito de você. Tenho certeza de que nossa amizade vai atravessar gerações — Juliana disse rindo.

— Tomara. Nunca desejei que algo ruim pudesse lhe acontecer.

— Por que está falando assim? Dessa maneira, fico assustada.

— Não foi nada — Bruna abraçou-a com força. — Eu gosto de você, Juliana. Desculpe alguma coisa.

— Desculpar o quê? Você é uma das melhores coisas que me aconteceram! Sou muito feliz em tê-la como amiga.

Abraçaram-se novamente e entabularam conversa sobre os vestidos que usariam na noite do baile. Juliana estava feliz. Bruna tentava ficar. Um sentimento estranho persistia em cutucar seu peito.

"Bobagem", pensou ela, desviando a sensação com um gesto de mão.

26.

A sexta-feira chegou. Dia do baile de formatura. Fernando acordou tarde, escovou os dentes, trocou-se e desceu. Desde dias atrás, quando escutara a infeliz frase de Magnólia, evitava conversar com ela.

Magnólia e Gina estavam na cozinha. Ele beijou Gina na testa.

— Bom dia.

— Olá, querido. Vai tomar café?

— Rápido — ele respondeu e apanhou a térmica. Serviu-se de café e comeu uma torrada. — Tenho hora no cabeleireiro. Conforme sua sugestão, vou cortar os cabelos, fazer as unhas das mãos, ficar apresentável para a festa.

— Não gosto desse tipo de evento — disse Magnólia.

Ele se manteve calado. Gina indagou:

— E o terno?

— A Custódia passou e já o deitou sobre a cama. A camisa e a gravata estão lá também. Tio Paulo lustrou os sapatos. Preciso passar lá logo mais para pegá-los.

— Eu adoraria ir, mas sua mãe... — Gina apontou — não gosta de ficar sozinha. E, além do mais, é uma festa para a garotada. Você vai estar com Isabel, Paulo e as meninas.

— É — ele assentiu, voz lacônica.

Fernando beijou Gina e saiu. Magnólia disse com desdém:

— Ele nem fala comigo. Filho ingrato.

— Acho que aqui o melhor a dizer é: mãe ingrata.

— Só porque falei uma bobagem? Serei sacrificada o resto da vida por conta de uma frase solta?

— Uma frase que jamais deveria ter dito.

— Você voltou a falar comigo.

— Porque a conheço faz séculos, Magnólia. Fico nervosa na hora, mas depois reflito e não deixo entrar o negativo em mim. Eu sou uma pessoa da paz, desejo paz e equilíbrio a todos. Sou uma mulher de fé.

— Fé! Fé em quê? Em uma vida terrível?

— A fé recupera a harmonia e transforma acontecimentos desagradáveis em ótimo aprendizado, traduzidos em lições proveitosas de amadurecimento.

— Muito bonito o discurso. Mas será que um dia mudarei meu jeito de ser?

— Depende única e exclusivamente de você. A mudança precisa vir de dentro, tem de ser uma escolha consciente, de mudar para melhor.

— Pode ser.

Continuaram tomando café e, num determinado momento, Magnólia disse:

— Ele quis saber do pai.

— É natural. Um direito que ele tem.

— Não quero tocar no nome de Jonas. Não quero que Fernando saiba o monstro que é o pai.

— Já disse e repito: Fernando tem o direito de saber. Conte tudo.

Magnólia desconversou. Odiava lembrar-se de Jonas.

— Estou preocupada com Fernando.

— Preocupada com o quê?

— Sei lá. Ele foi ao cabeleireiro. Não gosto disso.

— Por quê? Não a estou entendendo.

— Tenho medo de ele virar gay.

Gina revirou os olhos e meneou a cabeça.

— Jesus amado! Primeiro, ninguém *vira* gay. Já nasce. É uma escolha feita antes de reencarnar. E segundo, qual o problema de ele ser gay? Você também não é?

— É diferente, Gina. Eu sou mulher.

— E daí?

— Seria um fardo muito pesado de carregar. Já não suporto ter de lidar com a minha preferência afetiva, imagine ter um filho gay. Seria a morte.

Gina respirou fundo e sentiu, naquele momento, uma presença espiritual amiga. Adelaide estava ao seu lado. Gina sorriu e falou, modulação de voz levemente modificada:

— Chegou o momento de olhar a vida pela óptica da eternidade, ou seja, viver na Terra, mas enxergando com os olhos do espírito. Tudo é passageiro e transitório. Enxergar a vida pelo espírito nos fortalece e nos ajuda a passar pelas adversidades e alcançar o equilíbrio, o bem-estar e ter condições de manter uma vida plena e feliz! Não importa raça, cor, sexo, nada. Porque, para o espírito, o que importa, sempre, é o amor.

Gina levantou-se e foi para a sala. Apanhou um livro sobre reencarnação e mergulhou fundo na leitura.

Magnólia, por sua vez, ficou sentada na cozinha, mas sentiu algo diferente. Uma emoção bateu forte e ela desatou a chorar. Lembrou-se vagamente da mãe, do pai, da infância feliz. Depois se lembrou de Fabiano e sentiu saudades.

Adelaide estava ao seu lado e lhe transmitia energias de bem-estar.

— Fique bem, minha querida. Você precisa encher seu coração de alegria. Mais nada.

— Ela está com os pensamentos conturbados — afirmou Fabiano.

— Antes de reencarnar, Magnólia estava bem pior.

— Mesmo?

— Sim. Você não se lembra porque voltou ao mundo terreno bem antes. Ela passou por momentos muito ruins no astral inferior. Seu espírito estava intoxicado de pensamentos negativos e contaminado por uma profunda baixa autoestima. A reencarnação veio como bênção da vida para amenizar e tentar dissipar essa carga de negatividade. Magnólia só vai mudar quando passar a sentir imenso amor por si mesma.

— Será que isso vai acontecer?

— Um dia, Fabiano. Um dia. Agora, por favor, ajude-me a dar um passe nela.

Fabiano assentiu e ajudou Adelaide. Deram um passe energizante em Magnólia e procuraram harmonizar os cômodos, deixando a casa com agradável sensação de bem-estar, livre, por ora, das energias negativas que o mental de Magnólia exalava constantemente.

Na sequência, Adelaide aproximou-se de Gina.

— Ela está bem — reconheceu Fabiano. Não precisa de passe.

— Não. Gina é um espírito muito lúcido, que deliberadamente escolheu reencarnar para dar apoio a Magnólia. Eu a estimo muito. Contudo, preciso aproveitar que ela está debruçada sobre estudos espirituais e sugerir que faça regularmente o Evangelho no Lar.

— Ah, se as pessoas soubessem como uma prece, por mais singela que seja, uma única vez na semana... melhora o ambiente de casa!

— Melhora o ambiente e protege a casa e seus moradores do ataque de espíritos perturbados e de energias nocivas. E ainda permite que espíritos amigos e familiares desencarnados, naturalmente em equilíbrio, aproximem-se e venham fazer uma visita, trazer uma sugestão, incutir um bom conselho, uma orientação que seja, para ajudar a solucionar um problema que às vezes aflige o encarnado.

— Como vai fazer a sugestão a Gina?

— Vou plantar a ideia do evangelho. Depois, quando ela começar a se interessar, eu vou conversar com ela fora do corpo.

— Acredita que tudo isso vai ajudar nossa Magnólia?

— Vai. A vida sempre trabalha pelo nosso melhor!

No finzinho da tarde veio a chuva forte. Uma tempestade de vinte minutos que amenizou o calor e trouxe uma suave brisa logo mais à noite.

Algumas estrelas despontavam no alto. O clube estava decorado com capricho, pronto para receber os formandos e seus parentes. Eles foram chegando a partir das oito da noite. Logo começou a movimentação intensa de pessoas, a banda, as músicas, o bufê e todos se divertiam a valer.

Isabel e Paulo estavam contentes. Fernando estava um tanto alheio.

— Algum problema, meu filho? — indagou Paulo.

— Não.

— Está triste porque sua mãe não veio? — perguntou Isabel.

Fernando meneou a cabeça de maneira negativa.

— Estou bem. Logo me animo; vou dançar e me divertir.

Paulo tocou de leve em seu ombro.

— Isso mesmo. Aproveite.

— Vai prestar administração?

— Vou, tia. Mas bem longe daqui.

— Não entendi.

— Quero estudar no interior, sair um pouco das asas da minha mãe e da minha tia.

— Mas...

Paulo a cortou com amabilidade:

— Meu amor, agora não vamos conversar esses assuntos.

Fernando esboçou um sorriso amarelo.

— Juliana decidiu prestar assistência social e Paloma optou por letras com ênfase na língua espanhola, não?

— É. Juliana decidiu-se faz tempo. Mas não sei se Paloma fez a escolha certa.

— Não interessa a escolha delas, amor. São jovens e têm a vida pela frente. Amanhã, de repente, virão outros gostos, novas carreiras surgirão. Não devemos nos preocupar com isso agora.

— Também acho, tia — concordou Fernando.

— Nossas meninas estão lindas. Isso é o que importa — Paulo suspirou, enquanto beijava a esposa nos lábios.

— Menos, pai — protestou Juliana, que chegava com um pratinho de salgadinhos.

— Ora, ora. Eu e sua mãe somos eternos namorados. Qual é o problema de demonstrarmos o nosso amor?

— Deixe eles, mana — devolveu Paloma, logo atrás. — A noite é nossa!

— É — emendou Isabel. — A noite é de vocês!

Isabel falou e fez sinal com a cabeça para a frente. As meninas olharam para trás e Erik aproximou-se. Cumprimentou-as sem jeito. Teresa vinha logo atrás.

— Boa noite — ela devolveu, com um sorriso cativante.

Paulo, Isabel e Fernando levantaram-se.

— Como vai?

— Estamos bem. Quer dizer — Teresa riu —, estamos tentando estar bem.

— O que aconteceu? — quis saber Paulo.

— Nós fomos convidados para nos sentar à mesa ao lado de Glória e Eduarda. No último momento fomos informados de que a mesa estaria ocupada e... não temos onde nos sentar.

— Não seja por isso — disse Isabel. — Nós temos dois lugares vagos, pois a mãe e a tia de Fernando não vieram à festa.

— Algum problema? — inquiriu Teresa.

— Não. Mamãe está indisposta. Nada grave — respondeu Fernando, contrafeito.

— Eu nem vou me sentar — interveio Erik. — Quero dançar a noite toda — anunciou, enquanto fitava Juliana.

— Está certo — refletiu Paulo. — Teresa, por favor, sente-se conosco.

— Obrigada. Meus pés estão pedindo para sentar. Não gosto de salto alto.

— Nem eu — respondeu Isabel.

E logo a conversa entre elas e Paulo seguiu alegre e divertida. Estavam muito à vontade e o bate-papo fluía agradável. Às vezes, falavam um no ouvido do outro por conta do volume alto do som que vinha do palco. Fernando levantou-se e foi dançar com um grupo de amigos.

Erik chamou Juliana para dançar.

— Não danço bem.

— Eu também não, Juliana. Vamos tentar?

Ele estendeu a mão e ela sorriu. Bruna chegou e juntou-se a eles. Logo, Eduarda aproximou-se e cochichou no ouvido dela:

— Ontem à noite, assisti mais uma vez ao filme *A malvada*, com a Bette Davis.

Bruna estremeceu.

— E daí?

— Escutei uma frase da personagem da Bette que se encaixa perfeitamente à noite de hoje.

— Qual é?

— Apertem os cintos. Vai ser uma noite trepidante!

Eduarda falou e gargalhou, de maneira forçada. Saiu dançando entre os jovens. Bruna sentiu um aperto no peito e a acompanhou com os olhos.

Eduarda chegou e sentou-se à mesa.

— Erik e a mãe vão notar que mentimos. Nossa mesa está vazia.

Glória deu de ombros.

— Não tenho de dar satisfação a ninguém. E você — apontou — vá retocar a maquiagem. Está horrível. Parece uma meretriz.

Eduarda levantou-se chorosa. Engoliu o soluço e correu ao banheiro. Olhou-se no espelho e achava-se linda. Mas, se Glória dissera que estava horrível, então era melhor acatar e retocar a maquiagem. Saiu do banheiro desolada, os olhos tristes e sem expressão. Glória não a elogiara e parecia estar fazendo enorme sacrifício para estar naquele baile.

Voltou à mesa, e Glória disparou, ar enfadonho:

— Eu poderia estar num spa, passando um fim de semana em um programa de desintoxicação, mas sou obrigada a estar no meio dessa gente classe média — resmungou, enquanto levantava o queixo.

— É meu baile, mãe. Não sente orgulho de eu estar me formando?

Glória nem escutou. Levantou-se e foi conversar com uma conhecida, em outra mesa. Eduarda, sozinha na mesa, apoiou os cotovelos e ficou pensativa. Olhava para as pessoas e todos estavam se divertindo. Ela viu Juliana dançando com Erik e achou graça.

— A gorda até que dança bem — riu.

Com ar melancólico e triste por não receber carinho e apoio da mãe, espantou os pensamentos, levantou-se de um salto, foi até um dos rapazes que operavam a mesa de som e cochichou algo no ouvido dele. Depois, abriu a bolsa e tirou um envelope. Entregou-o ao moço.

Juliana cutucou Bruna.

— Ei, em que mundo está?

— Desculpe. O que foi?

— Parou de dançar de repente, por quê? Vamos nos divertir. É noite de festa!

— Tem razão, é noite de festa.

Juliana, Erik, Bruna e Caíque formaram uma rodinha e dançavam animados. Logo Fernando juntou-se a eles. Erik perguntou se elas queriam beber alguma coisa:

— Refrigerante com bastante gelo — pediu Juliana.

— Eu também — disse Bruna.

— Tome conta dela para mim — pediu Erik, num sussurro.

— Pode deixar — respondeu Fernando. — Ficarei de olho! — garantiu, enquanto procurava Paloma com olhos perscrutadores.

Erik e Caíque saíram e foram até o bar. O som estava mais abafado e dava para manter uma conversa em tom normal.

— É impressão minha ou você está mesmo a fim da Juliana? — perguntou Caíque, enquanto pedia as bebidas.

— Estou.

— Juliana não é a mulher da minha vida — eles riram — mas é uma boa moça. Quando vai se declarar?

— Logo mais, depois do jantar.

— É por isso que sua mãe está sentada com os pais de Juliana?

— Não. Foi coincidência. Sentaríamos com Eduarda; ela ligou de última hora e avisou que vinham uns parentes do interior.

— A mesa de Eduarda está vazia.

Erik deu de ombros.

— Tenho certeza de que mamãe vai desenvolver boa amizade com os pais de Juliana. Já são conhecidos do clube. Sempre se deram bem.

— Não tenha dúvida — apontou Caíque para a mesa. Teresa, Isabel e Paulo conversavam e riam ao mesmo tempo. Estavam alegres, e era nítida a sintonia entre os três.

Erik sorriu e perguntou:

— Desistiu da Paloma?

— Somos bons amigos. Nunca quisemos namorar para valer.

— Notei há pouco que está com outros olhos para a Bruna.

Caíque abriu um lindo sorriso, demonstrando os dentes alvos e perfeitamente enfileirados.

— Ah, rapaz, eu não queria me apaixonar. Achava que podia acionar um botão no coração e decidir gostar ou não de alguém. O tempo foi passando e hoje eu percebo que gosto muito da Bruna. Parece que, depois que ela se afastou de Eduarda, tornou-se outra pessoa. Para melhor.

— Bruna escondia-se sobre as asas de Eduarda porque se julgava insegura — arriscou Erik. — Acho que agora ela está mais solta, é mais verdadeira. E parece que está também a fim de você. Por que não aproveita a ocasião e também se declara a ela?

— Será? Meu coração se alegra, mas não sei se ela é a mulher da minha vida.

— Também não exagera! Você é muito jovem.

— Olha quem fala — replicou Caíque. — Pela sua cara, meu amigo, você não desgruda mais da gordinha. Ops, desculpe.

— Não precisa se desculpar. Juliana não possui as formas que mexem com a libido da maioria dos homens. Melhor para mim. Eu gosto dela desse jeito. Ela é tão bonita para mim que as formas são detalhes. E, de mais a mais, o que importa ao longo dos anos é a essência, é a companhia, o respeito, o carinho, a compreensão, o entendimento, o amor... Eu vejo isso tudo em Juliana. O corpo, mais dia menos dia, vai sofrer consequências naturais de desgaste. O sentimento, ao contrário, vai crescer e se solidificar ao longo dos anos, fortalecendo o nosso elo de amor.

— Você é surpreendente, Erik. Tão jovem e tão sábio.

— Jovem e apaixonado. Prefiro assim.

Eles espalmaram as mãos no alto e pegaram as bebidas. Chegaram até as meninas e, de repente, o som emudeceu. Todos se voltaram para o palco e o DJ anunciou:

— Hora do jantar. Voltarei daqui a uma hora.

Uma música suave e orquestrada encheu o ambiente, as luzes se acenderam, e os convidados começaram a formar fila para servirem-se no bufê.

Tudo ia bem até que, em determinado momento, uma música antiga começou a tocar: *Sou rebelde,* na voz da cantora Lilian.

"Eu sou rebelde porque o mundo quis assim, porque nunca me trataram com amor, e as pessoas se fecharam para mim..."

O telão sobre o palco foi ligado, mas nenhuma imagem apareceu. As pessoas começaram a rir, outras a cochichar e algumas até a vaiar. Ninguém estava entendendo por que a música instrumental havia sido interrompida. Acreditaram que estaria para começar uma sessão de flashback.

Isabel e Paulo se divertiam.

— Meu Deus! Quantas vezes dançamos essa música nos bailinhos de garagem? — perguntou Isabel.

— Muitas vezes, meu amor.

— Confesso que eu também dancei ao som desta música — devolveu Teresa, num gracejo.

Paulo estendeu a mão para a esposa e foram ao centro do salão. Um senhor na mesa atrás deles convidou Teresa para dançar. E assim, sucessivamente, todos deixaram os talheres sobre os pratos e dançaram. Animados e felizes. O que era para ser motivo de piada transformou-se em saudosismo para os antigos e pura diversão para a garotada.

A um canto do salão, Eduarda contava nos dedos os segundos para a intimidade de Juliana jorrar na tela para todos os convidados.

— A orca vai morrer de vergonha.

A imagem do telão continuou branca e nada. A música chegou ao fim e o DJ voltou a tocar música instrumental, adequada para o jantar. Eduarda bateu com o salto agulha até o palco, nervosa. Chamou o DJ e vociferou algumas palavras. Alguns escutaram um grito. Outros, mais próximos, ouviram palavrões inenarráveis.

O DJ tentava acalmá-la.

— A sua fita está gravada no sistema Betamax. O meu videocassete só lê fitas em VHS.

— Idiota. Mil vezes idiota! Devolva-me o dinheiro.

— De forma alguma. Você me pagou para tocar essa música do tempo dos meus pais, que por sinal alegrou a galera. E me pagou para acionar o videocassete. Eu fiz as duas coisas. Portanto, não devolvo. A fita eu devolvo. Toma.

Ela gritou, esperneou e arrancou a fita da mão do rapaz. Girou nos calcanhares e foi até a mesa de Juliana.

— Olá — disse, trincando os dentes de raiva.

Bruna levantou os olhos.

— Oi.

— Como estão íntimas! A dona Redonda e a comadre...

— O que você quer? — indagou Bruna. — Nesta mesa não há lugar para você.

— Olha, quem diria! Minha ex-melhor amiga mostrando as garras afiadas.

— Não temos nada o que conversar.

— Ah, não?

— Não — interveio Juliana. — Depois do baile, nunca mais nos veremos. Isso, para mim, é um alívio.

— E acha que Bruna é sua amiga do peito? É amiga de verdade?

— Ao menos ela não é falsa, tampouco tripudia sobre meus sentimentos.

Eduarda espremeu os olhos.

— Sei. Bruna é *sua* amiga? — enfatizou. — Tem certeza? Hello-o!

— Sim. Por quê? O que está insinuando?

— Eu? Nada.

Bruna sentiu medo.

— Melhor você se retirar, Eduarda.

— É — ponderou Erik. — Não queremos encrenca.

— Pois bem. Não querem encrenca, certo? Mas eu tenho aqui um presentinho para você, Juliana.

Eduarda abriu a bolsa e pegou a fita de vídeo.

— O que é isso? — interpelou Juliana, sem saber.

— Isso é o que eu queria passar no telão, mas não funcionou. Pegue e assista.

— O quê? — Juliana estava impaciente.

Bruna sentiu o estômago embrulhar.

— Eduarda, por favor... O que pensa fazer?

— Nada, amiguinha. Eu só quero mostrar para Juliana que você não é tão amiga assim.

Ela falou e jogou a fita sobre o colo de Juliana.

— Não estou entendendo.

— Não está porque seu raciocínio é, naturalmente, mais lento, assim como seu metabolismo. A gordura a impede de ser mais inteligente e perceber o óbvio. Bruna estava se passando por amiga só para filmá-la e depois me entregar a fita com você e suas intimidades ridículas: Juliana tomando banho, Juliana tirando a roupa, Juliana blá-blá-blá... Vocês todos me dão nojo! — vociferou.

Bruna fulminou Eduarda com os olhos. Eduarda mexeu os ombros:

— Pode me repudiar. Eu não podia deixar de alertar a orca. Você não presta, Bruna. Tenham todos uma boa noite.

Eduarda passou pela mãe e fez sinal. Glória deu graças a Deus. Não via a hora de sair daquele ambiente.

— Música cafona, não? O que você estava aprontando?

— Nada, mãe.

— Queria chamar minha atenção?

— Não... quer dizer... — Eduarda engasgou.

Glória meneou a cabeça, maneira negativa.

— Vamos logo. Ainda bem que segundo grau só se faz uma vez na vida. Deus é mais!

Elas saíram. Dentro do salão, todos na mesa voltaram os olhos para Bruna. Ela tentou se explicar.

— Juliana, deixe-me contar como tudo começou...

Juliana a cortou, chorosa:

— Eu não posso acreditar que todas aquelas intimidades que registramos foram entregues para Eduarda. Você estava fazendo jogo duplo? Traindo-me pelas costas?

— Não. De forma alguma — a voz de Bruna também era chorosa. — No começo eu até gravei pensando em entregar a fita para Eduarda, mas depois que conheci você melhor, desisti.

— Desistiu? Como desistiu, se *eu* estou nesta fita — apontou, irritada.

— Eu pedi para meu irmão apagar e...

— Chega, Bruna. Eu não quero ouvir mais uma palavra.

Erik e Caíque não emitiam som.

— Por favor, Juliana, deixe-me contar toda a história.

— Não tem história. Quero ir embora.

— É nossa festa de despedida. É o nosso baile.

— Que você fez questão de estragar.

— Não. Por favor, Juliana, não vá — suplicou Bruna.

— Erik, pode me levar para casa?

— Eu não dirijo, mas vou chamar minha mãe.

Paloma chegou e perguntou:

— O que houve? Eu vi Eduarda saindo da mesa feito um furacão.

— Depois te conto — rebateu Juliana. — Quero ir embora.

— Agora?! A festa vai esquentar. Agora, não. Por favor, irmã.

— Fique, Paloma. Aproveite. Eu quero ir para casa.

Isabel e Paulo chegaram. Teresa vinha logo atrás.

— O que aconteceu? — indagou Isabel.

— Nada, mãe. Não estou me sentindo bem.

Erik cochichou no ouvido da mãe.

— Eu vou levá-la para casa — apaziguou Teresa. — Fiquem com Paloma e aproveitem.

Paulo iria falar, mas Juliana fez uma negativa com a cabeça.

— Quero ir para casa, por favor. Depois conversamos, papai.

Isabel abriu a bolsa e apanhou a chave de casa. Entregou-a para Juliana, que olhou para Bruna com decepção e dor. Nada disse. Com olhos embaciados, Juliana saiu acompanhada de Teresa e Erik. Bruna levou as mãos ao rosto e desatou a chorar.

— O que está acontecendo? — perguntou Paloma, espantada.

— Eu fiz algo terrível contra sua irmã. Mas me arrependi. Ela não deixou que eu me explicasse — lastimou Bruna.

— Não fique assim — consolou-a Caíque. — Amanhã tudo vai se resolver.

— Não, não vai. Eu preciso falar com Juliana.

— Não adianta, Bruna. Ela não quer falar com você.

— Mas eu preciso.

— Hoje não — tornou Isabel. — Conheço minha filha. Ela está com a cabeça quente. Vamos esperar a poeira assentar. Depois, com calma, vocês conversam.

Voltaram às mesas, mas, Bruna mal provou a comida.

— O que eu posso fazer para ajudar? — quis saber Caíque, condoído.

— Quero que me leve até Juliana. Não vou sossegar enquanto não conversarmos.

— Está bem. Mas vamos esperar a festa acabar.

— Por quê?

— Eu... — Caíque estava sem jeito — gostaria de lhe falar.

— Sobre?

Caíque piscou um olho.

— Sobre nós.

Bruna esboçou um sorriso. Sentiu um friozinho na barriga. Respirou fundo e decidiu que iria conversar com Juliana na manhã seguinte, com a cabeça mais fria. Sim, ela sabia que se aproximara de Juliana por sugestão de Eduarda. Todavia, ela acabou se afeiçoando à nova amiga e iria lutar para manter e, quem sabe, fortalecer essa amizade. De qualquer maneira.

Por ora, Bruna deixou-se levar pela agradável conversa de Caíque.

27.

Teresa embicou o carro na guia, bem próximo do portão.

— Tem certeza de que quer ficar sozinha?

— Sim, dona Teresa.

— Melhor eu ficar com você — sugeriu Erik.

— Não. Não quero atrapalhar o resto da noite.

— Como atrapalhar? De forma alguma. Eu vou ficar com você aqui até seus pais voltarem.

— Eu acho uma ótima ideia — considerou Teresa.

— Não quero dar trabalho.

— Não está dando. Meu filho quer ficar com você até seus pais chegarem. Acho de bom-tom.

— Por favor — insistiu Erik.

— Está certo.

Teresa esperou os dois entrarem na casa. Quando acenderam a luz da sala e fecharam a porta, ela acelerou e foi para casa. Torcia para que o filho tomasse coragem e se declarasse para Juliana.

— Gosto dessa menina. E gosto também dos pais dela. Meu filho merece ser feliz.

Dentro de casa, Juliana jogou-se no sofá. Tirou os sapatos, atirou-os num canto. Erik sentou-se ao seu lado.

Pousou delicadamente as mãos sobre as dela, tentando transmitir apoio.

— E então, como se sente?

— Muito mal. Nem que o vídeo fosse a público eu ficaria tão aborrecida. A traição de Bruna é o que mais me dói.

— Ela se mostrou arrependida.

— Será?

— Pense, Juliana. Se Bruna quisesse mesmo tripudiar sobre seus sentimentos, caçoar de você, ela não ficaria naquele estado catatônico.

— É — hesitou. — Bruna parecia constrangida.

— Sim. Eu percebi. Dias atrás, tive uma conversa com ela. Coisa rápida, no corredor do colégio. Ela estava muito feliz por essa nova amizade. Disse-me gostar sinceramente de você.

— Ela pode ter inventado... — sibilou, porquanto uma voz amiga dizia para acreditar e confiar em Bruna. Por outro lado, a parte racional tentava abafar a voz amiga.

— Não creio — respondeu Erik. — Bruna mudou muito nestes últimos meses. Os nossos colegas cochichavam que ela estava menos chata. Perdeu até o apelido de chiclete, visto que não andava mais grudada nas saias de Eduarda.

Juliana sorriu timidamente.

— Mas a Eduarda estava com a fita que Bruna usou.

— Quer saber?

— O quê, Erik?

— Tenho a sensação de que, no começo, a Bruna pode até ter se aproximado de você por interesses escusos. Até acredito que ficou sua amiga a mando de Eduarda. Mas, ao longo do tempo, ela percebeu a pessoa inteligente, sensível e maravilhosa que você é.

Juliana enrubesceu.

— Falando assim, fico sem graça.

— Não é para ficar — Erik trouxe as mãos de Juliana de encontro aos lábios. Beijou-as com delicadeza.

— Bruna viu em você o que eu tenho percebido desde o primeiro ano.

— Percebeu o quê?

— Que você é encantadora.

Juliana iria falar, mas Erik respirou fundo e foi mais rápido. Aproximou o rosto e seus lábios se encontraram. Foi o primeiro beijo de Juliana. Inesquecível. Seu corpo tremia, o coração batia descompassado. Quando os lábios se desgrudaram, ela arregalou os olhos:

— O que foi isso?!

— Eu gosto de você, Juliana.

— Mesmo?

— Sim.

— Não está brincando com meus sentimentos?

Ele a beijou novamente, com ardor. Depois disse, meio encabulado:

— Isso é brincar com seus sentimentos? Eu morro de desejo em tê-la nos meus braços.

— Sou gorda.

— E daí? Por acaso isso é empecilho para o nosso amor?

— Desde pequena sempre fui massacrada por ser considerada fora dos padrões. Uma mulher com quadris largos e feições avantajadas é...

Ele a cortou com amabilidade na voz:

— É a coisa mais linda do mundo. Eu nunca gostei de pele e osso. Adoro carne!

Juliana deu um tapinha no ombro dele.

— Olha como fala!

— Mas é verdade. Não gosto dessas garotas esquálidas. Nunca me atraíram. Eu gosto de você, do seu jeito, do seu corpo, enfim, do jeito que você é. E tem mais.

— Mais o quê?

— A sua pele tem um cheiro divino. Creio que agora fica difícil eu esconder: estou apaixonado!

— Eu também devo confessar que gosto de você há um bom tempo.

— Por que nunca veio falar comigo?

Ela iria falar que escrevera uma carta declarando seu amor por ele, que havia lido e ensaiado mil vezes uma maneira de ler o conteúdo para Erik. No entanto, fora pega de surpresa. De fato, Juliana estava pasmada. Sem saber o que dizer, repetiu a pergunta dele:

— Ora, por que nunca veio falar comigo?

— Medo.

— Medo?! Não posso acreditar.

— É. Tinha medo de ser rejeitado por você.

Juliana sentiu uma emoção sem igual. Abraçou-se a Erik e beijaram-se apaixonadamente.

Isabel e Paulo dançavam animados. Depois de uma sequência de músicas antigas, alegres e divertidas, sentaram-se à mesa. Fernando estava com o semblante triste.

— Está cansado? — indagou Paulo.

— Um pouco.

— Está assim porque sua mãe não veio? — perguntou Isabel.

— Ainda bem que ela não veio. Eu não ia gostar de vê-la aqui.

— Você nunca se referiu à sua mãe dessa maneira.

— Como?

— Está usando um tom muito agressivo, que não combina com seu jeito de ser, meu filho. O que foi que aconteceu? — quis saber Paulo.

— Nada, tio.

— Como nada? Você sempre foi alegre, sorridente. Nunca vimos referir-se a Magnólia dessa forma. Tudo bem que ela é a pessoa mais negativa que eu conheço, está ficando cada vez mais chata com o passar dos anos, mas ela tem um bom coração — ponderou Isabel.

— Bom coração? Uma pessoa que só pensa no negativo vinte e quatro horas por dia, que só vê maldade e feiura em tudo não pode ter um bom coração — protestou Fernando.

— Tem. Eu sei que sua mãe é uma mulher com a visão negativa do mundo, mas no fundo ama você de verdade.

— Tia Gina demonstra mais amor por mim do que minha mãe.

— Gina foi uma bênção na vida de Magnólia — contrapôs Paulo. — Se conhecesse sua mãe antes de ela se relacionar com Gina, a acharia, de fato, detestável.

Isabel cutucou o marido.

— Também não é tanto assim, amor.

— Como não, querida? Magnólia sempre teve essa característica de ver o mundo com olhos injetados de maldade. Quando Gina apareceu, foi como se houvesse um sopro de renovação, como se a vida estivesse dando nova chance para Magnólia repensar seus valores e mudar sua postura negativa por uma mais positiva diante da vida.

— Ela nunca quis saber do espiritual.

— Eu me interesso, tia.

— Eu sei, querido. Você é diferente. É um garoto que vale ouro. Se tivéssemos um filho homem, eu gostaria que esse filho fosse você.

Fernando sorriu emocionado.

— Obrigado, tia. A amizade de vocês me ajuda a manter o bom astral.

— Gostei do sorriso — emendou Paulo. — Agora trate de se divertir.

Paloma surgiu à mesa, suada, a maquiagem borrada e os cabelos presos em coque.

— Gente, como estou me divertindo! Pena que Juliana não está aqui conosco.

— Ela deve estar bem. Erik é uma ótima companhia — disse Isabel.

— Também acho. No fim das contas, a confusão de Eduarda juntou minha irmã e Erik. Eduarda acabou por fazer uma boa ação, mesmo sem perceber.

— Eduarda até que tem bastante equilíbrio — observou Isabel.

Paloma arregalou os olhos:

— O que foi que disse? Escutei direito?

— Sim. Glória é uma pessoa que só pensa em si. Não nasceu para ter filhos. Estudei com ela na escola. Foi uma menina detestável, sem amigos. Usava a beleza e o corpo para seduzir os rapazes. Nunca se interessou por uma amizade verdadeira. E pensa que não vi como tratou Eduarda aqui no baile? De maneira fria, distante. Eduarda deve ser uma menina muito solitária.

— E tem mais — acrescentou Paulo. — O pai dela, Otaviano, saiu fugido do país. Está na mira da Polícia Federal. Essa menina não teve valores, não teve afeto. É extremamente carente.

Paloma ficou pensativa. Nunca havia olhado Eduarda sob esse prisma. Fernando, alheio a tudo, não conseguia tirar os olhos de Paloma.

— Está se divertindo? — perguntou ele.

— A roda estava mais animada. Caíque e Bruna acabaram de sair.

Paulo consultou o relógio.

— Está na hora de irmos embora.

Isabel concordou. Paloma protestou.

— Mais meia hora, papai. Só mais meia hora.

Paulo mexeu a cabeça para cima e para baixo.

— Está bem. Mais meia hora.

Paloma beijou o pai no rosto e puxou Fernando, arrastando-o até o centro da pista.

— Vamos sacudir esse corpo.

Fernando, meio sem graça, começou a se movimentar. Por ora, esqueceu-se de Magnólia e de seus problemas. Por fim, a música agitada parou e uma melodia romântica encheu o ambiente.

— Ah, o baile está chegando ao fim — Paloma disse com voz triste.

— É. Quando começam a tocar música lenta, é sinal para que as pessoas comecem a se preparar para ir embora.

— Uma pena. Queria que esta festa não acabasse nunca.

Paloma falou e, inocentemente, abraçou-se a Fernando.

— Dança essa comigo?

Ele se aproximou e seus corpos se tocaram. Fernando sentiu um calor acima do normal. O coração disparou e a boca ficou seca. Ele enlaçou Paloma e fechou os olhos. Desejava que aquele momento ficasse congelado. Para sempre.

Na festa, Bruna sondou:

— Caíque, você sente alguma coisa por Paloma?

— Não. Foi só curtição.

— Nem um sentimento, nada?

— Não. Por que pergunta?

— Por nada.

— Ei, você sente alguma coisa por mim?

— Você não é de se jogar fora. É um moço bonito, inteligente. Mas o que posso esperar de um garoto que mal saiu das fraldas e é filhinho de papai?

— Assim me ofende. Eu sou do bem. Já fiz dezoito anos, tenho carro.

— Vai prestar vestibular para quê?

Caíque coçou a cabeça.

— Não pensei nisso ainda. Estava mais preocupado em passar de ano e pegar o diploma. Acho que vou tirar um ano de férias, ver o que gosto mesmo de fazer. Depois decido o que vou prestar.

— Está vendo — ela riu. — Você não leva a vida a sério.

— Claro que levo. A vida é curta. De que adianta ser estressado? Eu não quero decidir meu futuro agora. Pode ser que o que eu estude hoje não me realize daqui a dez, vinte anos.

— Precisa ter um começo.

— Você vai prestar vestibular para quê?

— Direito.

— Tem que estudar muito.

— Não tenho medo do estudo. Eu gosto de ler muito e tenho gosto por leis. Um primo do meu pai é advogado e eu me sinto muito bem quando vou ao escritório dele. É como se eu já conhecesse esse universo.

— Das leis?

— É. Sinto familiaridade com assuntos jurídicos.

— Posso lhe perguntar uma coisa?

— Pode.

— Você ficou surpresa ao ver Eduarda com a fita na mão ou foi cena ensaiada?

Bruna fechou o cenho.

— Imagine! Eu fiz teatro no começo. Fingi brigar com Eduarda para ter um motivo e me aproximar de Juliana. Depois, a amizade brotou de forma sincera. Juliana é uma pessoa formidável.

— Ela é muito legal.

— E Eduarda não é amiga de ninguém. Só pensa nos próprios interesses. É ela e o mundo dela. Sempre.

— Acha que Juliana vai entender?

— Não sei. Eu adoraria que ela me escutasse. Depois que eu contar tudo, poderá tirar as conclusões que quiser. Tenho que dizer o quanto ela é importante para mim. Juliana é como uma irmã.

— Legal. Se falar com todo esse sentimento e com essa covinha que se forma na ponta do queixo, Juliana não vai resistir.

— Bobo! — ela deu um tapinha em Caíque.

Ficaram sem assunto e fitando um ao outro.

— E agora? — perguntou ela.

Caíque a beijou. Foi rápido o suficiente para Bruna não sentir absolutamente nada. Caíque percebeu.

— Não gostou do meu beijo.

— Não foi isso. Acho que não nascemos um para o outro.

— A Paloma gosta dos meus beijos — Caíque pareceu chateado e quis provocar. Afinal, nunca fora recusado por garota alguma. Era o bonitão da sala, tinha um carro esporte último tipo, praticava esportes e era assediado pelas meninas do colégio. Estava interessado em Bruna, mas a recusa dela abalou sua estrutura de autossuficiência.

— Cada um é um. Acho você um cara superlegal. Podemos ser bons amigos.

Ele consultou o relógio e, impaciente, perguntou:

— Está quase amanhecendo. Quer ir até a casa da Juliana?

— Não. Melhor ir para a minha casa, descansar. No fim da tarde, depois de boas horas de sono, eu ligarei.

— Se quiser, poderei levá-la.

— Não precisa.

— Posso, ao menos, levar você para casa?

Bruna fez sim com a cabeça. Caíque sentiu uma pontada de tristeza.

"Ela não me deu bola. Mas uma hora não vai resistir. Com o tempo, vou mostrar a ela que eu sou um cara que vale a pena. Nenhuma menina me rejeitou. Não vai ser agora que vou ter que engolir esse desaforo", pensou.

Entraram no carro e, mal saíram do estacionamento, Caíque pisou fundo no acelerador.

— Vai mais devagar, Caíque.

— Fique sossegada. Posso não ter o melhor beijo do mundo, mas sou o melhor motorista do mundo.

Bruna certificou-se de que o cinto de segurança estava preso e sem folga.

— Coloque o cinto, Caíque.

— Bobagem. Atrapalha. Me incomoda.

Ela meneou a cabeça negativamente.

— Por que correr tanto?

— Porque de madrugada é bem melhor. As ruas estão mais desertas. Eu me sinto como se estivesse correndo em um autódromo.

— Não estamos em Mônaco e você precisa respeitar o limite de velocidade. Vamos mais devagar?

Caíque sorriu matreiro. Ligou o som, aumentou o volume. Estava gostando de ver Bruna temerosa.

— Sou um bom piloto.

Caíque falou e Bruna deu um grito:

— Pare agora! O sinal fechou...

Eduarda saiu da festa soltando fogo pelas ventas. Entrou no carro e, depois do sermão de Glória, não queria ir para casa.

— Preciso me acalmar. Pode me deixar em um barzinho?

— Agora?

— É, mãe. Estou me sentindo só.

Glória não entendeu as entrelinhas e fez um muxoxo.

— Passe-me o endereço.

Eduarda deu o endereço, entristecida, e meia hora depois estavam em frente a um barzinho badalado na Vila Madalena. Ela desceu do carro e Glória advertiu:

— Melhora essa cara. Homem não gosta de mulher com cara amarrada.

— Estou triste. Não gostei do que fiz à Juliana.

— O que você fez? Eu não vi você fazer nada. E, além do mais, você não pode querer amizade com uma menina gorda. Pode arranhar e baixar a sua popularidade.

Eduarda não quis falar. Sua mãe jamais iria entendê-la. Glória não tinha amigas, não gostava de ouvir as lamentações do próximo. Como poderia perceber o que ia no coração triste de Eduarda?

— Aqui tem — Glória abriu a bolsa e tirou algumas notas — dinheiro para você tomar um suco e pegar um táxi na volta.

— Eu me viro. Tchau.

Glória acelerou. Eduarda entrou no bar e, naturalmente, chamou a atenção. Ela não passava despercebida. Logo um rapaz, aparentando uns trinta anos de idade, veio até ela e sorriu.

— Gostar de cachaça?

Ela achou graça do sotaque. Perguntou:

— Gostar. E você, é de onde?

O gringo estava já meio alto com os litros de caipirinha que havia tomado.

— Eu ser inglês. Do Londres. Conhece?

— Ainda não — Eduarda riu.

— Rir de quê? — o gringo já falava meio enrolado.

— Nada, não. O seu jeito de falar é engraçado.

Ele era engraçado e era bonito. Tinha os traços bem masculinos, o aspecto era bem viril. Eduarda bebeu uma caipirinha. Depois outra. Beijaram-se, abraçaram-se, beijaram-se de novo e assim foi até quase o raiar do dia. O rapaz pagou a conta e convidou:

— Quer conhecer meu hotel?

— Danadinho.

— Eu gostar de você.

— Onde está hospedado?

Quando o gringo, cujo nome de batismo era Christopher, disse que estava hospedado em um dos hotéis mais refinados e caros da cidade, os olhos de Eduarda rodaram nas órbitas e brilharam.

— Então, vamos?

— Claro — disse ela.

— Pegar meu carro.

— Não. Você bebeu muito. Vamos tomar um táxi.

— Eu estar sóbrio. Vamos.

Ela o acompanhou um tanto preocupada. No entanto, ao entrar no carro último tipo, com cheirinho de carro novo, mudou de ideia.

— Melhor que táxi — ela suspirou.

Christopher deu partida e ligou o som. A música encheu o interior do veículo e ele dirigia com uma mão no volante e com a outra, livre, porquanto o carro tinha câmbio automático, deslizava sobre as coxas de Eduarda.

— Vai devagar — ela sugeriu.

— Você muito linda. Você gostosa.

— Fala quase nada de português, mas já aprendeu a falar *gostosa*.

O rapaz riu.

— É. Eu aprender rápido.

Pararam no sinal e Eduarda percebeu que, mesmo alto pela quantidade excessiva de cachaça, Christopher dirigia devagar, mas fazia leve zigue-zague. Ela apertou o cinto de segurança dela e, por instinto, puxou o de Christopher, passando displicentemente as mãos pelo peito dele.

— Hum, eu gostar de você roçar.

— Engraçadinho. Estou protegendo a sua vida.

O sinal abriu, Christopher acelerou e só se ouviu um estrondo. Vidros quebrados, lataria amassada, gritos e morte.

28.

Dez anos se passaram, como um piscar de olhos.

Magnólia acordou e, impaciente, como vinha acontecendo ultimamente, desceu para o café. Sentou-se à mesa irritada.

— O que foi desta vez? — perguntou Gina.

— Pesadelos. Agora que estou ficando velha, só tenho pesadelos! A vida é muito ingrata. Aliás, viver para quê?

— Viver para ser feliz. Este é o meu lema.

— Não sei como consegue ter tanta animação logo cedo. Eu mal saí da cama, tive uma noite péssima de sono. Queria mesmo era voltar à cama.

— Como vem fazendo nos últimos meses — provocou Gina. — Por que foge?

Magnólia fez um gesto vago com a mão.

— Não fujo de nada. Não tenho vontade de viver.

— Uma pena. Eu gosto tanto de você! — Gina falava com emoção. — Eu a amo de verdade. São muitos anos ao seu lado, dia após dia. Nunca reclamei de suas lamúrias, de sua negatividade. Torço para que chegue o dia em que acorde e enxergue, de fato, a beleza da vida.

— Eu não consigo enxergar nada que não seja feio.

— Porque se deixa levar por crenças negativas, erradas, aprendidas ao longo de encarnações, que só a fizeram sofrer. Veja, querida — Gina aproximou-se e sentou-se à mesa, próximo da companheira —, a vida quer que você reaja. Entre em contato com seu coração, imagine o que gostaria de fazer.

— Não consigo. A vida tem sido muito dura. Sei que tenho você ao meu lado e agradeço a Deus todos os dias, do contrário não mais estaria aqui.

— Não fale dessa maneira.

— É verdade, Gina. Acho que, se eu estivesse sozinha, já teria adoecido e morrido. O que mais me dói e me rasga por dentro é não ter notícias do meu filho.

— Você sabe que Fernando está muito bem.

— Sei do meu filho por você! É o cúmulo. Eu sou a mãe! Fui eu que o trouxe ao mundo. Esta indiferença tem me matado a cada dia que passa.

— Entendo que Fernando tenha sido duro com você. Mas o que ele poderia fazer? Você disse em alto e bom som que, se pudesse escolher, jamais engravidaria.

— Eu me referi às condições pelas quais engravidei. Daquele pulha, daquele maldito.

— Tem de tomar coragem e contar a Fernando *toda* a verdade.

— Nunca! Uma mulher lésbica, estuprada por um bandido? Quer que meu filho se afunde nas drogas?

— Fernando é homem feito — Gina foi até o corredor e voltou, trazendo uma foto. — Veja como ele está lindo.

Magnólia deixou uma lágrima escorrer.

— Está um homem feito. Meu Deus! Estou ficando velha.

— Estamos, querida.

Magnólia estremeceu.

— O que foi?

— Meu filho está lindo, mas é a cara do pai. Como pode ser parecido com aquele monstro? Que genética é esta que não me deixa esquecer aquele maldito?

— Quantas vezes eu já lhe pedi para deixar o rancor de lado?

— Impossível. Quero que Jonas apodreça.

— As nossas ligações com as pessoas se dão por meio de sintonia energética. Pense no bem e atrairá pessoas ligadas também no bem. Pense no negativo ou tenha raiva de alguém para criar esta mesma sintonia. Os laços que nos unem ao longo de várias encarnações podem ser construídos pelo amor ou pelo rancor. Quanto mais puder se livrar dos laços de rancor e mágoa e aumentar os de amor, melhor.

— Como deixar de pensar naquele infeliz? Olhe para esta foto! Não dá para negar que Fernando é a cara daquele marginal nojento. E, de mais a mais, tenho certeza de que já morreu.

— Reze, então, pela alma de Jonas.

— Não consigo, Gina. O que pede é demais para mim.

— Você não quer. É diferente. Quando decidir parar de dar murro em ponta de faca, reconhecer seus limites e ver que a vida faz tudo para que melhoremos, talvez perdoe o Jonas, vivo ou morto.

— Perdoá-lo? Nunca. Foi um tremendo cafajeste.

— Que lhe deu o maior tesouro de sua vida.

Nova lágrima escorreu pelo canto do olho de Magnólia.

— Eu amo Fernando mais que tudo nesta vida. Você sabe.

— Então converse com ele. Abra seu coração. Conte tudo, desabafe. Ele vai entender.

— Foi um grande mal-entendido.

— E por que não desfez o mal-entendido até hoje? Por que não conversou com seu filho?

— Porque ele não me deu chance. Você bem sabe o quanto tentei. Mas não. Ele foi embora, abandonou-me.

— Deixe de ser dramática. Fernando foi embora de casa porque entrou em uma boa universidade pública no interior. Formou-se em administração de empresas com louvor.

— E nunca quis voltar para cá.

— Conseguiu um bom emprego em uma usina no interior de Goiás. E aproveitou para afastar-se de Paloma.

Magnólia espremeu os olhos.

— Essa menina me dá raiva.

— Não entre nisso.

— Como não? Ela fez mal ao meu filho.

— Da mesma forma que você não conversou direito com Fernando, ele também não conversou com Paloma. Não conversou, não abriu o coração.

— Até um cego veria o quanto ele sempre gostou dela. Mas a gostosinha do pedaço preferiu ignorá-lo, quis conhecer o mundo e se mandou para a Espanha. Ela e a outra ingrata da Lena.

— Elas seguiram seus sonhos. Lena sempre nos disse que se formaria e iria fazer mestrado em Barcelona. Trabalha em restauração, fez nome. É competente e requisitada. Paloma sempre foi mais solta, aventureira.

— E estraçalhou o coração do meu filho.

— Paloma mal sabe que Fernando a ama.

— Tudo culpa de Isabel e do Paulo. Sempre criaram a menina com mão solta. Sorte de ela não ter engravidado, ainda — salientou.

— Não fale assim, minha querida. Paloma é uma boa moça. Se quer saber, ela e Fernando têm chance de se unirem.

Magnólia gargalhou, nervosa.

— Imagine! Meu filho metido em uma usina sabe deus onde e Paloma solta em Barcelona. A chance de os dois se encontrarem é ínfima, por que não dizer impossível?

— A vida faz mágica para que o melhor nos alcance. Se o destino dos dois é estar juntos, tenho certeza de que a vida não deixará de articular a favor de ambos.

— Eu não gostaria que meu filho se envolvesse com Paloma. Ela não é mulher para Fernando.

— Bom, você sempre vai manter seu ponto de vista. Eu a respeito, mas não concordo. Vamos encerrar nossa conversa por aqui. Preciso fazer a lista de supermercado para a Custódia. Deseja alguma coisa?

— Um punhado de paz e serenidade. Ela pode me comprar?

— Não, Magnólia. Essa compra só você poderá realizar. Pense no bem, deixe de dar força ao mal.

— Um dia vou tentar. Hoje não.

Gina deu de ombros.

— Está bem. Hoje à tarde vamos fazer o Evangelho no Lar. Quer participar?

— Não. Não acredito em nada que não veja.

— Apesar de não acreditar, vou vibrar positivamente por você. Como sempre.

Magnólia nada disse. Apanhou a foto do filho e a beijou. Pegou a térmica sobre a mesa e despejou o café na xícara. Em seguida apanhou um pãozinho e passou manteiga. Bebeu e comeu em silêncio. Depois ajeitou o penhoar e subiu para o quarto, com a foto nas mãos.

A cada dia que passava, nos últimos anos, apesar dos esforços dos amigos Isabel e Paulo, e da companheira Gina, em querer que se interessasse por questões do mundo espiritual e melhorasse o teor de seus pensamentos, Magnólia insistia em permanecer na negatividade. Não fazia questão de ter contato com a única irmã, Begônia. Não tinha amizade com o filho e deixara de visitar o casal de amigos. Sentia-se triste e só.

Adelaide, de vez em quando, aproximava-se para lhe dar um passe reconfortante. Contudo, havia momentos em que o teor dos pensamentos de Magnólia era tão tóxico, tão pesado, que Adelaide e, algumas vezes, Fabiano nada podiam fazer.

Magnólia entrou no quarto, desceu a persiana e deitou-se. Fechou os olhos e pediu para que a vida parasse.

— Estou cansada de viver. Eu não presto para nada — resmungou para si. — Nasci torta, gostando de mulheres. Fui violentada e tive um filho que não me ama. Tenho uma vida sem graça e não sei por que vivo. Tanta gente que quer viver e morre doente, e eu aqui, firme e forte.

Ela se virou, tomou um calmante e logo adormeceu.

Adelaide aproximou-se para dar um passe no perispírito da filha; a aura de Magnólia estava intoxicada por vibrações pesadas, miasmas e algumas formas-pensamento que, de tão cristalizadas, tomavam a forma de larvas astrais.

As luzes emanadas por Adelaide surtiram algum efeito. Sabia que seriam temporárias, pois, assim que Magnólia acordasse, sua mente passaria a produzir novos pensamentos tóxicos.

Beijou o perispírito adormecido da filha e dirigiu-se à colônia astral onde residia. Caminhou por entre as alamedas floridas e verdejantes. Encontrou Fabiano preparando-se para o curso.

— A aula ainda não começou?

— Não, querida — respondeu ele, agora mais jovem, aparentando pouco mais de quarenta anos de idade.

— Tarsila nunca se atrasa para os encontros. Ela preza muito o horário. É pontual.

— Sei. Houve um desastre de avião com muitos desencarnes. Havia um parente querido de Tarsila no voo. Muitos outros amigos foram convocados em caráter de urgência para receber os recém-desencarnados e consolar, dentro do possível, suas famílias.

— Ah!

— Por que está com essa cara?

— Que cara? — indagou Adelaide, tentando ocultar o que ia no coração.

— Eu a conheço há alguns séculos — brincou Fabiano. — E aprendi a ler pensamentos. Está aflita com nossa filha.

Adelaide deixou-se cair em uma poltrona, exausta.

— Sim. Você tem toda razão. Estou preocupada.

— De que adianta preocupar-se? O que tiver de ser será.

— Ela vai sofrer. De novo.

— Mas é escolha do espírito. Aprendemos pelo amor ou pela dor. Magnólia ainda precisa aprender pela dor. Só assim seu espírito vai crescer.

— Gostaria que fosse de maneira menos traumática.

— Tudo acontece para o nosso melhor. Aliás, esse é o tema da aula de hoje. Por que não se junta a nós?

— Sabe que é uma boa ideia? — admitiu Adelaide. — Estou mesmo precisando me libertar das energias do mundo terreno. Não posso ser tão pessoal.

— Isso mesmo, minha querida. Vamos vibrar amor para nossa filha. Magnólia precisa e vai precisar muito do nosso amor. Venha.

Adelaide assentiu. Levantou-se e deu as mãos para Fabiano. Fecharam os olhos e fizeram bonita prece em favor de Magnólia. Em seguida, Fabiano aplicou um passe em Adelaide e o cansaço foi embora; foram, de mãos dadas, caminhando por entre as alamedas até o ginásio onde Tarsila daria o curso.

29.

Fernando acordou bem-disposto. Fazia três anos que aceitara o emprego na usina de cana. Ele era um gerente competente, elogiado pelos superiores e colaboradores. Sentia falta de casa, do agito da cidade grande, dos poucos amigos que deixara. Também sentia saudades de Gina, embora falassem ao telefone uma vez por semana, inteirando-se das novidades e sem nunca perguntar pela mãe. Era muito duro para Fernando não ter contato com ela. Amava muito Magnólia, mas ficara magoado tanto pela frase infeliz que ela dissera como pela falta de diálogo entre ambos. Fazia dez anos que não trocava um "oi" com ela. E ficara amuado ao saber que Paloma mudara-se para a Espanha.

— Ela nunca vai saber que a amo — declarava sempre.

Este dia era especial. Fernando acordou sem pensar na mãe, na cidade ou no antigo amor. Receberia a visita de Alessandro, um grande amigo da faculdade.

Alessandro era um rapaz nem feio nem bonito, mas tinha um carisma fora do comum. Filho de comerciantes, trazia nas veias o tino para negócios. Era simpático, alegre, divertido e tinha uma cabeça espiritualista.

Os rapazes se encontraram no fim do expediente. Fernando deu-lhe um abraço afetuoso. Alessandro era dois anos mais velho e Fernando via nele um irmão em quem podia confiar alguns de seus segredos mais íntimos. Alessandro, por exemplo, sabia da relação afetiva entre Magnólia e Gina, e jamais fizera um comentário julgamentoso que fosse. Era um bom ouvinte e estava sempre dando ótimos conselhos a Fernando. Mas Fernando recusava-se a abrir o coração e falar de seus sentimentos em relação a Paloma. Alessandro sabia qual era o limite do amigo e o respeitava, deixando Fernando muito à vontade.

Depois do abraço, sentaram-se à mesa do boteco e pediram dois chopes e uma porção de bolinhos de bacalhau.

— Não estamos no Rio de Janeiro, mas confesso que você vai comer um dos melhores bolinhos já servidos — disse Fernando, passando a língua pelos lábios, antegozando o prazer de abocanhar aqueles bolinhos tão bem-feitos.

Os chopes chegaram, e os rapazes fizeram um brinde:

— À nossa saúde e felicidade — brindaram.

— Meu amigo, quanto tempo vai ficar?

— Vim só para te ver — respondeu Alessandro.

— Vai embora amanhã?

— Vou. Preciso. Estou com mil ideias na cabeça.

— E quais são?

Alessandro ia responder, mas o cozinheiro, um baiano alto e moreno, trouxe os bolinhos.

— Fiz especialmente para você — disse para Fernando, em um sotaque inconfundível.

— Peixão, conheça meu amigo Alessandro.

O baiano cumprimentou Alessandro:

— E aê, meu rei?

Sorriram. Alessandro perguntou:

— Há quanto tempo trabalha neste bar, Peixão?

— Oxe! Faz dois anos.

— Está satisfeito?

— Nada me falta. Tenho um quartinho nos fundos do bar, não pago aluguel. Ganho para me manter.

— Gostaria de ganhar mais?

— E como! Mas aqui, nesta cidade pequena, as chances de progresso não são lá tão promissoras para um cozinheiro feito eu. No fundo, não vejo a hora de tomar um chá de se pique.

Alessandro não entendeu. Fernando interveio:

— Já me acostumei com as expressões. Peixão não vê a hora de ir embora.

Alessandro prosseguiu:

— Que bom! E qual é o seu sonho?

Os olhos de Peixão brilharam emotivos.

— Meu sonho é ter meu próprio negócio, lavar a jega!

Fernando adiantou-se na tradução:

— Lavar a égua. Se dar bem.

Peixão continuou:

— Eu tenho uma mão boa para cozinhar. Aprendi com meu avô, que aprendeu com o pai dele, que aprendeu com os escravos. Sei fazer de tudo, de cabeça.

— E a comida desse baiano... — suspirou Fernando — você não tem ideia da maravilha que é.

— Gostei de conhecê-lo — Alessandro apertou a mão de Peixão e mordeu um pedaço do bolinho de bacalhau, sequinho e crocante.

— Hum, olha, eu sou capaz de fazer o mesmo que a Ana Maria Braga! Me deu vontade de ir para debaixo da mesa e murmurar de felicidade.

Os três riram. Peixão considerou:

— Vou fazer uma moqueca que vai deixá-lo abestado.

— Não precisa se incomodar. Os bolinhos já estão de bom tamanho.

— Não. Quero que conheça a comida de Peixão — apontou para si. — As receitas dos meus bolinhos são divinas. Tem bolinho de feijoada, de carne-seca, de aipim com carne moída, de siri, de camarão...

O rapaz se afastou, falante e sorridente. Fernando indagou:

— Por que tanta pergunta ao homem? Acaso está apaixonado?

Alessandro deu uma piscada.

— Não estou apaixonado por ele. Se fosse uma sereia no lugar de um peixão...

— O que tem na mente? Eu o conheço bem, Alessandro.

— Pois é. Lembra-se de nossa conversa pouco antes de nos formarmos na faculdade?

— Sobre nossos sonhos?

— É.

— Isso faz muitos anos.

— Cinco anos para ser exato. Não é tanto tempo para um sonho sumir da memória.

— Eu me recordo do nosso porre e de que queríamos ter um bar para poder beber e não ter de pagar a conta.

Alessandro sorriu, matreiro.

— Um bom sonho a gente nunca esquece.

— Não vá me dizer que...

— Estou com vontade abrir um barzinho em São Paulo.

— Já há milhares de bares lá. Mais um?

— Eu não penso assim — salientou Alessandro. — Não vamos abrir *um* bar, mas *o* bar — corrigiu.

— Não estou entendendo.

— Eu tinha uma tia. Lembra-se daquela velhinha que morava na Vila Madalena?

— Lembro. As incorporadoras querendo comprar a casa da velha e ela lá, firme, deixando os prédios crescerem ao lado e nada de ceder.

— Isso mesmo. O terreno é grande, tem vinte metros de frente por quarenta de fundo. A casa é toda em estilo português, daquelas que construíam aos montes em São Paulo na metade do século passado. Está bem detonada.

— Mas o que tem...

Alessandro sorriu. Repetiu a pergunta:

— Mas o que tem isso a ver? Ora, tia Lucinda morreu e deixou a casa para mim.

— Não acredito.

— Sério. Já acertei a papelada com os advogados, passei a escritura e tudo.

— Então vai vendê-la.

— Não. Você se engana. Eu vou transformar o casarão no nosso bar.

— Nosso?

— É, Fernando. Nosso. Meu e seu. E acho que vou dar uma participação para o Peixão.

— Você deve estar maluco!

— Por quê?

— Arriscar-se em um negócio assim, do nada? Você mal conhece o Peixão.

— O suficiente para sentir que nós três vamos fazer muito sucesso.

— Meu emprego aqui está bom.

— Médio. Você até ganha bem, mas está afastado dos seus. Sei que adoraria voltar para São Paulo.

— É verdade. Mas ainda não fiz um pé-de-meia suficiente para pedir demissão. Não me sinto seguro.

— E os imóveis que tem no seu nome, não contam?

Fernando fechou o cenho.

— Aquilo não me pertence.

— Como não? Seu tio deixou alguns imóveis em seu nome.

— Não quero.

— Nada de bancar o menino turrão — observou Alessandro. — Você já deveria ter perdoado sua mãe há muito tempo.

— Difícil perdoar alguém cujo maior desejo foi não engravidar.

— Já sei essa história de trás para a frente. Você escutou parte da conversa. Sua tia Gina disse para você relevar e abrir-se com sua mãe.

— Não quero. Ela não me ama. Esconde a identidade do meu pai.

— Faz isso para defender você.

— Acha mesmo?

— Sim. Um dia, quando estiver pronto, todas as respostas virão de mão beijada. Agora, deixe de ser um garoto mimado. A vida sempre faz o melhor para nós. Olhe pelo lado positivo da vida: sua mãe o trouxe ao mundo, criou-o com amor e afeto.

— E quase me encheu de medo do mundo. Se não fosse tia Gina, eu teria medo da própria sombra.

— Mas seu espírito já sabia que a negatividade é uma maneira de a *sua* mãe — enfatizou — enxergar a vida. Não a sua. Magnólia é uma boa mãe. Uma mulher perturbada pelos pensamentos ruins que cultiva, mas tem uma essência boa.

— Fala dessa forma porque não a conhece de fato.

Alessandro o cortou com amabilidade. Bebeu do seu chope e estalou a língua no céu da boca.

— Tem razão. Mas, se você for se deixar entristecer por todo e qualquer comentário negativo que façam a seu respeito, terá de viver como o menino da bolha de plástico[4].

— Não precisa exagerar.

— Está dando muito poder ao negativo. Precisa parar de se incomodar com a opinião dos outros. Meu amigo, escute: você precisa se fortalecer, sair do círculo vicioso de lamúrias em que se colocou. Para isso, só há um caminho: valorizar o bem.

— É?

---

4 *O menino da bolha de plástico* é um filme americano de 1976, feito para a televisão, baseado na história real de um garoto com baixa imunidade que vive dentro de um contêiner de plástico. Filme de estreia do ator John Travolta.

— Sim. Observe como pensam os que vivem melhor. Você vai notar que eles olham a vida de maneira otimista, têm fé no futuro, cultivam a espiritualidade.

— Não sei se sou espiritual. Não frequento centro, templo, igreja...

— Faz bem frequentar um lugar destinado à oração, mas não é obrigatório, porquanto ser espiritual é viver no bem maior, não se impressionando com o mal em nenhum momento, visto que ele é fruto das ilusões do homem que vai, fatalmente, desaparecer. A certeza de que existe uma força superior comandando o universo, trabalhando em favor de nossa felicidade, nos traz segurança, dá serenidade, bem-estar e garante a paz.

Fernando ficou pensativo. As palavras do amigo mexiam com ele. Alessandro prosseguiu, firme:

— Chega de se isolar do mundo, como tentou fazer vindo viver aqui. Está na hora de dar um passo à frente. Se você é mais lúcido que sua mãe, jogue o orgulho de lado e converse com ela, de uma vez por todas. Olho no olho, coração com coração. Seja sincero. Ninguém resiste à sinceridade.

— Não sei.

Alessandro continuou:

— Sabemos como sua mãe engravidou. Não é segredo que você foi gerado à força, contra a vontade. Imagine o que passou e ainda passa pela cabeça dela. Entendo sua mãe. Se ela pudesse não ter tido contato com o seu pai, ela poderia ter tido uma outra vida. São questões de foro íntimo que não têm nada a ver com o amor que Magnólia sente por você.

— Gina demonstra ter mais afeto.

— Porque Gina é outra pessoa. É diferente.

— Minha mãe nunca mais conversou comigo depois daquele dia.

— Porque você não deu a ela a chance de se remediar. Foi muito duro.

— Eu, duro?! — indignou-se Fernando.

— Sim. Duro. Você cobra uma postura de sua mãe porque também falhou no mesmo ponto.

— Não entendi.

— Durante um porre na faculdade, você me disse que amava uma garota.

Fernando remexeu-se de maneira nervosa.

— E daí? O que isso tem a ver?

— Então vou ser bem claro: será que um dia essa garota vai saber o quanto a ama? Se é que já não se casou com outro.

Fernando fechou os olhos e respirou fundo. Passou a mão no peito, oprimido.

— Não sei.

O semblante de Alessandro modificou-se:

— Negar o que sente é o mesmo que levar uma vida sem o mínimo de motivação. É como passar pela vida sem viver, sem desfrutar da bênção de mais uma reencarnação, procurando se livrar de conceitos antigos que atravancam o crescimento do seu espírito. Estamos no mundo para ser estimulados e motivados. Viver na Terra é um prazer, é um grande privilégio, uma grande conquista.

— Já imaginei tantas formas de me aproximar.

— E os anos estão passando. Está na hora de agir. Pare de se torturar com o *se*.

— Se ela soubesse o quanto a amo!

— Ainda tem contato com a garota?

— Não. Não tenho.

Alessandro conhecia Fernando como a palma da mão. Achou melhor não dar continuidade àquele assunto. E brincou:

— Sente-se seguro em voltar comigo para São Paulo? Vamos ter nosso próprio negócio, montar nosso bar?

— Faz um tempo que penso em seguir outros rumos na carreira. Desde quando você me deu aquele livro, não paro de pensar nas várias possibilidades de crescer e prosperar.

— Que mudou a minha vida, a sua vida e a de muitos. E ainda vai mudar a vida de muita gente. Para melhor[5].

— Qualquer pessoa, esteja onde estiver, seja qual for a sua ocupação, encontrará sempre uma oportunidade para ser mais útil, e portanto mais produtiva, se desenvolver a sua imaginação e fizer uso dela — disse Fernando, referindo-se a uma das máximas do pensador.

5 Alessandro se refere ao livro *A lei do triunfo*, publicado em 1928 por Napoleon Hill (1883-1970), um dos homens mais influentes na área de realização pessoal de todos os tempos.

30.

A voz nos alto-falantes anunciava:

— Doutor Erik, sala cinco. Doutor Erik, queira por gentileza dirigir-se à sala de número cinco.

Erik apertou o passo e a recepcionista sorriu:

— Doutor, a dona Elise já foi levada para a sala de parto.

— Estou a caminho.

— Doutor — um jovem aproximou-se —, o que faço com o exame da dona Miriam?

— Os resultados já chegaram?

— Sim.

— Leve-os para a minha sala. Assim que terminar este parto, eu o chamarei.

— Sim, senhor.

Erik entrou na sala de cirurgia e, minutos depois, o choro de mais um recém-nascido ecoava pelo ambiente.

A enfermeira pegou o bebezinho e o levou até a mãe:

— Olhe seu filhinho, Elise.

A moça, olhos embaciados, beijou o bebezinho.

Erik sempre se emocionava com essas cenas. Perdera a conta de quantas crianças trouxera ao mundo, porém, cada novo parto fazia seu espírito vibrar de contentamento.

— O milagre da vida. Mais um espírito no mundo. Que sua encarnação seja abençoada! — ele costumava sussurrar enquanto o recém-nascido era levado para os braços da mãe.

Uma das enfermeiras o cutucou de leve:

— O próximo parto está programado para as duas da tarde. O senhor pode ir almoçar.

— Estou preocupado com a paciente. O feto não está em uma boa posição.

— As últimas imagens revelaram uma pequena mudança na posição, doutor. Creio que tudo vá correr bem.

Ele sorriu e saiu. Limpou-se, trocou-se e foi para a sua sala. Atendeu o assistente, conferiu os exames de dona Miriam.

— Está tudo bem, Joel. Ligue e agende a consulta com dona Miriam.

— Sim, senhor.

— Mais alguma coisa?

— Não. Pode ir almoçar. Deve estar louco de saudades de sua filha.

Joel sorriu e saiu. Os olhos de Erik brilharam emocionados. Deixou a sala em ordem, apagou a luz e foi para casa. Tinha o hábito de, sempre que possível, almoçar com a família.

No trajeto, foi pensando nas diferenças sobre os diversos trabalhos que prestava. Durante o dia, invariavelmente, realizava partos em um conceituado hospital particular, um dos mais caros da cidade. Tudo ali era limpo, asseado, organizado, bem-arrumado. Três vezes por semana, à tarde, realizava partos em um hospital localizado em um bairro pobre no extremo sul da cidade. A precariedade e o atendimento de má qualidade eram patentes, mas Erik não se deixava vencer pelo desânimo. Fazia a sua parte. Realizava os partos com a mesma dedicação e alegria. Infelizmente, muitas crianças ali nasciam prematuras e fracas, doentes, necessitando de cuidados. Ele providenciava tudo que podia e, nos casos mais graves, encaminhava para a sua instituição.

Sim. Ao completar vinte e cinco anos, Erik recebeu a fortuna do avô e usou boa parte do dinheiro para fundar uma instituição voltada ao atendimento de crianças doentes, com má-formação genética. Geralmente eram crianças rejeitadas pelas mães, ou cujas mães morriam ao dar à luz.

— Mais um espírito em tristes condições que acaba de reencarnar. Qual é o motivo de ter nascido desta forma? O que há por trás das engrenagens que movem o destino dos homens? — sussurrava enquanto vibrava positivamente para aqueles pequeninos seres que chegavam ao mundo já comprometidos física, emocional e, por que não, espiritualmente.

— A vida tem lá suas leis. Muitas vezes eu não entendo, mas confesso que tudo segue perfeito aos olhos de Deus. O que eu puder fazer para ajudar e melhorar estas vidas, farei — disse, enquanto dirigia.

Embicou o carro na portaria do condomínio para onde acabara de se mudar com Juliana e sua filhinha de três anos, Sofia. Erik sorriu, cumprimentou os guardas, passou pela cancela e estacionou na garagem de casa. A babá apareceu com a pequena no colo.

Sofia abriu largo sorriso:

— Papaizinho!

Ele saiu do carro e pegou a menina. Estreitou-a contra o peito e beijou-a várias vezes.

— Olá, meu amor. Como está?

— Bem.

— E mamãe?

— No quarto.

— Hum, sua pele está com sabor de...

— Chocolate — interveio Nena, a babá. — E precisamos nos arrumar para o almoço.

— Não quero.

— Precisa. Sua mãe quer vê-la bem-arrumada. Venha com a Nena.

Sofia desgrudou-se do pai e abraçou-se à babá. Erik entrou e tropeçou em uma boneca. Abaixou-se, pegou o brinquedo e olhou ao redor da sala, feliz.

Ele terminou o segundo grau, na sequência passou no vestibular e entrou na faculdade de medicina. Engatou namoro com Juliana. Ela, por sua vez, prestou assistência social e passou. Concluído o curso e depois do tempo de residência, Erik e Juliana casaram-se, em uma cerimônia simples, mas tocante e muito bonita, no salão do clube que frequentavam.

No ano seguinte, Juliana deu à luz Sofia. Seis meses depois, engravidou novamente, teve complicações durante a gestação e precisou de uma cirurgia de emergência. Juliana perdeu o bebê e, por conta da forte hemorragia, perdeu a capacidade de gerar filhos. Isso a entristeceu sobremaneira.

Erik procurava mostrar a Juliana que a vida havia lhes presenteado com uma filha linda e saudável e lhes confiara muitos outros filhos que não eram de sangue, porquanto Juliana trabalhava e cuidava das crianças da instituição como se fossem suas.

Quando ocorriam as poucas, diga-se de passagem, adoções, Juliana chorava e se emocionava.

Ela continuava gordinha, um pouquinho mais do que o habitual. Mas seus exames de saúde estavam todos em ordem, e o amor de Erik abriu caminho natural e sólido para que Juliana parasse de se comparar às outras mulheres e aprendesse a aceitar-se incondicionalmente. Cheia de jovialidade e vestida de uma autoestima inabalável, Juliana transformara-se em uma mulher adorável e de extrema simpatia.

Ela desceu as escadas, apressada. Sorriu ao ver Erik divagando.

— Um pudim de chocolate pelo seu pensamento! — ela falou e beijou-o nos lábios.

— Oi, meu amor. Estava aqui pensando na nossa vida. Como somos abençoados.

— É. Formamos uma família feliz. Pena que esta família não será aumentada...

— Querida!

— Sim, sei que temos muitos outros “filhos”. Eu só queria entender melhor o porquê de não poder gerar mais um. Sempre sonhamos com um casal.

— A gente adota.

— Tenho pensado muito sobre isso. Sabe que até sonhei com um menininho dia desses?

— É? — Erik se interessou.

— Era tão bonitinho.

— Então era filho meu!

Eles riram.

— É um sonho recorrente. Mas não bate com nenhum rostinho das crianças do instituto.

— Vai ver ele ainda não chegou.

— É. Pode ser. Mas algo me diz que não vai demorar muito.

— Se sua irmã continuar doidinha do jeito que é... — considerou Erik.

— Também já pensei na possibilidade de Paloma aparecer grávida de não sei quem.

— Ela vem para as festas de fim de ano?

— Não confirmou. Conversamos ontem pelo computador. Achei-a meio abatida.

— Conversou com Lena?

— Sim. Lena diz que esse novo namorado da Paloma não é boa pessoa. Está preocupada.

— Lena tem um sexto sentido bem aguçado. Se ela afirma que o sujeito não é lá essas coisas, melhor Paloma considerar.

— Mas vai fazer minha irmã entender! Ela acha que Lena está a fim do namorado dela.

— Lena é tão meiga, tão doce. Jamais agiria de maneira venal.

— Eu sei. Contudo, Paloma nunca se acertou afetivamente. É muito insegura.

— Engraçada a vida, não?

— Por quê?

— Porque Paloma é o tipo de mulher que a maioria dos homens deseja. Tem um corpo escultural, é loura, tem feições delicadas, é muito atraente. No entanto, está sempre metida com tipos ordinários. E você, considerada um tipo que não se enquadra no modelo social, é amada, tem um marido apaixonado e uma filha linda.

Juliana o beijou nos lábios.

— Devo tudo a você.

— Não. Você deve tudo à sua maneira positiva de encarar a vida. Posso tê-la ajudado a melhorar, mas o mérito é todo seu. Escolheu não ligar mais para a estética ridícula que a sociedade tenta impor, deixou de cobrar-se, parou de atormentar-se para ter um corpo que não combina com o seu espírito. Você é única. É do jeitinho que é, e eu amo cada pedacinho desse corpo!

Ele a abraçou e a rodopiou pela sala. Sofia correu até eles:

— Me roda também, papaizinho?

Erik a pegou no colo e a girou pela sala. Ele e Juliana formavam, efetivamente, uma família feliz.

Paloma cursara letras com ênfase em língua espanhola. Metera-se com um namorado ciumento e bom de briga e, para deixar de ser perseguida por ele quando rompeu o namoro, decidiu passar uma temporada fora do país. Matriculou-se em um curso de história da arte.

Lena já havia se formado e conseguira uma bolsa para o mestrado em restauração na Universidade de Barcelona. Trabalhava com uma equipe responsável pela recuperação de monumentos. Era feliz e namorava Ramón, um rapaz de boa índole, mas de vida instável. Lena sabia que um dia aquela relação iria terminar. Só não sabia quando nem como.

Ao saber que Paloma estava em apuros, fugindo do namorado briguento, Lena ofereceu-lhe estadia.

— Você pode vir para cá e trabalhar com tradução, ou dar aulas de português para estrangeiros.

Paloma aceitou o convite. Fazia três anos que vivia em Barcelona e, naturalmente, não concluíra o curso de história da arte. Contudo, encantara-se pela cidade. Apaixonara-se pelos passeios realizados no centro da cidade. Passava horas admirando construções belíssimas, como o Palácio da Vice-Rainha, o Mercado da Boqueria e o Grande Teatro do Liceu. Quando passeava pelas Ramblas, caminhava até a Praça Real, uma praça com palmeiras, edifícios, bares, restaurantes e postes desenhados por Gaudí[6].

Depois de abandonar o curso, conseguiu emprego em uma escola de idiomas, e o salário dava para ajudar Lena nas despesas do apartamento, localizado na Carrer de Lope de Vega, travessa da Avenida Diagonal. Sobrava pouco para os passeios, mas o suficiente para frequentar bares e restaurantes.

Após tentativas fracassadas, Paloma apaixonou-se por Javier, um espanhol com dois metros de altura, cara de mau; entretanto, segundo confissões dela, atraente e cheio de apetite... por ela.

— É o homem que sonhei para mim! — suspirou.

— Não é homem para você — advertiu Lena.

— Imagine. Um *hombre* de dois metros de altura por dois de largura, bonito e romântico? Onde pensa que vou

6 Antoni Placid Gaudí i Cornet (1852-1926) foi um arquiteto catalão, um dos símbolos da cidade de Barcelona e ícone do modernismo catalão, uma variante local do estilo *art nouveau*. Dentre suas obras destacam-se: o templo da Sagrada Família, o Parque Güell e a Casa Milà, entre outros.

encontrar outro igual? O mar não está para tanto peixe assim — rebateu.

— Não sinto coisa boa. Você fala em Javier e me arrepio inteira.

— Porque ele é capaz de fazer uma mulher arrepiar-se — considerou Paloma.

— Arrepiar-se de medo, isso sim. Querida — Lena procurava ser delicada —, não se meta em outra encrenca. Desde que chegou a Barcelona, quantos homens já espezinharam seu coração?

— Agora é diferente.

— Diferente em quê?

— Nenhum homem chega aos pés de Javier. O que tive até há pouco foram momentos.

— Momentos terríveis, diga-se de passagem.

— Está agourando meu namoro?

— Não é isso.

— Eu não gosto de Ramón. Nunca disse um “a” sobre esse seu namorado chinfrim.

— Ramón é um bom companheiro, mas é uma história que não vai longe. O homem que vou amar para valer não é daqui.

— De novo esse sonho?

— Sim. Eu sei que vou retornar ao Brasil e vou me apaixonar por outro homem.

— Eu não entendo você, Lena. Diz cada barbaridade! Ramón não vai pedir sua mão? Não vão juntar os trapinhos?

— Com esta crise econômica? Tivemos de adiar os planos. E minha sensibilidade diz que nossa história vai sofrer uma ruptura. Não vai demorar.

Dessa vez, quem sentiu um arrepio foi Paloma.

— Não gosto quando você fala assim.

— Eu sinto as energias ao redor. Não vejo Ramón ao meu lado para sempre.

— Não estou gostando desta conversa.

— Escute, Paloma. Eu gosto muito de você. Desde que nos conhecemos, eu sempre lhe tive enorme e sincera afeição.

— Eu sei.

— Jamais falaria algo para perturbá-la. Eu quero o seu bem.

— Então me deseje sorte ao lado de Javier.

— Não.

— Ele é rico.

— Já ouvi comentários de que é um homem metido com negócios escusos.

Paloma deu de ombros.

— E daí? Se ele pode me dar luxo e conforto, por que reclamar? Não me importo como ele ganha dinheiro.

— Eu não estou acreditando em suas palavras — Lena estava estupefata.

— Eu é que não acredito nas suas. Está jogando um balde de água fria em cima do meu namoro. E se, desta vez, eu for feliz?

— Não vai ser.

— Quer apostar? — Paloma esticou a mão.

— Não. Não quero apostar. Só quero o seu bem. Mais nada.

O celular tocou e Paloma atendeu.

— Sim. Daqui a pouco. Certo, querida, tchau.

— Quem era?

— A Eduarda.

— Sabia que você estava diferente. Você e Eduarda agora são unha e esmalte.

— É. Ela é minha amiga e não me censura por namorar Javier — provocou.

— Eduarda é que está enchendo a sua cabeça de caraminholas sobre dinheiro. Você não era assim. Nunca a vi namorar um homem por conta de dinheiro.

— Mas estou esbarrando nos trinta anos. Nunca guardei nada e a profissão que tenho nunca vai me tornar rica.

— E para que quer ser rica? Você é uma boa moça, foi educada por pais maravilhosos, recebeu uma boa base. Por que se rebelar a essa altura da vida?

— Maturidade. Eu cresci e não sou mais aquela garota bonitinha, mas bobinha.

Paloma aproximou o rosto e beijou Lena.

— Não me espere para dormir. Vou jantar com Eduarda e saber novidades da separação dela com o inglês.

Lena sentiu leve tontura.

— O que foi? — indagou Paloma, assustada. — Ficou pálida de repente.

— Eduarda...

— O que tem?

— Não sei. Mas vou rezar por ela.

— Ah, Lena. Você é esquisita, mas eu a adoro!

Paloma despediu-se, apanhou a bolsa e saiu. Lena sentou-se no sofá e apertava nervosamente as mãos. Fechou os olhos e teve uma visão. Nada boa. Fez uma sentida prece em favor de Eduarda.

— Meu Deus! Proteja essa menina.

31.

Paloma atravessou a rua e fez sinal para o táxi. Entrou no carro e deu o endereço da casa de chá. Dez minutos depois estava sentada à frente de Eduarda.

— Está magra. Fazendo dieta de novo? — indagou Paloma.

— Não. Depois da gravidez fiquei assim. Em vez de engordar, emagreci.

— Podemos comer o mundo que não engordamos. Diferentemente de Juliana.

— Como está sua irmã?

— Bem. Muito bem. Juliana leva a vida que sempre quis: tem um marido que ama, uma filha linda e é apaixonada pelo trabalho. Só ficou chateada porque, depois que Sofia nasceu, engravidou de novo, teve complicações e não pode mais gerar filhos.

— Um dia ainda me acerto com sua irmã.

— Bobagem! — fez Paloma com as mãos. — Éramos adolescentes. Juliana nem se lembra mais das gozações.

— Lembra, sim. Essas brincadeiras de mau gosto na adolescência marcam a gente.

— Mas Juliana ama e é amada. O amor é capaz de provocar mudanças significativas nas pessoas. Tenho certeza de que minha irmã não guarda rancor de você.

— É — Eduarda fitou um ponto indefinido. — Eu me sentia insegura e achava que nunca estaria à altura de minha mãe. Precisava descontar minha insegurança em alguém.

— Podia ter descontado em Bruna, ou em mim.

— Podia. Ocorre que Juliana sempre se mostrou frágil, sempre achou que valia menos. Eu me sentia insegura de outra forma, por outros motivos e, por sintonia, acabei grudando no calcanhar dela. Nunca foi pessoal.

— Por pouco você não criou uma situação extremamente constrangedora na noite do baile.

— Sei, Paloma. Graças a Deus a fita não era compatível.

— Fale baixo — disse Paloma. — Não fale em fita. Isso revela nossa idade! Coisa antiga.

As duas riram. Eduarda prosseguiu:

— Há coisas das quais a gente não se arrepende. Mas algumas mexem comigo. Eu não me perdoaria se tivesse exposto sua irmã ao ridículo.

— Por que a brincadeira de mau gosto, então?

— Porque sua irmã era o antídoto do que minha mãe me obrigava a ser. Imagine uma mãe linda, com o corpo perfeito, que vigia vinte e quatro horas por dia o que você come, quantas vezes foi à academia na semana, quantas massagens fez... Minha mãe se preocupava mais com minhas faltas na academia do que com as faltas na escola.

— Glória sempre foi uma figura excêntrica.

— Excêntrica? Você não tem ideia. A maluca não está lá para os lados do Himalaia à procura da fórmula eterna de rejuvenescimento?

— O que é isso? Fórmula mágica? — riu Paloma. — Você só pode estar brincando comigo.

— Negativo. Minha mãe acessou a internet e descobriu um grupo de malucos que faz uma dieta para lá de esquisita e se recusa a envelhecer. Dizem que há um local, na subida de uma cordilheira, onde as pessoas tomam um chá de uma árvore cujas folhas só nascem nesse monte. Dizem que as folhas são milagrosas.

— Algo como Shangrilá[7]?

— Mais ou menos. Só espero que, ao descer o monte, mamãe não envelheça tão rápido como os habitantes de Shangrilá.

— Ela sabe do nascimento de seu filho?

— Não. Quando engravidei, liguei para ela, pedindo socorro. Nunca pretendi engravidar. Mas ela, para variar, foi estúpida e disse que quem havia aberto as pernas tinha sido eu e por isso mesmo eu deveria me virar.

Paloma moveu a cabeça para os lados.

— Bom, ao menos seu Otaviano pôde ajudá-la. Se eu soubesse, também estaria ao seu lado.

— Fiquei insegura. Papai, mesmo distante, ajudou-me no que foi preciso.

— E Christopher? Já assinaram a separação?

— Já. Temos mais uma reunião semana que vem, só para deixar claro que eu não vou ter direito a nada. Eu fico livre e com a guarda definitiva do meu filho, e ele fica com todo o dinheiro dele.

— Podia ao menos receber uma pensão.

— Hello-o! Não dá, Paloma. Homem traído não perdoa. Christopher cresceu na Inglaterra, teve uma educação liberal. Mas eu meti um chifrão nele. O que fazer?

— Como foi que ele descobriu que o filho não era dele?

Eduarda riu-se.

— Nunca conversamos sobre filhos. Christopher vinha de um casamento com dois rebentos. Eu achava que estava tudo bem.

— Mas ele a idolatrava. Você salvou a vida dele.

---

7 Paloma refere-se ao filme *Horizonte perdido*, de 1973. Durante uma tempestade, um avião cai em algum lugar do Himalaia. Em busca de ajuda, os sobreviventes acabam encontrando um mundo estranho e maravilhoso chamado Shangrilá, onde existem a eterna juventude e a felicidade plena.

— Salvei. Naquela fatídica noite, apertei o meu cinto e puxei o cinto do banco dele, protegendo-o. Foi isso que salvou nossas vidas. Depois disso ele achou que me devia a vida, me pediu em casamento, viemos para a Europa e o resto é história. Eu só não podia imaginar duas coisas: que o segurança dele era um gato, e que Christopher havia feito vasectomia.

Paloma meneou a cabeça.

— Você ficou numa sinuca de bico. Entre a cruz e a espada.

— Nem deu para mentir. Quando apareci grávida, ele riu, disse que eu podia ter a criança, que daria o sobrenome a ela e me daria a guarda definitiva, e que nossa separação seria discreta, sem alarde. Afinal, Christopher tem ligação com a família real.

— Só você, Eduarda. E ainda teve a coragem de ter o bebê.

— Sim. Posso ser meio doidinha, não ser boa em geografia — ambas riram —, mas eu dou valor à vida.

— E o segurança? Sabe que é pai?

— Não. Christopher o despediu, mandou-o para a Irlanda, sei lá. Achou que era melhor assim, para evitar escândalo ou, lá na frente, uma chantagem.

— E agora?

— Papai me disse que o melhor é eu ir embora de Barcelona. Quando Dante estiver mais crescidinho, vou voltar para o Brasil.

— Cansou da Europa?

— Não sei se cansei. Eu desejo que meu filho cresça no Brasil.

— Você me surpreende a cada encontro. Não se parece em nada com aquela garota mimada que infernizava a vida dos colegas na escola.

— Ainda bem que tenho a chance de mudar. Depois do acidente, quando vi a morte assim na minha frente, revi muita coisa.

— O homem que dirigia o outro carro morreu.

— Pois é. Embora Christopher tivesse bebido, o outro motorista foi quem provocou o acidente. O outro, pior do que bêbado, estava drogado. Ele morreu e podia ter nos matado. Christopher desmaiou, eu fiquei em estado de choque. Havia muita droga espalhada no carro do outro rapaz, e a família do moço morto é conhecida e não queria que saísse nada na imprensa. O caso foi encerrado de maneira rápida, ou seja, abafaram o caso.

— Lembro-me o quanto você ficou abalada.

— Depois daquela noite, tudo mudou. Meus conceitos transformaram-se radicalmente. Vi que precisava investir em mim, parar de brigar com o mundo e deixar minha mãe de lado. Por isso sou grata a Christopher. Ele apareceu na minha vida no momento certo. Graças a ele, eu pude ter a vida que sempre quis.

Paloma terminou seu chá e mordiscou os lábios, dizendo pensativa:

— Bruna e Caíque sofreram acidente na mesma noite e não tiveram a mesma sorte.

— É — considerou Eduarda. — Eu e Christopher batemos o carro em um cruzamento e eles bateram em outro cruzamento, do outro lado da cidade. Quase na mesma hora. Que loucura! E Bruna? Tem notícias dela? Ainda manca?

— Fez cirurgias, mas uma perna ficou mais curta que a outra. Concluiu a faculdade, formou-se advogada. Trabalha na instituição criada pelo meu cunhado.

— Bom para Bruna. Naquela noite no baile, notei em seus olhos como gostava de Juliana. Fico feliz que elas continuem amigas.

— Amigas? Juliana é mais ligada em Bruna do que em mim.

— Senti uma ponta de ciúme — brincou Eduarda.

— Um pouquinho.

— Também, você se afastou de todos. Depois que você se envolveu com Javier, só vive para ele.

— O que fazer? Eu o amo!

— Ama nada, Paloma. Isso é fogo de palha.

— Que é? Agora deu para agourar meu namoro?

— Hello-o! Javier é outro que não presta. Você tem algum mecanismo no subconsciente que adora atrair homens cafajestes em seu caminho.

— Paciência. O que fazer? Nunca tive sorte no amor.

— Porque escolheu. Mude seu modo de pensar e tudo poderá ser diferente.

— Como mudar? Javier me excita.

— Mas é um cara do mal. Meu pai está tentando se livrar dele. Está difícil.

— Não sei nada dos negócios de Javier.

— Eu também não. Meu pai nunca falou abertamente comigo sobre essa sociedade esquisita com Javier. Não me interessa. Ele já me passou quase todo seu patrimônio e eu tenho mais do que o suficiente para viver bem e criar meu filho com um pouco de luxo e sofisticação.

— Javier vai mudar porque eu vou mudá-lo.

— Hello-o, Paloma! Acorda. Ninguém muda ninguém.

— Ele é o homem da minha vida.

— Por falar em homem da sua vida, tem notícias do Fernando?

— Nunca mais. Desde que ele entrou na faculdade e mudou-se de cidade, nunca mais nos vimos. Sei dele por intermédio de meus pais. Por que pergunta de Fernando? Eu estou aqui falando de Javier.

— Você ainda vai se estropiar com o Javier. E não estou agourando. Eu sinto.

Terminaram o chá, saíram e resolveram caminhar um pouco. O outono estava intenso, e as tardes eram bem geladas. Paloma e Eduarda gostavam do frio e adoravam sentir a brisa fria do mar tocando-lhes a face.

Paloma tropeçou. Uma moça a segurou, evitando que tomasse um tombo.

— Obrigada — respondeu Paloma, em espanhol. — Sou meio desastrada mesmo.

A moça tinha os olhos verdes e profundos. Estava vestida com roupas ciganas. Encarou-a e segurou sua mão.

— *Buena dicha*?[8]

— Não gosto de previsões — disse Paloma.

— Eu adoro — respondeu Eduarda.

Ela falou e abriu a palma da mão para a cigana.

— Pode ler para mim, cigana?

A moça sorriu e pegou a mão de Eduarda.

— Você não terá uma vida longa.

Eduarda deu de ombros.

— Não quero.

— Seu filho será um grande homem. Ilustre.

Eduarda sentiu-se toda prosa. Em seguida, a mulher pegou a mão de Paloma. Estremeceu e Paloma puxou a mão:

— O que foi?

— Nada. Senti um pouco de tontura. Mas, se quiserem, podem ir à nossa tenda.

— Para quê? — indagou Paloma.

— Para saber o que *ananke* reserva para vocês.

— O... o quê?

— Hello-o! — disparou Eduarda. — Você vive em Barcelona e não conhece as ciganas? Ela perguntou se queremos saber o que o *destino* nos reserva.

— As mulheres velhas leem muito bem as cartas — tornou a moça. — As cartas não mentem jamais.

— Vamos, Paloma — inquietou-se Eduarda.

Paloma olhou desconfiada para a moça.

— Quanto custa?

— O quanto quiserem nos pagar.

---

8 Boa sorte.

— E onde fica a tenda?

A moça apontou com os dedos. Ficava ali perto.

— Confiem em mim. Meu nome é Lia e eu não vou roubá-las.

— Eu vou de qualquer jeito — afirmou Eduarda.

— Não sei...

— Vamos perguntar sobre você e Javier. O que acha?

Paloma foi convencida e resolveram seguir a moça. Caminharam duas quadras e entraram em uma tenda. O local era pequeno, mas bem-arrumado. A cigana, já idosa, sentada sobre uma grande almofada, manipulava um baralho envelhecido que dava sinais de que fora utilizado muitas vezes. A moça fez um sinal, e as duas entraram. Eduarda sentou-se à frente da velha mulher.

— Você é muito bonita — elogiou a velha.

Eduarda sorriu e pensou: “Claro, eu sou linda!”.

A moça acendeu um incenso e disse:

— A velha Nadja é cega.

Eduarda emudeceu. A velha levantou os cabelos acinzentados, e os olhos eram brancos como neve. Completamente brancos. Dava uma impressão aterradora.

— Jesus amado! Como ela sabe que sou bonita?

— Porque Nadja vê com os olhos da alma.

A velha fez um sinal, e Lia saiu. Paloma ajeitou-se nas almofadas logo atrás. Nadja começou a embaralhar as cartas e pediu para Eduarda cortar. Começou a leitura.

Nadja disse muitas coisas sobre a vida de Eduarda que evidenciavam a alta sensibilidade da velha cigana.

— Sua mãe é muito presa na beleza. Ela sofre com isso.

— O que posso fazer?

— Sua mãe é assim porque foi rejeitada por um moço. Ela achou que não era bonita o suficiente. Agora o homem está maduro e viúvo. Pensa em sua mãe todos os dias. O nome dele é Antônio.

— Não faço a mínima ideia de quem seja. Mas, se um dia ela voltar do Himalaia, eu juro que contarei a ela...

A velha a cortou:

— Seu filho vai ser um homem muito importante. Tem muita espiritualidade. Vai crescer em um lar com muito amor.

— Eu vou me casar de novo?

— Não vai — Nadja respondeu seca.

— Ainda bem. Eu só quero saber de namorar.

Nadja disse algumas outras coisas. Finalizou a leitura e chamou Paloma. Ela sentou-se à frente da velha mulher. Nadja embaralhou as cartas e, enquanto as manuseava, observou:

— Você também é muito bonita.

— Obrigada.

— Mas é muito insegura. Sofreu muito por amor no passado.

"Eu nunca sofri por amor", pensou Paloma. Essa velha está gagá, isso sim.

Nadja sorriu e devolveu:

— Você, sua irmã, essa moça — apontou para o lado onde Eduarda estava sentada — e mais a manca foram irmãs em outra vida. Você acreditou ter sido traída por seu esposo, mas a verdade é que ela — apontou para Eduarda — armou uma cilada para separá-los. Você jurou que nunca mais iria entregar seu coração a nenhum homem. Por isso, está sempre se metendo em encrencas afetivas.

— Eu amo Javier.

— Ele não é para você. Vai ter muita confusão.

— Mas...

Eduarda a cortou.

— Hello-o! Deixe a mulher falar! Estou interessada — respirou e perguntou: — Nadja, você diz que eu e Paloma fomos irmãs?

— Sim. E a gordinha e a manca também.

As duas se entreolharam, surpresas. Nadja prosseguiu:

— A gordinha descobriu a trama que você armou para a própria irmã e, para se vingar, ajudada pela manca, roubou seu filho e foi viver em outra cidade. Você ficou arrasada, sem nunca mais ter notícias do seu filho. Vocês quatro enlouqueceram depois da morte do corpo. Perseguiram-se por anos nas trevas e reencarnaram com o propósito de acertar-se.

— Paloma, a velha não nos conhece e falou de Juliana e Bruna! — cochichou. — Essa mulher é uma feiticeira! Das boas.

— A moça que mora com você foi sua protetora no passado. Confie nela.

Paloma deu de ombros.

— A mulher está falando de Lena — retorquiu Eduarda.

— Será? Lena pega no meu pé por conta desse namoro.

— Porque ela gosta de você, de verdade. A velha está dizendo...

— E daí, Eduarda? É pura adivinhação, mais nada. Não vamos nos impressionar.

— Você é quem sabe. Eu estou impressionadíssima.

Nadja fez um sinal para Eduarda parar de falar e continuou falando de passagens da vida de Paloma. Falou do amor de Isabel e Paulo.

— Você pode ter o mesmo amor que seus pais têm.

— Com Javier.

A velha meneou a cabeça negativamente.

— Não. Esse homem cheira perigo. Ele não serve para você. Seu amor está do outro lado do Atlântico.

Paloma exasperou-se. Levantou-se nervosa. Lia entrou na tenda.

— Gostaram?

— Eu adorei — falou Eduarda.

— Quanto é? — perguntou Paloma, contrafeita.

— Quanto quiserem pagar.

Eduarda abriu a bolsa e apanhou um punhado de notas.

— Eu vou voltar. Tem tanta coisa que eu quero saber!

— Impossível — tornou Lia. — Vamos embora amanhã.

— Para onde? — perguntou Eduarda. — Eu vou encontrá-las.

— Não nos veremos mais. Agora sigam em paz. Que Santa Sara as abençoe, com o sal, com o pão e com o ouro.

Elas saíram, e Nadja levantou o rosto para Lia.

— Pobre moça. Que sorte mais triste! Infelizmente, as cartas não mentem jamais...

32.

Magnólia vibrou com a notícia de que Fernando estava de mudança para São Paulo.

— Agora terei a chance de conversar e me acertar com Fernando.

— Ele não quer falar com você, Magnólia.

— Ora, Gina. Como não? Eu sou a mãe dele! — exclamou.

— Ora, converse com ele e peça perdão.

— Eu não sou de pedir perdão! — indignou-se. — Não fiz nada de errado.

— Não fez, mas falou. É só conversar abertamente com seu filho, abrir seu coração, contar sobre sua insegurança quando se descobriu grávida. A verdade pode machucar, mas cicatriza rápido. A mentira machuca sempre e jamais cicatriza.

— Terei de me dobrar, de novo?

— Não. Não veja dessa forma dramática. Olhe para a situação e procure resolvê-la da melhor mancira possível, de forma que todos os envolvidos fiquem bem. Você não está confortável. Fernando, tenho certeza, sente a sua falta.

— Será?

Gina aproximou-se e puxou Magnólia na direção da mesa da cozinha. Sentaram-se pertinho uma da outra.

— Fernando é apaixonado por você, Magnólia.

— Mas...

— Não vá dizer que, se ele a amasse de verdade, jamais teria se afastado!

— Tirou as palavras da minha boca.

— Porque a conheço muito bem. Sei o que se passa nesta cabeça cheia de minhocas — apontou.

— Ele gosta mesmo de mim?

— Gosta. Aproveite que ele está voltando, mais maduro, dono de si, cheio de planos.

— Precisamos arrumar o quarto dele e...

Gina a cortou com amabilidade:

— Não será necessário.

— Não entendi. Se Fernando vai voltar para cá, é natural que ocupe seu quarto novamente.

— Ele vai voltar para a cidade, mas não vai morar conosco.

Gina falou com cautela, prevendo a explosão. Magnólia deu um pulo da cadeira.

— Como não?!

— Fernando decidiu ocupar um dos imóveis que tio Fabiano lhe deixou de herança. Vai dividi-lo com os novos sócios.

— Espere aí! Que sócios?

Gina contou, por cima, sobre os planos de Fernando montar um bar na Vila Madalena, em sociedade com Alessandro e Peixão.

— Quem é Alessandro?

— Um amigo de faculdade.

— E Peixão? Também é colega de faculdade? Não me recordo de você mencionar nestes anos um nome tão peculiar — esbravejou Magnólia. — E o bar, vai se chamar *A pequena sereia*?

Gina achou graça, mas segurou o riso.

— Não sei ao certo. Fernando é um bom rapaz e tem coração puro. Acredito que esses rapazes também sejam pessoas do bem.

— Sei. O inferno está cheio de boas pessoas com ótimas intenções.

— Magnólia, deixe o pessimismo de lado. Olhe a vida por uma óptica mais positiva. A falta da percepção do bem em sua vida revela por que você sofre tanto e atrai para si cada vez mais dificuldades.

— Já disse que sou assim.

— Quem planta colhe. Você vive em sintonia com o mal o tempo todo. Cultiva os acontecimentos tristes e só enxerga tragédias no caminho, coleciona as queixas e as coisas desagradáveis que lhe acontecem. Responda: o que você pode esperar?

— Nesta altura de minha vida, não espero nada. Só dor.

— Suas atitudes determinam sua verdadeira escolha. E, depois de semear, você vai ter de escolher. A dor machuca e, quando aparece, cumpre sua finalidade. Mas não se esqueça: ela só aparece em último caso, quando foram esgotadas todas as demais alternativas. A vida é misericordiosa sempre.

Gina falou e saiu. Sua voz estava levemente modificada. Ela não percebeu, mas fora intuída por Adelaide. O espírito, depois de sussurrar nos ouvidos de Gina, aproximou-se de Magnólia e beijou-lhe a testa.

— Deixe de lado os sentimentos ruins. Afaste-se dos maus pensamentos. Cultive a felicidade e a alegria no coração. Eu não poderei interceder por você. Só posso alertá-la, minha filha. Mude sua maneira de encarar a vida.

Adelaide aplicou em Magnólia um passe revigorante, limpou o ambiente, dissipando as energias negativas dos pensamentos e em instantes desapareceu. Magnólia sentiu um calor no peito, uma leve sensação de bem-estar. Contudo, não deu muita atenção à sensação. Logo estava implicando com Custódia e os efeitos positivos do passe revigorante se esvaíram.

Fernando entrou no apartamento com o pé direito, para dar sorte. Alessandro veio logo atrás.

— É um apartamento grande — observou o amigo.

— É antigo — salientou Fernando. São três quartos bem espaçosos.

Os rapazes entraram e percorreram os cômodos. Era um bom apartamento. Claro, arejado e recém-pintado. O contrato vencera algum tempo atrás e Fernando pediu o imóvel ao inquilino. O apartamento ficava em um predinho simpático, de três andares.

Alessandro aspirou o perfume de tinta fresca no ambiente.

— Adoro o cheiro de tinta fresca. Parece que o apartamento nunca foi habitado.

— Imagine! Este apartamento tem mais de cinquenta anos. Foi um dos primeiros que meu tio comprou.

— Mas está impecável.

— Sempre cuidamos bem dos nossos imóveis.

— Nem precisava ter pintado.

— Pintar foi a prioridade — tornou Fernando, checando os cômodos.

— Como? — indagou Alessandro, curioso.

— Minha tia Gina é espiritualista e me transmitiu ensinamentos do mundo espiritual. Você sabia que as formas dos pensamentos das pessoas que habitam uma casa ficam impregnadas nas paredes? Não sabemos quem aqui viveu, não sabemos o que pensavam.

— Eu me considero espiritualista, frequentei centro espírita, li muito da doutrina de Allan Kardec. Mas não tinha conhecimento disso. Está brincando!

— De forma alguma. A tinta absorve as energias de um lar. Por isso, para espantar os maus pensamentos e renovar o ambiente, nada como uma nova pintura.

— Bom saber. Sempre tive vontade de entender melhor como funciona este mundo invisível que nos cerca.

— Quando estivermos bem estabelecidos, vou marcar de você conhecer minha tia Gina. Ela entende como ninguém de espiritualidade. Adoro os ensinamentos que ela me transmite.

— Você não tem falado muito sobre sua mãe. Ainda está triste com ela?

Fernando fechou o cenho. Deu um passo rápido e entrou no banheiro, como se não tivesse escutado o comentário.

— Eu me esqueci de providenciar!

— O quê?

— O antigo inquilino me disse que o chuveiro havia queimado. Preciso comprar um novo. Vai sair mais barato que comprar uma nova resistência.

Alessandro era muito discreto e não quis repetir a pergunta. Terminaram de verificar os aposentos e Fernando disse:

— Vou ficar com a suíte, no fim do corredor. Você escolhe o seu quarto.

Alessandro deu de ombros.

— Para mim, fico em qualquer um. São todos iguais.

— Eu virei para cá amanhã — retorquiu Fernando.

— Vou providenciar minha mudança. Devo trazer meus pertences no fim de semana.

— E Peixão, será que vem na próxima semana?

— Foi o trato que ele fez com o dono do bar. Prometeu ficar mais uma semana, cumprir aviso prévio. Peixão é o mais animado dos três.

— É verdade. Tenho certeza de que nosso negócio vai dar muito certo.

— Também acho, Fernando. Eu o reencontrei na hora certa.

Continuaram a conversa e, na saída, foram almoçar em um restaurante de comida a quilo nas imediações.

Serviram-se e, depois de pesados os pratos, sentaram-se à mesa. Fernando deu a primeira garfada e retomou o assunto:

— Você perguntou de minha mãe e não respondi.

— Não quero me meter em sua vida. Sou seu amigo e seu sócio. Mais nada.

— Minha mãe é uma pessoa muito difícil.

— Você tem me contado muita coisa de sua vida. Não precisa falar. Eu o respeito.

— Não tem problema. Quero me abrir mais com você. Eu o considero um irmão.

Alessandro sorriu.

— Obrigado. Gosto muito de você.

— Minha mãe tem um temperamento genioso, irascível. É a negatividade em forma de pessoa...

Assim, Fernando começou a contar outros fatos de sua vida. Falou do relacionamento difícil com a mãe, do carinho que sentia por Gina e Lena. Por último, e não menos importante, abriu o coração e falou de seu amor por Paloma.

— A garota por quem sempre foi apaixonado agora tem nome. Paloma.

— É.

— Tem notícias dela?

— Não.

O tom monossilábico das respostas de Fernando fez Alessandro mudar o rumo da conversa.

— Por que não volta a morar com sua mãe?

— Porque uma nova fase de minha vida se inicia. Fiquei fora muitos anos e não me sentiria confortável morando sob o mesmo teto que ela. Mamãe tem a vida dela, os hábitos dela, costumes arraigados. Eu quero ter um espaço para ser eu mesmo, sem me preocupar em sair do banheiro. Quero estar à vontade.

— Tem razão, meu amigo — concordou Alessandro. — Liberdade é um prato que, quando o descobrimos, viciamos em degustá-lo.

O chope chegou e ambos ergueram suas tulipas:

— À nossa felicidade!

Depois de estalar a língua no céu da boca e dar mais uma garfada, Fernando perguntou:

— Você nunca me contou muita coisa sobre sua vida. Agora que vamos ser sócios...

Alessandro riu.

— Está certo.

— Eu me lembro de que você morava com seu pai.

— É. Eu tenho um irmão mais velho. Morávamos todos na mesma casa. Depois que minha mãe faleceu, procuramos ficar juntos. De repente meu pai se apaixonou por uma moça vinte anos mais nova e nossa vida mudou.

— Ele é feliz?

— Meu pai? — indagou Alessandro.

— Sim.

— É. Está casado há quase dez anos e tem uma filhinha de quatro. Eu aceitei bem as mudanças e fui viver em uma república de estudantes.

— Eu me recordo dessa época em que nos conhecemos. Mas você era bem reservado.

— Depois da faculdade e com um bom emprego, consegui comprar meu apartamento. Meu irmão não digeriu bem a mudança. Disse que papai estava conspurcando a memória de nossa mãe. Alex mudou-se para Curitiba e cortou relações conosco.

— Com você também?

— Sim. Ele achou que eu enchi a cabeça de nosso pai com ideias de casamento. Culpou-me pelo fato de papai querer seguir a vida ao lado de outra mulher. Mas o que eu podia fazer? Todos têm direito à felicidade.

Continuaram conversando e, a cada garfada, mais revelações sobre suas vidas. A amizade dos dois se fortalecia.

33.

Juliana chegou ao instituto. Algumas crianças correram e grudaram em suas pernas.

— Tia! — chamava um.

— Saudades — resmungava outro.

— Você é fofa e bonita — elogiava outra menina, com muita dificuldade.

Juliana adorava as crianças. Era costume deixar a bolsa sobre a mesa da recepção e abaixar-se para beijar todas. Eram crianças que precisavam de muito amor e carinho. E isso Juliana tinha de sobra.

Ela conversou com a recepcionista, depois apanhou o bloquinho com anotações e foi para sua sala. Bateram levemente na porta e ela levantou o sobrolho.

— Já voltou de férias, Bruna?

— Voltei — respondeu ela, voz cansada e fisionomia triste.

— Pensei que uns dias na praia lhe fariam bem.

— Eu também achei, Juliana. Mas não sei o que acontece.

— Não acha melhor consultar um médico?

Bruna deixou-se cair sobre uma cadeira. Estava desalentada.

— Não aguento mais médicos e pedidos de exames. Já me viraram do avesso e não encontram nada.

Bruna estava visivelmente abatida. As olheiras eram proeminentes, e seu olhar, cansado. Aparentava ser uma mulher bem mais velha do que era.

Juliana pousou a mão sobre a da amiga e sentiu um arrepio desagradável.

Bruna não se recordava ao certo quando os sintomas começaram. Ela espremia os olhos, forçava a memória, mas não se recordava de algum evento que justificasse suas alterações de humor e o cansaço do corpo.

Sua mente sempre regredia até a noite do baile, dez anos antes. Desesperada com o tratamento frio de Juliana, não tivera sossego enquanto não encontrasse a amiga e contasse a ela toda a verdade sobre o plano inicialmente traçado por Eduarda. Caíque lhe deu carona, acelerou demais da conta e bateram o carro em um cruzamento movimentado e perigoso.

O carro capotou. Caíque estava sem cinto e seu corpo foi violentamente projetado para fora do veículo. Morte instantânea. Bruna sofreu escoriações e fraturou uma das pernas. Recuperou-se parcialmente bem e, depois de passar por cirurgias e pinos, ficou manca. Após a tragédia, retomou a amizade com Juliana, entenderam-se. Dedicou-se ao cursinho, ingressou no curso de direito e, depois de formada, passou a cuidar da parte jurídica da instituição.

Sem pensar, ela disparou:

— Se eu não tivesse saído com o Caíque naquela hora... — suspirou, melancólica.

— Ele iria bater o carro mesmo assim. Infelizmente, Caíque sentia-se poderoso no volante. Mais cedo ou mais tarde, iria atrair um acidente fatal.

— Não sei. Às vezes me pergunto: como seria se tudo tivesse sido diferente?

— *Se* — enfatizou Juliana. — Mas não foi. Ele morreu e você levou um tapa da vida. Reavaliou suas crenças, sua maneira de enxergar o mundo. Passou a dar maior importância aos pequenos fatos do dia a dia. Quando passamos por situações traumatizantes, como no seu caso, aprendemos a dar valor a cada segundo.

— Tem razão. Eu era fútil. Depois do acidente, amadureci. Tornei-me outra pessoa. Pena que Caíque não tenha tido a chance de mudar.

A conversa fluiu agradável. Atrás de Bruna, o espírito de Caíque, entristecido, escutava tudo.

— Eu não posso deixá-la, querida — ele balbuciava, também abatido, com os ferimentos do acidente à mostra. O sangue escorria pelo peito e pelo canto da testa. As roupas estavam rotas, e a aparência de Caíque era digna daqueles personagens fantasmagóricos de filme de terror.

Bruna não percebia, mas sua aura estava ligada à de Caíque. Depois da morte do corpo físico, a Terra não é mais o local adequado para o espírito. Liberto do corpo, ele alça outros voos, alcança outros mundos, menos densos. Alguns, abalados com a morte prematura, por exemplo, entram em desequilíbrio e automaticamente são transportados para zonas conhecidas como umbral. Outros, que aceitam a nova condição, por assim dizer, são enviados para postos de socorro ou colônias de tratamento próximo do nosso planeta.

Caíque teve a chance de recuperar-se em um pronto-socorro do astral, contudo, como a maioria dos recém-desencarnados, não aceitou a nova realidade.

Passado algum tempo e sem esquecer Bruna, desejou procurá-la. Encontrou-a quando ela, consciente do que havia ocorrido, julgou ter uma pequena parcela de culpa na morte do rapaz. Daí juntou-se a fome com a vontade de comer. Caíque, em espírito, ligou-se energeticamente a Bruna e a acompanhava havia três anos, época em que os sintomas de cansaço e mal-estar tornaram-se constantes na vida dela.

— Queira se retirar, por favor — solicitou o espírito de uma simpática moça, atrás de Juliana.

— Quem é você? O que faz aqui? — protestou Caíque.

— Sou amiga da família e protetora das crianças deste instituto. A sua energia atrapalha o desenvolvimento emocional das crianças.

— Não posso ficar longe de Bruna. Eu ia pedi-la em namoro. Ainda preciso me declarar.

— Seu corpo de carne morreu e você agora vive no mundo dos espíritos.

— Não! — gritou Caíque. — Eu vivo aqui. Não está vendo?

— É mesmo? Se seu mundo é este aqui, por que Bruna não o vê?

— Ela não me vê, mas me sente.

— Você está fazendo mal a ela. Não vê que Bruna está doente? O que quer? Que ela morra e vá para seu lado?

— Não seria má ideia.

— Não. Seria péssima ideia. Imagine Bruna saber que você acelerou o processo de desencarne dela. Acredita que ela iria ficar ao seu lado?

— Eu a amo. Isso basta.

— Se você a ama de verdade, então deixe-a. Quem ama liberta, certo?

— Humpf! — Caíque pronunciou palavras ininteligíveis e sumiu no ar.

O ambiente ficou mais sereno. Bruna sentiu bem-estar.

— Conversar com você me faz sempre bem, Juliana. Não sei o que seria de mim sem sua amizade.

— Somos amigas. Eu quero vê-la bem. Sempre.

Do outro lado do Atlântico.

Paloma chegou a um bar e sentou-se. Esperou, esperou. Nada. A noite foi chegando e ela deixou-se hipnotizar pelo painel luminoso da loja de departamentos El Corte Inglez. De repente, o celular tocou. Era Javier.

— Desculpe-me, meu amor — disse ele, em espanhol. — Não poderei encontrá-la. Surgiu um carregamento urgente. É perecível, não pode ficar parado no porto. Se estragar, eu vou ter um prejuízo enorme e...

Paloma afastou o celular e virou os olhos, visivelmente irritada.

— Sei. Sei. Você sabia que não nos vimos uma única vez nesta semana? — a voz dela era grave.

— São ossos do ofício, meu amor. Prometo que amanhã vamos ter um dia só para nós dois. Juro.

Javier despediu-se, e Paloma bateu com o telefone sobre a mesa. O garçom aproximou-se, e ela pediu, nervosa:

— Uma *tortilla* e uma cerveja.

Remexeu-se na cadeira. Ligou para Eduarda. Ela não atendeu. Ligou de novo. Na terceira tentativa, Eduarda atendeu, voz cansada.

— O que foi? — indagou Paloma.

— Hoje eu não deveria ter saído da cama. Dante passou mal a noite toda, vomitou. Eu o levei ao médico e agora dorme tranquilo. Estou acabada.

— Não quer me encontrar?

— Adoraria, Paloma, mas estou muito cansada. Podemos almoçar amanhã?

— Pode ser. Até amanhã.

— Tchau. Um beijo.

Paloma desligou e vasculhou os contatos da agenda telefônica. Tinha poucos conhecidos. Os amigos da escola onde lecionava haviam se afastado, naturalmente. Afinal, desde que conhecera Javier, não tinha mais tempo para os amigos, para ninguém. Vez ou outra tinha a companhia de Eduarda e evitava encontrar Lena.

“Ela está insatisfeita com Ramón e está jogando charme para o Javier”, pensou. “Não sou boba. Sei cuidar do que é meu. Gosto muito dela, mas Lena que fique na dela.”

Seus pensamentos foram interrompidos pela chegada do garçom. Ele depositou a torta sobre a mesa e Paloma apanhou a garrafa de cerveja. Despejou o líquido no copo e bebeu de uma vez. Passou as costas da mão nos lábios.

Depois de comer e beber mais outra cerveja, ela pediu a conta, pagou e saiu. Estava frio, e noites de inverno a deixavam melancólica.

— Javier está me evitando — dizia baixinho, enquanto caminhava pelas Ramblas.

Paloma decidiu voltar para casa, mas ainda era cedo. A noite em Barcelona começava depois do jantar, geralmente por volta das onze da noite. Eram ainda, segundo costume do local, oito da tarde.

Ela viu um casal de enamorados na praça e pensou em Javier.

"Será que está me evitando? Será que tem outra? Será que está me traindo?"

As perguntas caíam feito cascata sobre a cabeça dela. Os pensamentos mais horríveis e negativos invadiam a sua mente com a maior facilidade do mundo. Invigilante e dando crédito à sua insegurança, mergulhou em pensamentos e sentimentos tristes, que só produzem mal-estar em quem os dá a devida atenção. Atormentada, pensou no pai de Eduarda. Ela teve um lampejo:

— Isso mesmo! Javier está sempre com Otaviano. Se não estiverem juntos, é porque Javier me trai. Eu vou descobrir quem é a vagabunda que quer tomar o meu lugar!

Falou e estugou o passo. Chegou ao endereço de Otaviano. Ele não estava.

— Devem estar juntos — disse para si, tentando se acalmar.

Ligou para Eduarda e caiu na caixa postal. Na sequência, tomou um táxi e deu o endereço ao motorista.

— Tem certeza de que quer ir para este endereço? — o motorista perguntou, enquanto fitava-a pelo retrovisor.

— É caso de vida ou morte — respondeu dramática. — O senhor para ali perto e eu desço.

O motorista deu de ombros e acelerou. Depois de alguns minutos, ele a deixava em uma espécie de beco, onde havia galpões, aparentemente, abandonados.

Paloma pediu ao motorista que aguardasse, desceu e se embrenhou na escuridão. Foi caminhando e viu um ponto de luz à frente.

— Javier está aí. Tenho certeza.

Ela se aproximou e, pelo vidro embaçado do galpão, viu duas sombras. Sentiu raiva e trincou os dentes.

— Patife! Eu sabia que ele estava me traindo. Mas isso não vai ficar assim. Eu vou dar uma surra nessa piranha.

Enraivecida, acelerou os passos em direção à porta lateral do galpão. Paloma estivera ali algumas vezes e conhecia relativamente bem o lugar. Controlou a respiração e esticou o olho pela porta entreaberta. Sorriu aliviada, porque Javier não estava com uma mulher. E, logo em seguida, sentiu pavor, porque Javier falou "adeus" e apertou o gatilho. O homem caiu sobre os joelhos e Paloma não pôde ver o rosto. Seu corpo todo tremeu e ela quase gritou. Teve ímpetos de entrar, mas o bom senso a alertou para sair, o mais rápido possível.

Foi o que Paloma fez. No meio do caminho, com medo de estar sendo seguida, pediu para o motorista parar.

"Se eu descer na casa de Lena e formos descobertas, será o nosso fim."

Paloma saltou do táxi e correu sem olhar para trás, aturdida, desesperada.

— Meu Deus! Ajude-me! — balbuciou, enquanto as pernas aceleravam os passos.

Ela correu o quanto pôde. Chegou, transtornada, à casa de Lena e confessou, aturdida, ter visto Javier matar alguém. Daí, a campainha tocou ao mesmo tempo que batiam na porta. As batidas ficaram mais intensas e, segundos depois, Lena abriu.

Os olhos injetados de fúria à sua frente eram tão assustadores que Lena sentiu enjoo e as pernas ficaram bambas. Escondida embaixo da cama, Paloma pedia a Deus que a tirasse de lá. O mais rápido possível.

34.

Dois meses haviam se passado. Felizmente, Lena conseguiu pegar o passaporte no apartamento de Javier e Paloma deixou o país, pretextando que seu pai estava muito doente. Javier, preocupado em livrar-se do corpo e apagar as evidências do crime, não deu muita trela. Até achou ótimo ela se afastar por um tempo e largar do seu pé.

Sentada em um café no centro de Lisboa, Paloma refletia sobre os últimos acontecimentos de sua vida. Ficara atordoada ao saber que o homem morto por Javier era Otaviano, pai de Eduarda. Sócios, os dois se desentenderam sobre valores de comissão de armas transportadas ilegalmente para o Paquistão.

— Cadê Eduarda que não chega?

Ela estava impaciente. Batia o salto sobre o piso. O garçom — ou empregado de mesa, como se diz em Portugal — aproximou-se atencioso.

— Deseja alguma coisa?

— Um garoto[9] e a ementa[10], por favor.

A cada minuto, cravava os olhos impacientes no relógio. Onde estaria Eduarda?

---

9 Café pingado; mistura de café com leite.
10 Cardápio.

Javier descobriu as falcatruas de Otaviano e não hesitou. Matou-o friamente, sem dó nem piedade. A cena pulava e Paloma se via no apartamento de Lena. O coração quase saltou pela boca quando Lena abriu a porta para Paco. O homem estava desnorteado, precisava livrar-se do corpo de Otaviano e queria saber onde estava Paloma.

— Ela me disse que ia jantar com Eduarda, visto que Javier está ocupado.

— Tem certeza? — indagou o capanga, desconfiado.

— Sim. Ela me ligou há pouco — mentiu. — Deve estar com Eduarda.

— Sabe me dizer onde foram jantar? Só para me certificar.

Lena foi tomada por uma súbita segurança:

— Paco, você vem até minha casa para saber onde Paloma está? O que é isso? Um interrogatório?

O tom da voz dela era seguro e intimidador. O homem moveu a cabeça para os lados.

— Tem razão. Elas devem estar juntas.

— Por favor, se não tem mais nada a me dizer, queira se retirar. Estou de saída.

Paco mordiscou os lábios. Era bom que Paloma estivesse com Eduarda. Ela não iria importunar Javier e eles teriam tempo para pensar em uma maneira de se livrarem do corpo de Otaviano, sem deixar rastro.

O homem saiu da casa de Lena preocupado. Retornou ao galpão e piscou os faróis. Javier meteu a cabeça para fora da porta e fez sinal com a mão. Paco saiu do carro e o ajudou. Transportaram o corpo, enrolado em um saco plástico, até um matagal. Colocaram Otaviano sentado no banco do motorista, abriram os vidros e simularam um assalto. Paco deu outro tiro em Otaviano, apanhou a carteira e o relógio para que a polícia acreditasse em roubo seguido de morte.

Nesse meio tempo, Lena conseguiu, por intermédio de Ramón, que Paloma viajasse para Lisboa naquela mesma noite. Abalada com tamanha brutalidade debaixo de seu nariz, foi obrigada a repensar sobre sua vida. Nos dias seguintes, teve dificuldade de pegar no sono e, quando conseguiu, sonhou com sua mãe.

Roseli estava com uma roupa clara, o semblante iluminado, um sorriso cativante nos lábios.

— Minha querida, quanto tempo!

Lena levantou-se e abraçou a mãe, emocionada.

— Como está?

— Muito bem.

— Oh, mamãe, não sabe como sinto saudades de você.

— Eu também sinto saudades.

— Pensei que este sentimento fosse exclusivo dos encarnados.

Roseli meneou a cabeça.

— Não. A saudade é um sentimento do espírito. Portanto, encarnados e desencarnados têm este sentimento. Por mais que esteja levando uma boa vida aqui no astral, sinto falta de você.

Abraçaram-se e Lena disse:

— Estou preocupada com Paloma.

— Não se preocupe. Paloma vai ficar bem.

— Ela estava namorando um assassino! — exclamou Lena.

— Tudo na vida ocorre por meio de afinidade energética. Paloma não tem tido sucesso nos relacionamentos afetivos porque sofreu por amor em última vida. Desiludida e receosa de sofrer novamente, preferiu entregar-se a paixões fugazes, passageiras, superficiais.

— Agora sinto que ela corre perigo.

— Por que imaginar o pior?

— A situação não me permite ver por outro ângulo mais animador.

Roseli a abraçou.

— Minha filha querida, quantas vezes você já teve medo de tragédias que nunca aconteceram?

— Algumas vezes.

— Pois é. A tendência para o negativo é um instrumento de autotortura que inferniza a vida de muita gente. Viver imaginando coisas desagradáveis cria uma sintonia com o mal que é extremamente prejudicial à saúde do espírito.

— Eu sei, contudo...

— Contudo, sabe que se ligar neste padrão de pensamento acaba exalando esse tipo de energia, atraindo problemas, afastando pessoas queridas, prejudicando até seu trabalho. Muitas pessoas fracassadas, sem amor, emprego, dinheiro ou saúde, estão nesta situação por pensar sempre no pior, por acreditar sempre no ruim, no negativo. Nunca acreditam no bem, escondem-se temerosas, com medo de tudo e de todos. Dessa forma, a alegria no coração desaparece e abre-se caminho fácil para obstáculos e doenças.

— Tenho percebido, ao longo dos anos, que a minha sensibilidade está mais fraca. Quando eu era garota, lembro-me de que a intuição era bem afiada. Eu via os espíritos com muita nitidez.

— Porque se deixou levar pelas ilusões do mundo. Passou a acreditar mais no mundo do que na sua intuição. As convenções sociais, a hipocrisia em geral dominam o coração e cegam nossa sensibilidade. Não se contatar à sensibilidade é o mesmo que um viajante em alto-mar singrar sem bússola. Viaja ao sabor dos ventos. Viver sem o uso da intuição funciona da mesma forma: você deixa de perceber a verdadeira intenção das pessoas e pode atrair situações desconfortantes em seu caminho.

— Como Paloma?

— Por certo, embora tudo indique que Paloma vai mudar o jeito de ser. E quanto a você?

— O que tem eu, mamãe?

— Por que ainda insiste nessa relação sem sucesso com Ramón?

Lena sentiu-se envergonhada. Namorava Ramón porque se acostumara à companhia dele. Não porque o amava.

— Eu gosto de Ramón.

— Ele merece alguém que o ame de verdade, assim como você também merece ser feliz ao lado de um homem que a ame e a valorize. As pessoas se deixam envolver por relações superficiais e sem gosto. Amarram-se umas às outras por medo da solidão. É por isso que a maioria das relações afetivas não é sólida. Primeiro, é preciso entender-se, aceitar-se e amar-se incondicionalmente. Só assim há condições de atrair alguém que vibre na mesma sintonia de amor que você.

— Confesso que estou cansada de viver aqui, embora ame esta terra. Sinto saudades do meu país.

— Você tem fortes ligações com a Espanha. Viveu muitas vidas aqui. Em todo caso, quando garota, você sempre dizia que viria para cá e depois voltaria para o Brasil, que seu amor estava lá.

— Não me lembro...

Roseli sorriu e encostou a palma da mão na testa de Lena. Imediatamente viu uma cena de anos atrás, na fazenda, afirmando mais ou menos isso.

Lena abriu os olhos, emocionada:

— Mamãe! O meu amor não está aqui.

— Será que não é hora de voltar?

Lena disse, entristecida:

— O meu trabalho não é reconhecido no Brasil.

— Faça com que seja — tornou Roseli, amorosa. — Mostre seu talento, sua capacidade. Ame o seu trabalho. Sempre haverá alguém que queira um prestador de serviço dedicado e que ame o que faz.

— Obrigada pelos conselhos. E, em relação a Ramón...

— Deixe o tempo e as situações agirem.

— Eu tenho muita vontade de me apaixonar.

— Concentre-se nesse objetivo. A vida sempre dá uma ajuda, trazendo pessoas que despertem esse sentimento em nós.

— Quando a verei de novo? Fazia tanto tempo que não aparecia.

— Tenho uma vida corrida aqui no astral. Trabalho, estudo, há uma rotina regada com disciplina, que procuro cumprir à risca. E, além do mais, é prazeroso viver de acordo com os desejos de nossa alma.

Abraçaram-se com carinho. Roseli depositou um beijo na testa de Lena e partiu. Lena deitou-se e adormeceu.

Acordou no dia seguinte com uma gostosa sensação de bem-estar. Virou-se na cama para se espreguiçar e o telefone tocou.

— Oi, Ramón, tudo bem?

— Indo.

— Por que esta voz?

— Fui promovido.

— Ora — ela bocejou e sentou-se na cama —, deveria estar feliz.

— É que terei de me mudar da Espanha. A minha nova base será em Pequim.

— Nossa, que mudança!

— Pois é...

— A gente dá um jeito e...

Ramón a cortou com amabilidade:

— Não dá para dar jeito. Vou viver do outro lado do mundo. Precisamos conversar... sobre nós.

— Vamos almoçar?

— Não tenho tempo. Preciso fazer as malas, organizar a mudança.

— Já?

Ele estava um tanto desconcertado.

— Sim. É que estou para lhe falar há mais de uma semana. Não tive coragem.

— Bom, então...

O segundo durou uma eternidade. Ramón, por fim, disse:

— Tenho muita coisa para fazer.

— Eu posso ajudá-lo.

— Prefiro fazer tudo sozinho, do meu jeito. Quanto ao nosso namoro... — ele pigarreou. — Creio que não temos condições de continuar juntos.

Lena sentiu uma fisgada no peito.

— Vai terminar assim, pelo telefone, depois de três anos?

— Sinto muito. Você é uma ótima pessoa e merece ser feliz. Boa sorte, Lena.

Ramón falou e desligou. Lena mordiscou os lábios, olhou para o telefone. Quando a ficha caiu, automaticamente apagou o nome de Ramón da lista de contatos. Aos poucos, lembrou-se de fragmentos do sonho com Roseli: "É preciso entender-se, aceitar-se e amar-se incondicionalmente. Só assim poderá ter condições de atrair alguém que vibre na mesma sintonia de amor que você...".

— Homem que termina namoro pelo telefone não merece uma lágrima minha. Ramón que seja feliz com suas chinesas. Eu vou atrás da minha felicidade. Cansei.

Decidida, Lena levantou-se, tomou um bom banho e, enquanto se enxugava, ligou a tevê. O noticiário falava de acontecimentos no mundo, sobre os eternos problemas no Oriente Médio, até que a apresentadora voltou-se aos assuntos da região da Catalunha.

— *Um corpo foi encontrado dentro de um carro...*

Lena tinha certeza de que haviam encontrado o corpo de Otaviano. Na sequência, outro apresentador noticiou:

— *Javier Rodriguez e Paco Cessa foram presos na manhã de hoje. A polícia encontrou evidências que os ligam à vítima encontrada morta no veículo...*

Ela suspirou.

— Javier é um homem esperto. Como o prenderam?

35.

Depois de três xícaras de café com leite e umas torradinhas salgadas, Paloma levantou os olhos, e Eduarda entrou, empurrando o carrinho do bebê com dificuldade. Ela se levantou para ajudá-la.

— Obrigada.

— Por que não responde às minhas ligações?

— Hello-o! — disse Eduarda, voz cansada. — Eu tenho um filho para criar e muitos problemas para resolver.

O pequeno Dante dormia a sono solto. Era um bebê lindo. Branquinho, cabelos ruivos bem clarinhos, parecia, evidentemente, um irlandês.

— Ele é todo o pai — comentou Eduarda. — O nariz é parecido com o meu.

— Não dá mesmo para negar. Christopher tem cabelos castanhos. Esse bebê é filho do segurança.

Eduarda sentou-se à mesa e riu.

— O próprio! O ruivo fortão...

Eduarda discorreu sobre os acontecimentos que a levaram a aproximar-se do segurança e engravidar. Paloma ria das cenas.

— Você é terrível.

— Eu, não. Sou de carne e osso. Christopher estava mais interessado na bolsa de valores do que em mim.

A ex-mulher vivia aporrinhando ele por conta daquelas crianças insuportáveis. Eu fui ficando de lado, carente.

— E daí o segurança deu bola.

— Deu bola, deu beijo, deu tudo — Eduarda riu humorada. Em seguida, sentiu uma tontura e Paloma notou.

— E os exames? Fez?

— Quanta insistência! Parece o Christopher.

— Ele se importa com você.

— É verdade. Ele não gostou nadinha da traição, assinamos os papéis. Estamos definitivamente separados. Mas não larga do meu pé. Quer saber o que tenho.

— É natural. Viveram juntos muitos anos.

— Ele insistiu, mas não estou com cabeça para nada agora. Eu mal tive um filho. Nunca pensei que seria mãe.

— Mas é. Sua fisionomia não é das mais alegres.

— Preciso contar-lhe um segredo.

— Adoro segredos! — exclamou Paloma.

— É muito sério.

À medida que Eduarda falava, as expressões faciais de Paloma iam se transformando. De interessada e surpresa, seu semblante passou a expressar tristeza, dor e indignação.

— Não pode ser! Eu não acredito nisso — gritou Paloma.

— Psiu! Fale baixo — pediu Eduarda. — As pessoas estão olhando para nós.

Paloma baixou o tom de voz:

— Não posso crer. Tem certeza do que afirma? É um problemão.

— Não tem problema nenhum.

— Eduarda, por favor! Isso tudo é muito sério.

Eduarda mudou de assunto.

— Viu o noticiário?

— Não vi nada.

— Dê uma olhada no meu celular.

Eduarda moveu os dedos e acessou uma página do noticiário espanhol. À medida que Paloma lia, arregalava os olhos.

— Javier preso? Eu mal acredito!

— Está vendo? Esse aí não vai mais incomodar você.

— E se ele se safar e voltar a me procurar?

— Qual é, Paloma? Você tinha um caso com o Javier, foi só mais uma na vida dele. Mais nada.

— Não precisa falar assim.

— Mas é verdade. Você era diversão. Uma boneca dos trópicos que ele usava a seu bel-prazer.

Paloma sentiu-se desconfortável. Remexeu-se na cadeira, nervosa.

— Custa-me crer que ele foi preso e... — ela percebeu o sorriso malicioso nos lábios de Eduarda. — Você está metida nisso!

— Estou até o pescoço. Pensa que não ia me vingar? — os olhos de Eduarda marejaram. — Eu podia não ter lá uma forte ligação com meu pai, mas esse canalha — apontou para o aparelho — tirou a vida dele. Vai apodrecer na cadeia.

— Eduarda, mil perdões. Eu aqui olhando para o meu umbigo, pensando na minha história com Javier e me esqueci de que seu pai foi morto por ele. Eu não tenho palavras.

— Tudo bem — ela apanhou um lenço e assoou o nariz. — Dever cumprido. O Harold, ex-segurança do Christopher e pai do meu filho, me ajudou. Ele tem umas conexões com o submundo do crime, foi fácil plantar documentos do meu pai na casa de Javier e ligá-lo à morte de papai.

— Se fosse meu pai, eu seria capaz de matá-lo.

— Para quê? Acaso diminuiria a dor? Não.

— Fico impressionada com sua atitude. É um ato nobre.

— Não pensei se é nobre ou não, mas em justiça. Cada um colhe o que planta. Javier vai ter o que merece. Estou ficando prática nesse tipo de entendimento. Afinal, não vou viver para sempre.

Paloma apertou a mão de Eduarda, transmitindo-lhe força.

— Há alguma coisa que posso fazer por você?

— Por nós, você quer dizer — retificou, apontando para o filho.

— Vai falar com sua mãe?

— De forma alguma. Glória não é a pessoa certa para cuidar de meu filho.

— Tem certeza de que vai entregá-lo?

Eduarda fez sim com a cabeça.

— Hum, hum. Já contatei meus advogados no Brasil. Os de Christopher me entregaram o documento com a guarda definitiva de Dante.

— Coloque-me a par do próximo passo.

— Vou voltar com você para o Brasil.

— Voltar?

— Sim. Meu pai está morto e enterrado. Os negócios dele estão nas mãos de outros poderosos e, sinceramente, eu não quero saber de mais nada. Christopher ajudou-me a transferir parte do dinheiro do meu pai para uma conta em um paraíso fiscal. E há um documento garantindo a Dante retirar o dinheiro aplicado assim que completar a maioridade.

— Tem certeza de que é isso que quer?

— Sim.

— Estamos na Europa. Aqui há centros bem desenvolvidos, médicos que...

Eduarda a interrompeu.

— Negativo. Vamos voltar ao Brasil. Preciso ter uma conversa com seu cunhado.

Paloma fez cara de interrogação. Erik?

— É. No voo eu lhe explico melhor. Vamos.

— Para onde?

— Para o aeroporto. Já fechei a sua conta no hotel e estou aqui com as passagens — abriu a bolsa e mostrou os bilhetes. — O táxi está esperando lá fora, com as nossas malas.

— Mas... — Paloma estava confusa.

— Em relação a Lena, fique tranquila. Ela vai nos encontrar assim que se desligar do trabalho. Voltaremos nós todas para casa.

36.

Bruna levantou indisposta, mais uma vez. Caminhou lentamente até o banheiro. Fez sua higiene pessoal, arrumou-se com dificuldade e saiu. Entrou no carro cansada, desiludida. Era como se a melancolia fizesse parte integrante de sua vida, para sempre.

Fez esforço para girar a chave, deu partida e foi para o trabalho. Chegou atrasada à instituição, pegara um engarrafamento terrível. Entrou soltando fogo pelas ventas.

— Estou cansada desta cidade, deste trânsito, desta gente...

— O que aconteceu? — indagou Juliana. — Bom dia para você também.

— Me desculpe, Juliana. Mas hoje não acordei boa.

— Nem hoje, nem ontem. Deixe-me ver... — ela levou o dedo à ponta do queixo. — Faz anos que você se comporta dessa maneira negativa.

— Fazer o quê? Cada dia que passa vou ficando mais velha. O que esperar da vida? Fiquei manca da perna, não da cabeça. Sei que nunca vou encontrar alguém que goste de mim desse jeito.

— De novo baixou o sentimento de autopiedade? Quer um chicote para se autoflagelar?

— Brinca comigo, brinca — revidou irônica. — Eu nunca tripudiei sobre sua gordura.

— Pois tripudie. Brinque, grite, me chame de gorda.

— Não seria capaz.

— Mas eu sou. Gorda. E feliz. E apaixonada pela minha família.

— Sorte a sua.

— Bruna, minha querida, perceba que todos nós somos semelhantes, porém diferentes. Eu sou gorda, você é manca, Erik tem barriga, meu pai tem unha encravada — elas riram. — Perfeitos mesmo, só os astros dos filmes, porque a gente não sente cheiro, não percebe as imperfeições físicas e intelectuais.

— É duro ser apontada na rua e ser motivo de chacota.

— Sofri preconceito desde que nasci. Confesso que durante a adolescência quis morrer. Foi um período duro, difícil. Depois que amadureci e encontrei o amor nos braços de Erik, passei a questionar e refletir sobre os valores impostos pela sociedade. Mudei minha maneira de encarar a vida e hoje sou feliz, porque aprendi que não importa a forma que tenhamos, não importa a cara, a cor, nada. A única coisa que importa na vida, de fato, é o amor.

— Não acredito.

— Mas é. O que vamos levar daqui quando morrer? As mágoas e dores vão nos arrastar para um mar de sofrimentos. Eu não quero sofrer. A alternativa são as boas lembranças, as memórias afetivas, o sentimento verdadeiro de amizade, de carinho, de amor. O amor é a salvação, porque o amor é Deus em forma de sentimento.

Bruna arregalou os olhos.

— Nunca falou assim antes comigo.

Juliana estava sendo intuída por Tarsila. Continuou a falar:

— Sabe, Bruna, cada nova encarnação traz oportunidades de crescimento, que ajudam você a usar melhor seu livre-arbítrio no momento presente. O agora é o que importa. É a partir do momento atual que você consegue criar condições para um futuro mais feliz. É bom lembrar, sempre, que o seu sofrimento resulta de suas atitudes, que são consequência de suas crenças e de seus pensamentos.

— Me disseram que estou com encosto. Será?

— Pode ser. Eu não sou especialista nessa área, entretanto, por que não procura ajuda espiritual? Tem tanto centro espírita nesta cidade! Tomar passes não dói e não mexe no bolso.

— Tenho tido muitos pesadelos. A cena do acidente não sai do meu pensamento.

O espírito de Caíque estava ao lado de Bruna. Era ele quem a fazia se lembrar constantemente da cena do acidente. Tarsila fez-se presente.

— Quem é você? — perguntou ele, receoso e alteando a voz, numa tentativa de intimidação.

— Uma amiga da família.

— Nunca a vi antes.

— Porque nunca me fiz notar. Este espaço é meu — Tarsila fez um gesto delicado com os dedos e declarou, firme: — Você é o intruso.

— Estou com Bruna.

— Eu sei. Como disse anteriormente, este espaço é meu. Nenhum detalhe me escapa.

— Ela vai ser minha namorada.

— Como? Vai esperar ela desencarnar para pedi-la em namoro?

— Senti uma ponta de ironia — rebateu ele.

— Quer que eu seja o quê? Cordata? Que aceite esta sua interferência negativa?

— Não sou negativo.

— Mas está fazendo mal a Bruna.

— Eu gosto dela.

— Imagine! Vocês nem tiveram nada.

— Por isso mesmo. Minha vida foi interrompida. Fui injustiçado.

— Por acaso sente-se morto?

— Para o mundo, sim.

— Não está conversando comigo?

— Hum, hum.

— Então está vivo. Portanto, a sua vida não foi interrompida. O que terminou foi mais um ciclo reencarnatório.

Caíque girou os olhos.

— De novo esse papo. Já vieram atrás de mim com essa conversa de reencarnação.

— Pois vamos continuar a importuná-lo com esta conversa até o fim dos tempos.

— Pura perda de tempo. Não saio de perto da Bruna.

— Veja o mal que está fazendo a ela.

— Eu gosto dela. Não posso fazer-lhe mal.

— Mas está fazendo. Está perdido, desorientado. As suas energias não são puras nem saudáveis. A sua ligação com Bruna está deixando-a descontente, triste e abatida. O corpo físico dela começou a demonstrar sinais de desgaste.

— É porque ela não tem ninguém. Se eu estivesse encarnado, tudo seria diferente.

— Falou certo: seria. Mas não está. A realidade é outra. Você morreu.

Caíque sentiu uma pontada no peito.

— Eu...

Tarsila prosseguiu:

— Você morreu porque era seu momento. Ponto final. Sem grandes explicações. Cada um de nós tem um tempo no planeta. Alguns ficam mais, outros ficam menos. Tudo depende da programação divina.

— Morri muito cedo.

— E continua vivo, em espírito! Já percebeu quantos anos tem desperdiçado desejando mudar o que não pode?

— Se eu pudesse voltar atrás, seria mais cauteloso na direção.

Tarsila bateu palmas.

— Parabéns! A sua consciência lhe diz que correr demais é imprudente. Em uma próxima oportunidade de reencarne, ao pôr as mãos em um volante, seu espírito vai recordar-se e ficar atento. Garanto que você não vai mais correr feito um doido.

— Você fala de um jeito engraçado — riu Caíque. — Eu vou voltar a viver na Terra?

Tarsila fez gesto afirmativo.

— A maioria de nós vai voltar, muitas vezes ainda.

— Quantas?

— Quantas forem necessárias para o amadurecimento do nosso espírito. Podem ser quatro, cem, mil, o número não importa. Importa é que, a cada encarnação, possamos ampliar o nosso grau de lucidez, aumentar nossa inteligência e, consequentemente, diminuir nosso sofrimento. Afinal, fomos designados pelas forças superiores para a felicidade.

— Não sou feliz — Caíque resmungou.

Tarsila aproveitou que ele se desligou temporária e mentalmente de Bruna. Ela percebeu inconscientemente o desligamento e sentiu bem-estar.

— Está mais corada — disse Juliana.

— De repente, senti menos cansaço.

— Ótimo. Vamos dar uma volta.

Juliana a pegou pelas mãos e foram para o jardim, no meio das crianças. Absorto em seus pensamentos, Caíque deixou-a ir por instantes. Olhou para Tarsila, triste:

— Sou muito imperfeito.

Ela se aproximou e tocou-lhe no braço. Caíque sentiu uma pontada de ânimo. Não imaginava como era prazeroso o contato com espíritos de alta luminosidade. Tarsila disse, com voz amável, porém firme:

— Deus o criou perfeito à Sua imagem e semelhança. Acredite que você é perfeito.

— Tem certeza?

— Afirmativo. Dentro de você há todos os elementos de que precisa para progredir, aprender a fazer melhor e, consequentemente, crescer. É esse conhecimento que vai diminuir seus sofrimentos, amenizar suas dores. Quando você age de maneira adequada, os resultados só podem ser bons.

— Estou sendo punido por Deus.

— Não, meu querido. A vida não cobra nem pune, apenas ensina. Observe atentamente os valores que tocam sua alma, que lhe proporcionam alegria, felicidade e bem-estar. Quando contatá-los, precisará valorizar cada um, não fazendo nada que os limite ou contrarie. O que tem vontade de fazer?

— Eu queria ter meu próprio negócio, sair das asas do meu pai.

— Isso é bom. Seu espírito anseia por independência e valor. Valorizar-se é passo fundamental para uma vida melhor, não importa o mundo onde estejamos. Agir de acordo com a própria natureza permite que você realize o seu melhor e tenha uma vida em equilíbrio e harmonia, dentro de seu nível de evolução espiritual.

— Não sei para onde poderia ir.

— Há muitas moradas na casa do Pai. Nunca ouviu?

Ele sorriu.

— Na igreja, quando era garoto e ia à missa com minha avó. Escutava bastante.

— É a mais pura verdade. Não gostaria de aventurar-se em novas possibilidades, ter outra perspectiva de crescimento?

— Será? Não sei por onde começar.

— Jogue fora os pensamentos negativos e acredite na força divina dentro de você. Essa é a sua parte. O resto, entregue nas mãos de Deus.

— E Bruna?

— Ela também merece encontrar alguém e ser feliz. A sua aproximação a impede de conhecer alguém. Você a está infelicitando e também se fazendo tremendamente infeliz.

— Estou cansado.

— Escute. Não seja tão severo consigo. O passado já acabou. Você enganou-se ao escolher seus caminhos. Contudo, neste exato momento, Deus lhe concede a oportunidade de mudar, de procurar viver melhor e mais adequadamente.

— De maneira adequada? Onde? — perguntou desconfiado.

— Em um lugar bem interessante, cheio de jovens como você.

O semblante de Caíque esboçou um sorriso.

— Verdade?

— Sim. É só me dar a mão e fechar os olhos.

— Está bem. Antes, posso fazer uma coisa?

Tarsila assentiu. Caíque foi até o jardim, aproximou-se de Bruna e sussurrou em seus ouvidos:

— Vou ter de deixá-la por uns tempos. Não sei se vamos voltar a nos ver, mas não se esqueça de que é uma gata. Você manca de um jeito sensual. Eu me amarraria fácil em você, mesmo manca.

Caíque beijou-a no rosto. Em seguida, deu a mão para Tarsila, e seus espíritos desvaneceram no ar, deixando no ambiente um rastro de luz. Bruna levou a mão ao rosto. Pensou em Caíque e sorriu.

— Onde quer que esteja, meu amigo, fique bem, em paz. Que Deus guie seus passos!

37.

Magnólia acordou irritada, naturalmente. Levantou--se e foi ao cofre. Ela sempre guardava dinheiro em espécie para emergências. Abriu-o e não tinha nada dentro. Levou a mão ao peito, assustada, e desceu correndo. Encontrou Gina na cozinha.

— Fomos assaltadas!

— Quando? — perguntou Gina, enquanto bebericava tranquilamente seu café com leite.

— Fala assim, nessa calma? Eu disse que fomos assaltadas!

— Pergunto de novo: quando?

Magnólia rosnou baixinho.

— Não sei como pode ter tanta calma! Nosso cofre está vazio. Sem um tostão.

— Sei. E?

— Acordou com o desejo de me atormentar? Se esse era o objetivo do dia, parabéns! Bingo! Você conseguiu.

— Sente-se e tome seu café. Custódia acabou de vir da padaria com um punhado de pãezinhos. Estão quentes.

— Humpf! — Magnólia pronunciou algumas palavras ininteligíveis. — Como posso ter fome numa hora dessas?

— O bolo de laranja está divino. Prove.

Magnólia perdeu a paciência. Começou a gritar feito doida. Custódia entrou na cozinha, atônita. Gina fez sinal para ela não entrar e voltar a seus afazeres. Levantou-se da mesa e disse:

— Semana passada eu pedi dinheiro a você para pagar o eletricista. Não se lembra de que foi até o cofre e pegou o dinheiro?

Magnólia levou a mão à testa.

— Tinha me esquecido! Estou ficando velha.

— Está — concordou Gina. — Velha, rabugenta, ranzinza e resmungona.

— Quando me conheceu, foi direta e disse que eu era bonita. Agora sou velha e gagá. Por que diabos sempre mentiu para mim?

— Não, meu amor. Eu nunca menti para você. Sempre a amei. Se não fosse o amor que sinto por você, teria ido embora desta casa há muito tempo.

Magnólia emudeceu. Arregalou os olhos, estupefata. Gina prosseguiu:

— Desde o dia em que entrou no meu táxi com Isabel, eu senti uma emoção diferente ao vê-la pelo retrovisor. Posso garantir que foi amor à primeira vista. Quando voltei para devolver a bolsa de Isabel, não tive dúvidas de que você era a mulher da minha vida.

— Puxa, nunca me disse isso antes.

— Porque você, ao longo dos anos, fechou-se em uma concha de negatividade. Deixou de ter pequenos prazeres comigo. Não fomos mais à feira juntas, por exemplo. Era um programa que eu adorava fazer ao seu lado. Fazíamos as compras, depois parávamos na banca da japonesa, comíamos um pastel e tomávamos nosso sagrado caldo de cana.

— O tempo passou. Fernando cresceu. A vida foi trazendo mais obrigações.

— Que obrigações, Magnólia? A vida sempre foi sua amiga.

— Não é bem assim — tentou justificar-se.

— É sim. Claro como água. Você teve tudo de mão beijada. Perdeu os pais, mas ganhou um paizão. Seu Fabiano pode não ter sido o melhor pai do mundo, mas educou-a com esmero, deu-lhe um teto digno, tentou transmitir-lhe valores nobres. Depois deixou-lhe muito dinheiro, suficiente para não fazer nada. Talvez aí esteja o erro do seu tio.

— Não entendi.

— Não conhece o ditado: "Cabeça ociosa, oficina do diabo"?

— Nunca me interessei por nada. O que fazer?

— Participar do Evangelho comigo e com Custódia, por exemplo.

— Não gosto.

— Ao menos procure ter bons pensamentos, agradecer a Deus todos os dias pela vida que tem. Prefere cultivar a tristeza e a infelicidade. Não sei onde isso vai parar.

— Eu sei — desconversou. — Vou ao banco, sacar dinheiro. Não gosto que o cofre fique sem nenhum. A gente nunca sabe o dia de amanhã.

— Tome seu café. Depois vá ao banco. Ainda é cedo.

— Está bem.

Magnólia sentou-se, pegou um pãozinho e cortou-o ao meio. Passou manteiga e serviu-se de café com leite. Depois de um gole, sondou Gina:

— Soube que o bar de Fernando está, como se diz atualmente, "bombando". É verdade?

Gina abaixou para sorrir. Sabia que Magnólia não daria o braço a torcer e dava indiretas para arrancar notícias do filho.

— É verdade. O bar é um sucesso. Alessandro é um homem de visão, está com os olhos sempre no futuro, pensando em expandir os negócios. Fernando cuida da logística, e Peixão é um cozinheiro com mãos abençoadas.

— Hum... sei. Já comeu alguma coisa desse Peixão?

— Sim. Fui ao bar algumas vezes. Claro que de dia, porque não tem noite que não esteja lotado. O ambiente é acolhedor, alegre e divertido. As pessoas sentem-se bem lá dentro.

— Hum — resmungou Magnólia. Ela mastigou um pedaço de pão e tornou: — Quando você vai lá?

Gina alegrou-se.

— A hora que quiser. Gostaria de me acompanhar?

Magnólia mordiscou os lábios.

— Faz tempo que não vejo meu filho.

— Já disse. Não vê porque não quer.

— Desde que voltou do interior, nunca veio me visitar.

— Alguém vai ter de desfazer este impasse. Por que não toma a iniciativa?

— Primeiro vou ao banco — Magnólia desconversou.

Levantou-se da mesa e foi se arrumar. Desceu, apanhou a bolsa e a chave do carro.

— Já volto.

Gina sorriu. Custódia entrou na cozinha.

— Será que ela e o filho vão finalmente se acertar?

— Vão. Nada é eterno. Essa rusga entre os dois vai acabar mais cedo do que imaginamos.

Custódia fez o sinal da cruz e levantou as mãos para o alto:

— Deus a ouça. Deus a ouça.

Magnólia embicou o carro no estacionamento do banco, apanhou o tíquete com o manobrista e entrou na agência. Irritou-se com a passagem pela porta giratória.

— Maldita porta! — esbravejou. — Sou cliente desta agência há mais de trinta anos e tenho de passar por essa vergonha?

Ela foi maldizendo deus e o mundo. Algumas pessoas a acompanharam no discurso negativo. Enquanto isso, ela foi tirando tudo da bolsa. Tentou passar e a porta travou de novo.

— O que é isso? Preciso ficar pelada para entrar na agência? Que falta de consideração com o cliente!

— Isso mesmo — dizia um.

— Concordo com a senhora — repetia outro, irritado.

O vigia aproximou-se e destravou a porta. Magnólia entrou, apanhou seus pertences e jogou-os de qualquer jeito na bolsa. Enfezada, foi até a mesa do gerente. Reclamou e girou nos calcanhares, pisando fundo. Em seguida foi até o caixa eletrônico. Sacou o dinheiro, puxou o extrato e guardou o bolo de notas na bolsa.

Saiu e esbravejou:

— Para sair, a porta não trava, né?

O vigia deu um sorriso amarelo. Ela acelerou o passo, aproximou-se do manobrista e entregou o tíquete.

— Dois reais.

— Como? Eu sou cliente do banco.

— O tíquete não está carimbado.

— Mas o senhor viu quando eu entrei na agência. Fiquei parada na porta uma eternidade.

— São normas do estacionamento, senhora. Preciso do tíquete com carimbo e assinatura do gerente. Ou dois reais.

Magnólia cuspiu alguns palavrões desnecessários de serem aqui descritos. Praguejou contra o pobre homem e voltou fula para a agência.

— Agora quero ver! Vou ter de tirar tudo da bolsa de novo. Ninguém merece.

Ela se aproximou da porta, esta travou e o vigia pediu para dar um passo para trás.

— Que ódio! — vociferou.

Ao dar o passo para trás, sentiu uma voz tão próximo de seu ouvido, que até sentiu o hálito de cigarro misturado a bebida. A voz, rouca, cantarolava uma cantiga muito conhecida da criançada, porém trocando *sapo* por *sapa*, de maneira proposital, dando duplo sentido à frase:

— *A sapa não lava o pé. Não lava porque não quer...*

Magnólia virou o rosto e só não caiu porque se encostara na porta giratória. O vigia pediu:

— Pode entrar, senhora.

Ela não respondeu. Não movia um músculo.

Jonas abriu um sorriso malicioso:

— Oi, sapata. Não vai dar um beijo no pai do seu filho?

38.

Depois que Caíque se afastou, a saúde de Bruna deu sinais de melhora. Contudo, acostumada às lamúrias de Caíque, não mudou seu padrão de pensamento e logo o lugar do espírito foi tomado por outros, tão ou mais perturbados que Caíque.

Ela fez novo tratamento de passes. Surtiu efeito temporário. Fez outro. Até que, no quarto tratamento, o encarregado da triagem no centro espírita a chamou para uma conversa.

— O que ocorre com você?

— Não sei — respondeu Bruna. — Eu venho todas as semanas tomar o passe, faço o tratamento direitinho. Mas parece que para mim os passes não funcionam.

— Evidentemente. Você tem assistido às palestras?

— Não dá tempo. Eu tenho muito trabalho.

— E os pensamentos, como andam?

— Às vezes positivos, às vezes negativos. Variam. Depende do dia — tornou, de maneira apática.

— A minha mediunidade é de clarividência, ou seja, posso ver os espíritos.

— E eu com isso? — Bruna deu de ombros, com grande vontade de sair dali.

Ela não percebia, mas estava rodeada de espíritos atormentados que não desgrudavam dela e não aceitavam ajuda dos auxiliares espirituais do centro. A distância, eles minavam a mente dela.

— Está na companhia de espíritos perturbados emocionalmente. São eles que ajudam você a continuar neste estado prostrado, sem ânimo, sem vontade de viver.

— Eu sofri um acidente. Fiquei manca de uma perna. Sou uma mulher fadada ao fracasso. Nunca tive sorte na vida. Não sei o que fiz em outras encarnações para receber tão duro castigo.

O bondoso senhor sorriu. Fez uma prece em favor de Bruna, e as sentinelas do centro colocaram os espíritos perturbados para correr. Em seguida, o senhor a conduziu até um jardim nos fundos do centro. Era um local com gramado, árvores, flores e bancos de cimento. Convidou-a a se sentar. Bruna obedeceu e acomodou-se. Ele sentou-se ao lado dela.

— Sabe, minha filha, Deus não criou ninguém menos. Embora existam diferentes níveis de evolução e alguns estejam mais conscientes do que outros, a essência divina está em todas as pessoas. As leis dos homens podem ser falhas, mas as leis universais funcionam igualmente para todos. Você tem tanto poder quanto aqueles que têm sorte. Depende da maneira como você enxerga a vida.

— Não consigo enxergá-la de maneira positiva. Depois do acidente, fiquei traumatizada.

— Você ficou parada em um momento que, por mais doloroso que tenha sido, passou. Tudo passa, minha filha, seja sofrimento ou alegria. O interessante é que o sofrimento passa e deixa tristeza em nossa alma. A alegria passa, mas deixa um rastro de força, de revigoramento, de certeza de que fomos criados para a felicidade.

— Por mais que tente, não consigo colher felicidade.

— Por isso os resultados são diferentes, mas cada um colhe exatamente o que plantou. Se você está infeliz, e as coisas dão errado, é hora de rever suas crenças e perceber de que maneira está atraindo isso. O fracasso não existe.

A vida dá de acordo com o que recebe. Se só crê no negativo, se apenas enxerga o lado ruim das coisas, é isso que vai ter.

— A minha cabeça funciona dessa forma.

— Nossa mente é uma máquina potente que materializa aquilo em que acreditamos. Acreditar é criar. Acreditando no pior, vai materializar o pior.

— Gostaria de mudar, mas não encontro forças.

— Você já veio buscar ajuda espiritual. Procure a ajuda de um especialista, de um profissional que a auxilie a enfrentar seus medos e destruir o trauma.

— O senhor diz um psiquiatra?

— Ou um psicólogo.

— Não sou doida.

O simpático senhor sorriu:

— Não é. É inteligente e tem força suficiente para mudar.

— Será?

— Sim. É preciso entender que todas as coisas, por mais duras que nos possam ser, têm vários lados. Buscar o significado ou a lição nada mais é do que aprender a resolver as dificuldades com inteligência e, por que não afirmar, acabar definitivamente com a dor.

— Vou mudar minha maneira de ser.

— Não. Você precisa mudar a sua maneira de enxergar os fatos. Seu destino está em suas mãos. Só você tem o poder de mudá-lo, modificando seus padrões de pensamento. Comece se perguntando: como é que eu me deprimo? De que maneira eu me sinto triste? Como atraio situações negativas em minha vida?

— Nunca me fiz tais perguntas.

— Pois faça. Experimente mudar. Primeiro precisa confiar em si mesma, encher-se de ânimo, porquanto a falta de ânimo mina o espírito, impedindo sua realização como pessoa. Isso provoca profunda insatisfação.

— É que o acidente...

Ele percebeu que Bruna insistia no acidente. Intuído pelos amigos espirituais, disse, maneira suave:

— Seu corpo reflete aquilo que você crê. Você, minha filha, sempre acreditou ser insegura. Vivia na cola de sua amiga de colégio e depois passou a endeusá-la.

Bruna tomou um susto. Ninguém naquele centro poderia saber sobre sua antiga amizade com Eduarda. Empertigou-se no banco e fixou atenção total no senhor. Ele prosseguiu:

— Nunca olhou para o próprio valor. Você se julga menos. Não confia em seu desempenho, não quer ousar, tem medo de experimentar. Só faz o que os outros aprovam. É perfeccionista e, portanto, chata. Sonha ser heroína da humanidade. Não faz nada para aprender mais ou para mudar seu jeito de ser; no entanto, quer ser maravilhosa, nunca errar. Adora elogios, mas tem pavor da crítica. Vê a vida pelos olhos dos outros, sufocando sua alma.

Os olhos dela estavam embaciados.

— Tem toda razão. Por mais duro que seja, eu sou assim.

— A sua alma quer se expressar, alegrar-se, crescer, evoluir incessantemente. A vida tem seus próprios caminhos e você não vai impedi-la de realizar seus objetivos. Quem não vai pela inteligência não tem opção: vai pela dor. Quanto mais você resiste à sua verdadeira natureza, mais dor aparece. Não está cansada de sofrer?

— Estou. Cansada à beça.

— Ótimo! Então aprenda de uma vez por todas que a alegria e a felicidade vêm da alma. As pessoas, a sociedade e o mundo podem lhe oferecer tudo e você vai continuar infeliz.

— É verdade.

— A depressão é um estado interior de insatisfação, provocado pela total falta de atenção ao seu mundo interior, às suas necessidades. A sua alma quer brilhar e crescer, reciclar-se, quer sentir o próprio valor, quer amar e ser amada.

Bruna emocionou-se. Encostou o rosto nos ombros daquele bondoso senhor. Ele finalizou, enquanto afagava-lhe os cabelos.

— Não tema desejar a felicidade. Você é muito mais do que pensa. Pode muito mais do que imagina. Dê uma trégua a si mesma, olhe a vida pelo lado bom. Valorize-se. Abra seu coração sem medo. Olhe tudo com os olhos do bem e acostume-se a olhar só o lado bom de tudo. Dessa forma, perceberá que a depressão, a infelicidade, a insatisfação e a tristeza foram substituídas pela alegria, pelo ânimo, pelo prazer de viver.

As lágrimas escorriam. Bruna estava emocionada com palavras tão tocantes. O senhor sorriu bondosamente e concluiu, amável:

— Agora vá, minha filha. Tem um mundo fantástico esperando por você.

Ela agradeceu.

— Hoje vou assistir à palestra.

— Isso mesmo. Encha sua mente de boas ideias.

Bruna levantou-se e foi para o pequeno salão. O palestrante falou, basicamente, sobre a conversa que ela tivera com aquele senhor. No fim, depois das palmas, saiu, mais leve, mais animada.

— Hoje vou fazer algo diferente. Não vou voltar para casa e me afundar no sofá. Vou sair, ver gente, me divertir. Eu mereço!

Revigorada pelos passes e ainda com as sábias palavras do palestrante fervilhando a mente de maneira saudável e positiva, apanhou o carro nas imediações do centro espírita. Deu partida, ligou o rádio e sintonizou em uma emissora de músicas animadas, antigas e divertidas.

— Já sei! Vou até o bar do Fernando. A Juliana vive me dizendo para eu ir lá e nunca tenho tempo. Pois hoje eu terei.

Dobrou a rua, ganhou a avenida e, depois de enfrentar um pouco de trânsito, chegou ao bar.

O boteco de Fernando estava apinhado de gente. Gente alegre, bonita e divertida. Bruna entregou a chave do carro ao manobrista e foi caminhando com vagar. Andando de maneira mais lenta, quase não se percebia que era coxa. Fernando a avistou e sorriu:

— Não acredito! Você, no meu bar?

— Cuidado. Vai cair uma tempestade — ela riu.

Cumprimentaram-se e ele a puxou discretamente para o lado.

— Trouxe alguém? — perguntou, olhando por cima dos ombros dela.

— Não. Por quê?

— Nada — desconversou.

— Sei. Paloma voltou, né?

— É.

— Já a encontrou?

— Ainda não. O bar tem consumido muito do meu tempo — mentiu.

Mentiu descaradamente. Fernando soubera por Gina que Paloma regressara ao Brasil acompanhada de Eduarda e o filho. E era uma situação estranha. Paloma mudara-se para a casa da mãe de Eduarda. Glória ainda permanecia em algum lugar da Ásia e o apartamento estava vago.

— Eu ainda não a vi — disse Bruna. — Juliana me informou que Paloma não quis ficar na casa dos pais. Está mudada e não desgruda de Eduarda, por nada deste mundo.

— Mundo doido. Elas se pegavam na escola. Agora são melhores amigas. Unha e cutícula.

— Para ver como é a vida. Mas tem alguma coisa estranha aí.

— O que é? — interessou-se Fernando.

— A Juliana, outro dia, passando pela rua da Eduarda, viu um homem entrar no prédio.

Fernando sentiu um calafrio. Bruna não notou o desconforto e continuou:

— Coincidentemente, ou não, no dia seguinte passou pela rua, no mesmo horário, e viu o mesmo homem entrando. Juliana parou o carro e pediu para interfonar no apartamento de Eduarda. Paloma não a deixou subir. Meia hora depois, o homem misterioso saiu.

— Vai ver é namorado de Eduarda — ele jogou um verde.

— Difícil. Eduarda tem um filho pequeno, o pai dela morreu recentemente. Não acho que esteja com cabeça para namoro.

— Fiquei sabendo da morte do seu Otaviano.

— Cá entre nós — Bruna disse de maneira descontraída, sem maldade —, acho que esse homem tem mais a ver com Paloma.

— Mas ela também estava namorando em Barcelona. É o que sei.

— Nem te conto...

Bruna falou do que Juliana havia lhe contado. Relatou a Fernando sobre os últimos acontecimentos: a separação de Paloma e Javier, bem como a vinda definitiva ao Brasil. Naturalmente, Bruna não sabia de todos os detalhes, mas concluiu:

— Tem alguma coisa estranha aí.

— Acha?

— Por que não vai checar?

— Eu?!

— Ora, Fernando, vai esperar morrer para se declarar a Paloma?

— Eu... é... — gaguejou.

— Todos sabem que você é apaixonado por ela.

— Ela nunca me deu bola.

— Chegou a conversar com ela? Expôs seus sentimentos?

— Nunca tive oportunidade.

— Então não pode afirmar que ela não goste de você.

— Não sei, depois de tantos anos...

— Você é jovem, bonito e bem-sucedido. Tem tudo que uma mulher deseja.

Ele riu, sem graça.

— Quem sabe?

— Se precisar de uma ajudinha, estou à disposição.

— Estou espantado com você.

— Por quê?

— Estava apática, deprimida. Parece outra mulher. Jovial, alegre, bonita. Conheceu alguém?

— Ainda não.

Bruna falou e, na sequência, Peixão apareceu no salão. Os olhos dos dois se encontraram e imediatamente sentiram um friozinho na barriga.

— O que foi, Peixão? Algum problema na cozinha?

— Não, nada — o baiano estava desconcertado.

Bruna sorriu e Fernando fez as apresentações.

— Bruna, este é meu sócio Peixão. Peixão, esta é minha amiga de escola, Bruna.

Depois que se cumprimentaram, nunca mais se desgrudaram. Reza a lenda que a história de amor entre Bruna e Peixão nasceu assim, em uma noite para lá de especial.

39.

O suor escorria pelo rosto de Magnólia.

— O que faz aqui? — indagou perplexa.

— Achou que eu tivesse morrido, né?

— Deduzi.

— Ainda não, sapinha.

— Não gosto que fale assim.

— Ora, ora. Estamos ficando velhos e ranzinzas. Você sempre foi sapatão e vai morrer sapatão — disse ele, rilhando os dentes.

Jonas apertou o braço dela com força.

— Está me machucando.

— Não é a minha intenção.

— O que quer de mim?

— De você? Nada.

— Eu lhe dou dinheiro, o que quiser.

Jonas gargalhou. Puxou Magnólia e a levou para o muro ali do lado. Encostou-a na parede e acendeu um cigarro. Soltou uma baforada para o alto.

— Preciso muito de dinheiro.

— É só me dizer a quantia.

— Para você me entregar à polícia? Não.

— Quero viver em paz.

— Pois viva.

Ela foi se afastando e disparou:

— Eu vou fazer um escândalo. Grito e quero ver se não vão me acudir!

Antes que ela gritasse, Jonas encostou o cano metálico em seu ventre.

— Sem cenas, fanchona. Fica quieta.

Ele jogou o cigarro no chão e pisou.

— A minha vontade é de fazer com você o que fiz com o cigarro.

— Porque tem tanto ódio de mim? Eu nunca lhe fiz nada.

— Você vive no bem-bom. Teve um filho. Nosso.

— Não sei do que está falando — ela desconversou.

— Acha que sou idiota? Pensa que não sei que nosso filhinho é dono de um bar na Vila Madalena?

Magnólia empalideceu. Ele prosseguiu:

— Pois então. Eu quero duas coisas suas.

— Faço o que quiser para se afastar do meu filho. Fernando não merece...

— O pai que tem? — Jonas completou. — Talvez não mereça mesmo. Eu nunca fiz nada na vida que valesse a pena. Ah, fiz. Eu me deitei com você e fiz um filho. Só não plantei uma árvore e também não escrevi um livro.

— Jonas, por favor. Não faça mal a Fernando.

— Depende. Se você me der o que eu quero, o rapaz estará livre. Caso contrário...

— Caso contrário? — ela repetiu, temerosa.

Ele encostou a arma com mais força.

— Bum! O filho da sapinha vai morrer. Nesta onda de violência em que vivemos, o que significa uma bala perdida? Um assalto seguido de morte? É mais um número. Pura estatística.

Magnólia tremia qual folha sacudida pelo vento.

— Por favor, Jonas. Por tudo quanto é mais sagrado, deixe meu filho fora disso.

— Nosso filho. Fernando é *nosso* filho — enfatizou.

— Está certo. Nosso filho. Então, deixe o nosso filho de lado. Acerte tudo comigo. Eu pago quanto você quiser.

— Antes, vamos dar uma volta.

— Não.

Ele pressionou novamente a arma no ventre dela.

— Além da arma, tenho celular. Se não fizer o que quero, dou um toque e bum, seu filho leva bala — ele pegou o aparelho e mostrou uma foto.

— Você fotografou Fernando?

— Para você saber que não minto, ao contrário de você.

Magnólia estava congelada pelo medo.

— Para onde vai me levar?

— Vamos até o carro.

— Eu não vim de carro e...

— Magnólia, deixe de ser besta. Eu a estou seguindo faz tempo. Vi quando saiu de casa, vi quando entregou o carro ao manobrista, vi quando entrou no banco.

— Tenho de carimbar o tíquete.

— Eu tenho dois reais. Pode deixar que esse tíquete eu pago. Cortesia.

Caminharam até o caixa e Jonas pagou. Entraram no carro e ela deu partida. O carro morreu.

— Desculpe, estou nervosa.

— Não tem de quê. Eu dirijo.

— Não...

— Sim. Vamos, dê a volta e sente-se no passageiro. Ah, e se sair correndo já viu — ele apontou para o celular e mostrou novamente a foto. — Adeus, Fernando.

— Não vou fugir.

Magnólia saiu do carro e foi se encostando na lataria para não cair. Mal sentia as pernas. Deu a volta, sentou-se no banco do passageiro. Jonas pulou para o banco do motorista, deu partida e saíram do estacionamento.

— E agora?

— Agora vem o melhor. E, para você saber que não estou blefando, vou lhe dar mais uma prova.

Jonas apanhou o celular e discou:

— Fala, camarada. Está na frente do bar? Fica de olho. Se eu ligar o celular, tocar uma vez e desligar, já sabe: mete bala no rapaz. Não, não no Peixão. Isso mesmo, no de cabelos castanhos.

Magnólia estremeceu quando escutou o nome de Peixão. "Ele vai nos matar", pensou.

Jonas desligou o celular e riu.

— Cabelos castanhos iguais aos do pai.

— Não acho graça em nada. Por que me atormenta? Voltou depois de tantos anos a troco de quê?

— Você me usou, vadia! — ele vociferou. — Pensa que não sei que desfilou comigo no bairro para camuflar a sua preferência por mulheres?

— Isso faz tanto tempo! Estamos falando de trinta anos.

— Trinta, quarenta, cem anos. Não importa.

— Você já se vingou. Levou-me ao drive-in, me deu uma bebida e me estuprou.

— Pega leve.

— Leve? Você me embebedou e abusou de mim, sem consentimento. Isso é estupro.

— E daí? Eu tirei sua virgindade e lhe dei um filho. E, se lhe dei um filho, também posso tirar esse filho de você, a qualquer momento.

— Não meta Fernando em nossa história.

— Não tem como. Ele é sangue do meu sangue.

— Por favor, Jonas...

Ele acelerou e ganhou a marginal do Tietê. O trânsito fluía tranquilo e não demorou até Jonas embicar o carro na entrada de um motel. Magnólia sentiu o sangue sumir. Gelou.

— O que é isso?

— Vamos matar saudades.

— Oh, por favor...

— Só que desta vez você não vai beber. Nada. Quero que sinta tudo.

— Não! — ela gritou.

Jonas mostrou o celular.

— E agora? Vai ou não vai?

Magnólia tremeu. A saliva sumiu, a garganta secou. Ela começou a suar frio.

— Eu tenho mais de cinquenta anos. Não tenho o corpo jovem e durinho de anos atrás. Você não vai gostar.

— Se você soubesse o que peguei nesta vida! Tive que pegar até homem na prisão. Depois que fugi, tive de me divertir com travestis. Pensa que é fácil para um ex-detento conseguir mulher inteira?

— Eu arrumo uma mulher para você. Eu pago pela melhor profissional do sexo. Conheço uma casa noturna nos Jardins.

— Nada disso. Que Jardins, que nada! Eu quero você. Agora! Vamos reviver os velhos tempos. Vale a pena ver de novo — ele sacudiu os quadris de forma grosseira. — Que tal? Repeteco.

Jonas entregou documentos de identidade falsos, naturalmente, para a recepcionista. A garota, mais interessada em tirar a cutícula do que em verificar a identidade, entregou a chave sem olhar para eles. Acionou o portão e logo este se abriu. Entraram e Jonas estacionou. Saiu, abaixou a cortina da garagem. Abriu a porta do carro:

— Vamos, madame. Subir — apontou para a escada em forma de caracol.

— Jonas... — Magnólia implorou.

— Se pedir de novo, eu aperto o botão. E também lhe dou um tiro.

Impotente, Magnólia não teve alternativa. Saiu do carro e subiram as escadas. Ela foi se apoiando no corrimão para não cair. Jonas entrou primeiro. Acendeu as luzes.

Era um motel como tantos outros. Decoração básica, cama redonda, banheira de hidromassagem, piso frio e espelhos nas paredes e no teto. Ele foi logo tirando a roupa.

— Vamos, deite-se.

— Espere. Deixe eu me preparar.

— Eu te preparo.

Jonas avançou e arrancou o vestido de Magnólia. Jogou-a sobre a cama e montou sobre ela, sem dó nem piedade. Magnólia a princípio uivou de dor, mas não se mexeu. Fixou o olhar no teto espelhado e, de tão pasmada, ficou alheia, anestesiada à brutalidade do ato; nem uma lágrima escorreu pelo canto do olho.

Ele sacolejou violentamente o corpo contra o dela. Permaneceu nesse vaivém por mais de meia hora. Depois de saciado, Jonas levantou-se. Pegou um cigarro, acendeu e soltou as baforadas para o alto.

— Você ainda manda bem. Perto do que já provei nestes últimos anos, você não é de se jogar fora.

Magnólia estava em estado apoplético. Não falava, não gemia, não emitia som algum. Continuava com os olhos presos no teto, respiração levemente entrecortada, uma dor na alma bem maior que a dor física. Durante todo o tempo em que Jonas estivera em cima dela, só pensou em Fernando. Eram flashes que vinham à mente: a gravidez, a ida até Populina, o nascimento e o crescimento do filho... tudo vinha rápido e Magnólia sentiu um único arrependimento: morrer sem fazer as pazes com o filho. Pela primeira vez em sua vida, orou:

"Meu Deus, não me leve agora. Eu preciso me reconciliar com meu filho. Por favor."

Ela murmurou poucas palavras, mas de maneira sentida e comovente. Jonas deu a última baforada, apagou o cigarro e deitou-se novamente sobre ela.

— Só mais uma — disse, enquanto a penetrava, sem dó nem piedade. — O papai aqui está velho, mas ainda manda bem. Só mais uma, sua cadela. Isso tudo é para você nunca mais brincar com meus sentimentos. Está para nascer a mulher que vai me fazer de otário.

Depois de se esbaldar e dar um urro de prazer, Jonas levantou-se e caminhou para uma ducha.

— A gente pode tomar um banho na banheira, se você quiser.

Ela não respondeu. Ele riu-se:

— Desculpe, sapinha, fiquei tão emocionado que me deu dor de barriga. Se incomoda de me esperar para um banho de espuma?

Magnólia fingiu estar adormecida. Ele gargalhou:

— Essa mulher está com cara de quem gostou. Talvez, se eu tivesse ficado na vida dela, não teria virado sapa.

Entrou no banheiro e encostou a porta.

Foi tudo muito rápido. Intuída pelos amigos espirituais que se aproximaram quando fez a pequena, porém sentida, prece, Magnólia levantou-se e venceu a dor que parecia tomar o corpo todo. Cambaleante, apanhou o celular de Jonas e ligou para Gina.

— Não pergunte nada — disse baixinho. — Ligue para a polícia.

E deu o endereço do motel. Depois, com incrível controle das emoções, arrancou a bateria do celular, escondendo-a debaixo do colchão. Com dificuldade, deitou-se na cama, colocou a arma de Jonas embaixo do seu travesseiro, fingindo que dormia, e intimamente suplicava a Deus para que os policiais chegassem.

As sirenes logo pipocaram. Jonas saiu do banheiro, os olhos vermelhos, injetados de fúria.

— Sua vaca! — vociferou. — Se for o que estou pensando... — ele gritou e procurou a arma e o celular com os olhos. Magnólia apontou a arma para ele:

— Não se mexa, desgraçado. Não vou deixar encostar um dedo no meu filho!

Antes que ela apertasse o gatilho, os policiais entraram.

— Parado! Mãos ao alto.

Jonas gargalhou.

— Mãos ao alto? Pelado? Que papelão!

— Já disse — insistiu um dos policiais. — Mãos ao alto!

Ele olhou para Magnólia com tristeza e disse:

— Eu a amei. De verdade.

— Mãos ao alto. Senão atiro.

Jonas fitou Magnólia.

— Não tenho nada a perder — e finalizou em um tom glacial: — Mas deixei uma sementinha dentro de você. Adeus.

Jonas despediu-se e jogou-se sobre Magnólia. Os policiais atiraram. Quando seu corpo caiu sobre o de Magnólia, ele já estava morto.

40.

Fernando passou a frequentar a rua de Eduarda. Todos os dias passava por lá. No terceiro dia, tomou coragem e encostou o carro na calçada. Atravessou a rua, foi até a portaria, subiu os degraus.

— A Eduarda, da cobertura, por favor.

— Quem é?

— Um amigo. Diga que é Fernando.

O porteiro ligou para o andar e em seguida respondeu:

— Ela não está. Quer deixar recado?

— Não, obrigado.

Fernando desceu as escadas e viu um homem de terno, bem-apessoado, aproximar-se e dizer:

— Olá, tudo bem? A senhorita Paloma da cobertura, por favor.

O porteiro nem interfonou. Acionou o portão automático e o homem entrou. Fernando sentiu o sangue sumir.

— Bruna tinha razão. Paloma está namorando.

Ele se afastou e atravessou a rua. Apoiou-se no capô do carro e esperou. O homem saiu e ele tomou a iniciativa. Chegou junto.

— Por favor.

— Sim.

— Eu sou amigo da Paloma e não consigo falar com ela.

— Já interfonou?

— Desculpe a abordagem, mas eu e ela somos amigos de infância e temos muito que conversar.

— Não posso fazer nada.

— Por favor. É urgente.

O homem parou e o fitou, sério:

— Urgente é o tratamento que a amiga dela precisa.

— Hã?

Fernando não entendeu de pronto.

— A Eduarda está doente?

— Não posso falar nada. É uma questão de ética.

O homem entrou no carro e partiu. Fernando ligou para Juliana.

— Há algo de errado com sua irmã.

— Por quê?

— Você a viu desde que voltou da Espanha?

— Eu fui buscá-la no aeroporto, quando retornou. Depois não a vi mais.

— Acho que a Eduarda está doente.

— O que quer que eu faça?

— Não sei, Juliana. Meu coração diz que elas precisam de ajuda.

— Você bem sabe que meu relacionamento com Eduarda nunca foi dos melhores.

— Não dá para chamar o Erik?

— Não gosto de me meter na vida dos outros.

— Por favor, Juliana. Algo grave está acontecendo.

— Está certo. Vou ligar para o Erik.

— Obrigado.

Ele desligou o telefone e, ao guardá-lo no bolso, reparou que no visor havia mais de seis chamadas. Todas de Gina.

— Estranho! — disse para si. — Gina nunca foi de ligar de maneira insistente.

Ligou e Gina atendeu.

— O que foi?

— Sua mãe está internada. Preciso de você.

Fernando gravou o nome do hospital e, por ora, esqueceu-se de Paloma e Eduarda. Só pensava em Magnólia, mais nada.

Eduarda estava deitada na cama. A anemia e a magreza avassaladoras modificaram suas feições, antes belas e formosas. Havia aqui e ali um traço bonito, mas era patente que seu estado de saúde não era dos melhores.

— Vamos aos Estados Unidos — insistiu Paloma.

— Não tenho forças.

— Como não?

— Não tenho, já disse. Paloma, escute, eu não quero mais viver. É um direito que tenho.

— Sou contra a eutanásia.

— Hello-o! Não estou falando em eutanásia, mas em deixar tratamentos agressivos de lado. Meu corpo está muito debilitado para enfrentar um.

— O doutor Meira disse que podemos tentar um doador de medula. Eu já fiz o teste.

— E deu incompatível.

— A gente vai tentando.

Eduarda sorriu.

— Não é bem assim. Não temos mais tempo para tentar. Se eu tivesse um irmão, poderia ter boa chance.

— Tem sua mãe.

— Não adianta. E, se quer saber, o meu caso é bem diferente. Doutor Meira fala em transplante só para me alegrar, mas eu não tenho chances de me curar.

— Não fale assim — Paloma estava emocionada, a voz triste e chorosa.

— É a mais pura verdade. Não estou dramatizando a situação.

— Mas temos exemplos de pessoas conhecidas, de artistas que sobreviveram à doença.

— Cada caso é um caso. A minha leucemia é aguda, não é crônica. E, de mais a mais, não quero continuar.

— Não desista. Pense em seu filho.

Eduarda sorriu.

— Dante vai ser muito feliz. Fiz tudo certo. Já escolhi os futuros pais dele.

— Sua mãe pode interferir.

— Hello-o! Você quer que eu dê risada agora? Está de brincadeira comigo?

— Não, é que...

— Paloma, minha pombinha. Glória jamais vai se candidatar a cuidar de meu filho.

— Ela pode mudar de ideia. A vida cria tantas situações, nunca sabemos o que seremos amanhã.

— Por isso fiz tudo dentro da lei, como manda o figurino. Minha mãe não vai querer brigar na Justiça. Aliás, ela nem sabe que Dante existe.

— Não contou a ela?

— E Glória voltou do Himalaia? Não.

Paloma teve uma ideia. Desconversou.

— Você acha que ela vai aceitar?

— Ela quem?

Paloma sussurrou no ouvido de Eduarda.

— Já tivemos uma conversa com o pai.

— Ela ainda não assinou os papéis.

— Os advogados estão em contato com o Juizado da Infância e da Juventude. Tudo conforme a lei. Bruna está dando uma força. Logo eles serão chamados. É só uma questão de tempo.

— E você...

— Não. Eu não estarei mais aqui. E, se este tal de outro mundo de fato existir, estarei torcendo para que tudo dê certo. Não estou abandonando meu filho. Estou dando a ele a chance de crescer em uma família de verdade. Não passo de alguns meses.

Paloma moveu a cabeça para os lados.

— Não diga isso! Por Deus. Doutor Meira falou que...

— Ele é médico, vai tentar de tudo para salvar minha vida. É da natureza dele salvar vidas. Eu já disse, não quero. Deixou-me morrer em casa. Olhe ao redor.

Paloma olhou o quarto todo. Parecia um quarto de hospital, com equipamentos e uma enfermeira, sentada ao fundo, controlando tudo com os olhos.

— Oh, amiga, eu me sinto impotente. Não sei o que fazer.

— Preciso de carinho, de apoio e de solidariedade. Você é capaz de me oferecer isso?

Paloma abraçou-a com carinho. Deixou uma lágrima escapar.

— Sou capaz de oferecer tudo isso e o céu também.

— Promete que vai ser uma boa madrinha para o meu filho?

— Sim.

— Vai contar para ele que sua mãe era linda e terrível?

Ambas riram. Paloma concordou.

— Hum, hum.

— Ensine Dante a respeitar as diferenças. Aprendi muito tarde esta lição. Não quero meu filho zombando dos outros, tripudiando sobre os sentimentos alheios. Ensine-o a respeitar o próximo, por favor.

— Pode deixar.

— Chame Juliana.

— Agora?

— Ligue para ela. Peça para vir em casa.

— Mas você me disse que...

— Mudei de ideia. Precisamos conversar. Imediatamente.

— Pare de falar como se fosse morrer.

— Então, tá. Vou falar como se não fosse mais viver.

Magnólia recebeu alta do hospital. Passados o trauma e alguns dias, prestou depoimento na delegacia. Logo foi constatado que os policiais atiraram em legítima defesa, e o caso envolvendo a morte de Jonas foi arquivado.

Em casa, recuperando-se, preparou-se para receber a visita do filho. Fernando havia ido ao hospital enquanto estivera internada, mas, para não criar nenhum tipo de embaraço, preferiu ter notícias da mãe por intermédio de Gina.

Magnólia olhou-se no espelho e ajeitou os cabelos recém-tingidos de castanho-claro.

— Ficaram ótimos — elogiou Gina. — Você remoçou.

— Obrigada.

— Está triste.

— Só continuo cansada.

— Tomou as vitaminas?

— Tomei. Mas o cansaço e a febre me atormentam.

— Vou ligar mais tarde para o médico.

— Sabe, quando Jonas...

— Não falemos dele, por agora — tornou Gina. — Você tem se recuperado bem e...

— Não. Não vou praguejar, tampouco discutir. Eu não lhe disse nada no hospital, mas tem uma frase de Jonas que não sai do meu pensamento.

— O que é?

— Ele me disse que havia plantado uma semente em mim. Imagine eu, com mais de cinquenta anos nas costas, grávida! Estão aí os testes que fiz — desabafou Magnólia, aliviada.

Uma luz de alerta acendeu na cabeça de Gina. Ela revirou os olhos e sentiu um frio no estômago. Fernando abriu a porta do quarto e ela aproveitou o momento para ocultar a emoção.

— Até que enfim chegou — saudou Gina. — Vou deixá-los à vontade. Se precisarem, é só chamar.

— Obrigado, tia — respondeu Fernando.

Ela se aproximou e sussurrou em seu ouvido:

— Depois que terminar aqui, precisamos conversar. Urgente.

— Sim.

— Ei, o que cochicham? — perguntou Magnólia, desconfiada.

— Nada — Gina respondeu e saiu. Encostou a porta.

Fernando aproximou-se, beijou Magnólia e deu-lhe um abraço forte e demorado. Fazia tempo que não havia essa demonstração de carinho. Magnólia sentiu o calor do filho, o hálito quente e doce. Afastou-se com delicadeza, levou a mão ao rosto e sorriu.

— Como tem passado?

— Eu é que pergunto, mãe. Como está?

— Melhor. Não morri. Aquele marginal podia ter me matado.

— Não fale assim. Passou.

Magnólia iria gritar, dizer que tinha de falar dessa forma porque ela é que tinha passado por uma situação de tremenda crueldade e barbaridade. Preferiu não estragar o momento. No fundo, sentia muita falta de Fernando, de sua companhia.

— É, passou.

— Agora entendo por que sempre quis esconder a identidade do meu pai. Obrigado por poupar-me.

Ela se emocionou e, refeita, tornou:

— Jonas sempre foi bandido, desde adolescente. A vida dele sempre foi cadeia-delinquência, delinquência-cadeia. Eu jurava que ele já houvesse morrido. Ledo engano.

— Você me protegeu esses anos todos.

— Fiz o meu melhor. Mesmo com esta cabeça ruim, como diz sua tia Gina, eu tentei lhe dar uma boa educação, carinho, amor.

— Sou grato por tudo isso.

— E, antes de mais nada, quero lhe pedir desculpas.

— Desculpas?

— Sim. Sei que você ficou profundamente magoado comigo quando escutou *parte* — ela enfatizou — da minha conversa na cozinha, anos atrás.

— Hoje, depois de tudo o que aconteceu, entendo perfeitamente a sua colocação.

— Eu nunca pensei em tirá-lo de dentro de mim. Mas a maneira como você foi gerado... isso foi difícil de engolir.

Fernando levantou-se e inclinou o corpo. Beijou Magnólia repetidas vezes no rosto.

— Eu a amo, mamãe. Mais que tudo.

— Eu também o amo, meu filho. Sou uma velha rabugenta. É minha natureza.

— Mas pode mudar. Você é tão boa, tem um coração tão puro. Por que se deixar levar pela maldade do mundo?

— Porque ela existe. Veja o que aconteceu comigo.

— Mamãe, por favor. As coisas não vão melhorar só porque você sofre. Pare de se torturar por alguns instantes. A autopunição machuca o coração e diminui a força do espírito.

— O que já tenho de bom?

— Olhe ao seu redor. Será que desta vez vai perceber os tesouros que enriquecem sua vida? Tem uma mente inteligente, amigos verdadeiros e dedicados, uma companheira que a ama, um filho que é apaixonado por você... Uma casa bonita e aconchegante, um sorriso agradável, liberdade de escolher, liberdade de viver de acordo com suas preferências afetivas, facilidade com dinheiro...

— Facilidade?

— Sim. Você nunca precisou trabalhar na vida para ter dinheiro. Talvez seu espírito já tenha esse conhecimento e agora precisava aprender a lidar com o preconceito, com a aceitação das diferenças.

— Eu me julgava infeliz.

— Crescemos acreditando que somos menos, que não somos bons o suficiente. Isso vem dos pais, dos tutores, dos professores. Somos treinados a não ter direito à felicidade e colocamos nossa felicidade em coisas e pessoas sem saber se, quando obtivermos, seremos realmente felizes. Este comportamento atrapalha a nossa caminhada e desperdiçamos os melhores momentos de nossa vida. Ficamos ausentes o tempo todo. As boas oportunidades passam por nós e nem sequer as percebemos.

— Só cultivei a minha loucura.

— Não é de estranhar que, agindo assim, acabe infeliz, frustrada e cheia de insatisfação.

— Sim. Concordo. E por que está com esse discurso tão transcendental? Acaso declarou-se para Paloma?

— Ainda não. É o que pretendo em breve.

— Não sei o que a vida me reserva — prosseguiu ela —, mas o fato é que sobrevivi até hoje por conta do seu amor e o de Gina. Você está perdendo um tempo precioso com besteiras. Declare-se logo. Ao menos eu já conheço os pais da moça — brincou.

— É. Se eu me casar com Paloma, seremos uma grande família feliz. Você, tia Gina, tia Isabel e tio Paulo, mais Juliana, Erik e Sofia.

— E não se esqueça de Lena. É graças a ela que você tem esse nome.

Fernando sorriu.

— É. Tem razão.

— Ela já voltou. Assim como você, não quis morar comigo — lamentou Magnólia, triste.

— Sou homem, mãe. Preciso de independência. Em todos os sentidos.

— Sei. E Lena?

— Depois de tantos anos fora do país, ela tomou gosto pela independência. Lena quer ter o próprio canto, quem sabe também se casar. Como você ressaltou, todos nós precisamos de amor.

— Sim. Bravos ou mansos, gordos ou magros, brancos ou pretos, todos queremos dar e receber amor.

A conversa durou mais algum tempo e, ao se despedir, as rusgas entre mãe e filho haviam se dissipado. Fernando falou do bar, do sucesso, dos clientes. Magnólia sorria orgulhosa. Mesmo sendo cabeça-dura, criara um filho maravilhoso.

Fernando despediu-se e desceu. Encontrou Gina, aflita, no corredor.

— O que tanto queria falar comigo?

— Sua mãe não está bem de saúde.

— Depois do que ela passou...

— Não, querido. Tenho um terrível pressentimento de que Jonas tenha deixado uma marca indelével no corpo de Magnólia.

41.

Lena voltara ao Brasil e, logo que botou os pés em terra firme, recebeu uma chuva de propostas de trabalho. Especializada em restauração do patrimônio público e com um brilhante currículo, aceitou um posto de supervisão de restauros em um museu na capital.

Feliz da vida, alugou um apartamento perto do trabalho. Visitava Magnólia e Gina amiúde. Dividia o tempo em visitas a Eduarda. Ficara penalizada com a situação da moça, mas, como era espiritualista, tinha certeza de que a vida sempre sabe o que é melhor para cada um, por mais triste que a situação possa parecer. Rezava todos os dias pelo espírito de Eduarda. Enquanto alguns choravam e se desesperavam, Lena fazia o oposto: prevendo o desencarne próximo de Eduarda, enviava ao espírito da moça vibrações de bem-estar e equilíbrio.

— Aceitar o que não se pode mudar revela sabedoria — costumava dizer.

Ela se arrumou para sair. Ainda não tinha ido a bares, tampouco a restaurantes. Uma noite em que Paloma ficara no revezamento com a enfermeira para cuidar de Eduarda, procurou sair e espairecer.

A noite estava agradável, o céu parcialmente estrelado. Lena sorriu para sua imagem refletida no espelho.

Gostou da aparência, dos cabelos curtos e repicados. O tom avermelhado das madeixas contrastando com sua tez clara a rejuvenescia sobremaneira.

Desceu as escadas — o prédio tinha só três andares — e apertou o botão para abrir a porta da entrada, automática. Ela baixou os olhos para a bolsa, conferindo documentos e dinheiro. Ao levantar os olhos, congelou.

O rapaz que vinha na contramão estancou o passo e também congelou. Sustentaram o olhar por segundos que pareceram durar uma eternidade. Alessandro recobrou a consciência e a cumprimentou, estendendo a mão:

— Boa noite. Prazer.

— Olá. Boa noite.

— Mora aqui?

— Eu me mudei faz quinze dias. E você?

— Moro no terceiro andar.

— O barulho de móveis arrastados vem do seu apartamento! — ela disse, num tom jovial e brincalhão.

— É. Eu trabalho em um bar, os meus horários são loucos. Trabalho de noite e descanso de dia.

— Sua mulher não reclama? — arriscou Lena, ligada já na santa intuição.

— Mulher? Não sou casado.

— Ah! — ela emitiu um som que, se fosse para medir o que estava sentindo naquele momento, reverberaria por todo o quarteirão. Lena teve ímpetos de gritar e beijar aquele homem forte e meio desajeitado. Conteve-se.

— Vai sair?

— Eu bem que queria. Consultei a internet, pedi dicas no trabalho. Eu morei fora muitos anos e não sei mais quais são os lugares da moda.

— Gostaria de conhecer o meu bar?

— Não quero atrapalhar. Você chegou agora e...

— Acabei de vir da academia. Vou tomar uma ducha e pegar no batente. Se quiser, dou-lhe carona. Só prometo não me comportar.

Lena sentiu um friozinho na barriga.

— Aceito.

— Quer subir e tomar um drinque? Dono de bar sempre tem bebida em casa.

— Aceito. De novo.

Alessandro fechou a porta automática e subiram os andares. Ele abriu a porta de casa, fez reverência para Lena entrar e... bem, reza a lenda que, naquela noite, Alessandro não foi trabalhar e Lena não saiu de casa, quer dizer, do prédio. Um mês depois do encontro, Alessandro deixou o apartamento que dividia com Fernando. Mudou-se para o de Lena. Dali a dois anos, Lena daria à luz um casal de gêmeos.

O teste foi feito e, por lei, refeito. Não deu outra: Magnólia fora infectada pelo vírus HIV. Passado o choque da notícia e algumas sessões de terapia depois, ela ainda estava entre aceitar ou negar o resultado. Ficava bem, tinha noites boas de sono e dizia que o exame deveria ser repetido pela quarta vez. Passado o estado de euforia, entrava em depressão e jurava que estava marcada para morrer.

Durante um bom tempo ela viveu essa gangorra emocional, hora subindo de alegria, hora descendo de indescritível tristeza. Até que um dia, Gina, intuída por Tarsila, levantou-se e, encarando Magnólia, sugeriu:

— Vamos dar um chute nessa tristeza?

— De que maneira?

— Não sei. Mas vamos arrumar uma maneira divertida.

— Ajude-me, por favor!

Magnólia deixou que as lágrimas escorressem livremente pelo rosto. Estava cansada de pensar daquela forma.

Desejava mudar de uma vez por todas. Gina passou as costas da mão sobre as lágrimas. Depois, delicadamente pousou suas mãos sobre as da companheira.

— Aí vai uma dica.

— Qual?

— Tudo na vida só pode ser visto por duas lentes: ou a positiva, ou a negativa. Todas as situações só podem ser observadas, analisadas e aceitas por meio delas.

— Tem certeza?

— Afirmativo. De que lado você está? Diante de um problema ou de um momento desagradável, pergunte-se: o que a vida pretende me ensinar com esse fato?

— Não faço ideia do que a vida quer me ensinar. Uma doença que vai me matar?

— Não dramatize a situação. Sei que receber um diagnóstico desses não é fácil. É preciso coragem e muita força para dominar o medo e vencer. Tenha em mente que todos nós vamos desencarnar, mais dia, menos dia. Pois agora você pode mudar sua vida.

— Mesmo com este diagnóstico?

— Este diagnóstico é o momento presente, o agora. Amanhã os resultados poderão mudar.

— É incurável.

— Quantas doenças são consideradas incuráveis e pessoas que as têm convivem bem com elas? Convivem tão bem que morrem por outro motivo. É preciso saber lidar com a doença, perceber qual é o recado que ela quer lhe dar. Será que este chacoalhão não está lhe servindo para refletir sobre tantos anos de pensamentos negativos?

— É uma doença ligada ao sexo. Eu não sou promíscua.

— Quem disse que é uma doença sexual? Ela pode ter começado como uma doença ligada ao sexo. Todavia, os anos mostraram que ela está acima das preferências sexuais. Se não fosse assim, Deus não permitiria que um bebê nascesse com este diagnóstico. Anos atrás, quando ninguém sabia o que era, a aids era sinônimo de promiscuidade e morte certa. Depois, mulheres apareceram infectadas, bebês nasceram infectados e a medicina evoluiu. Você deve agradecer porque hoje é uma doença controlada. Os efeitos colaterais da medicação podem não ser agradáveis, afinal, todo medicamento precisa se adaptar ao organismo. É preferível viver sem o vírus? Claro! Mas não adianta agora pensar no *se*.

— O que sugere?

— Conheço um local onde realizam cirurgias espirituais.

— Você de novo com isso — disse Magnólia com desdém. — Há muitos charlatões por aí, querendo ganhar uns trocados em cima da tragédia humana.

— Sei disso, mas este médium é conceituado, conhecido e trabalha intuído pelo espírito de um médico alemão.

— E ele vai me curar?

— Não se trata de curá-la, mas poderá, por meio de passes e cromoterapia, melhorar seu corpo astral, sua aura e ajudá-la a viver melhor com isso. Não custa nada, é de graça, e você não tem nada a perder.

Magnólia sorriu e ficou pensativa. Gina percebeu que, agindo dessa forma, Magnólia estava aberta a outras terapias. Aproveitou o momento, foi até a cômoda, abriu a gaveta e pegou um folheto.

— Olhe. Além do tratamento semanal, é sugerido ao paciente fazer uma prece diária, usando de toda a fé que possui.

— É?

— Quer que eu leia?

— Por favor.

Gina sentou do lado dela e leu:

— Eu não posso, mas o Cristo em mim pode fazer milagres na minha mente, no meu espírito, no meu corpo e nos meus negócios, dissolvendo toda malignidade de onde ela vier, onde quer que ela esteja, com as bênçãos em mim depositadas por Jesus, Maria Santíssima, São Francisco de Assis e sua corrente amorosa.

Magnólia emocionou-se.

— É lindo!

— Precisa ler com fé, todos os dias, ao menos umas dez vezes. Vamos tentar?

— Sim.

— Sugiro também, minha querida, que encha seu coração de alegria. Está em suas mãos criar e modificar o próprio destino. Este poder é só seu.

Quando Juliana chegou ao apartamento e entrou no quarto de Eduarda, sentiu um baque. Profundo. O seu estado de saúde inspirava muitos cuidados, e Eduarda era nada mais que um fio de gente. Tudo o que Juliana ensaiou durante anos para jogar na cara da outra — sonhara tantas vezes com este dia! — caiu por terra.

Paloma fez "psiu" e a chamou com o dedo indicador. Juliana notou a criança dormindo no berço ali do lado. Aproximou-se e pegou nos dedos de Dante. O menino moveu-se e sua mãozinha apertou o dedo dela.

Eduarda acordou, e a enfermeira tomava seu pulso. Encarou Paloma e fez uma negativa com a cabeça. Paloma sentiu os olhos marejarem. Eduarda estava morrendo. Abraçou a irmã. Juliana, penalizada, cumprimentou:

— Oi.

— Meu Deus, você continua gorda.

— Mesmo doente, você não perde a oportunidade de me azucrinar.

— Ficou uma gorda bonita. Eu invejo você.

— Está delirando.

— Hello-o! Não estou — falou numa voz pausada e cansada. — Já contei a história para sua irmã. Eu me sentia mal, para baixo e insegura, pressionada por minha mãe para ser linda e exuberante. Era muita responsabilidade. Tive medo de falhar. Daí vi em você a pessoa ideal para transferir meus medos e minhas inseguranças. Nunca tive nada pessoal contra você. De verdade.

— Mas me machucou muito. Foi uma fase difícil de superar.

— Você superou. É forte. Dona de si, cheia de coragem. É uma mulher realizada, feliz. Ama e é amada. Tem uma filha linda. É uma mãe amorosa e dedicada. Merecia ter outro filho.

— Depois que Sofia nasceu, perdi a capacidade de gerar um bebê.

— Nunca considerou a possibilidade de adotar um?

— Eu e Erik já conversamos a respeito. Entramos na fila de adoção.

— Quando entrou nessa fila?

— Há alguns meses. Erik me levou os papéis para assinar, depois juntou documentos, fizemos uma entrevista no juizado. Bruna deu continuidade. Vamos aguardar.

Eduarda meneou a cabeça.

— Precisamos seguir as leis. A burocracia é enfadonha, mas cria regras. E regras devem ser seguidas, embora eu nunca tenha sido uma pessoa fiel cumpridora de regras.

— Sei. Confesso que — Juliana hesitou e prosseguiu — no fundo tinha inveja de você.

— De mim?

— Sim. Você sempre foi bonita, os meninos sempre a cobiçavam e desejavam. Nunca teve de lutar contra quilos e gramas.

— E olhe o resultado — Eduarda apontou para si. — Não sobrou nada.

— Eu a admiro muito. Não sei se teria forças para lutar.

— Não estou lutando, Juliana. A bem da verdade, cansei de lutar. Aceitei a morte. É difícil ser jovem e saber que vai morrer. É muito complicado. Contudo, aprendi com Paloma e Lena que a vida continua, que este corpo aqui tem prazo de validade. O meu está expirando.

— Sempre há a possibilidade de cura.

— Não quero a cura.

— Pense no seu filho.

Eduarda fez um esforço hercúleo para soerguer o corpo. A enfermeira ajudou-a e colocou travesseiros atrás das costas. Eduarda agradeceu e, recobrando-se do esforço, disse:

— Juliana, Erik esteve aqui, meses atrás.

Juliana sentiu um frio no estômago.

— O que meu marido veio fazer aqui? — perguntou, surpresa.

— Ele...

Juliana a cortou:

— Ele nunca me escondeu nada. Por que ele...

— Hello-o! Cale essa matraca! A moribunda aqui é quem manda.

— Desculpe.

Eduarda suspirou e prosseguiu:

— O seu maridinho estava lhe fazendo uma surpresa — Eduarda fez sinal com a cabeça e Juliana acompanhou o movimento. Voltou o rosto e Erik estava logo atrás, na soleira da porta.

— Meu amor! Você aqui?

— Não vim sozinho.

Erik afastou o corpo e Juliana viu Sofia, sorridente, no colo de Isabel. Paulo e Bruna estavam mais atrás.

— O que significa tudo isso?

— Fui eu quem pediu para que viessem — sussurrou Eduarda. — Minha hora está chegando.

Juliana não conseguia entender. Num esforço, Eduarda pronunciou:

— Olhe para o berço — apontou.

— Seu filho...

— Não, Juliana, de agora em diante, Dante passa a ser seu filho. Não notou os papéis que assinou? Você vai ser a verdadeira mãe de Dante. Tenho certeza de que ele vai lhe trazer muitas alegrias e aporrinhações — sorriu. — Afinal, ele saiu de dentro de mim.

Juliana, surpresa e emocionada, olhos embaciados, pegou o bebê no colo e Dante, já por uma ligação espiritual profunda com Juliana, olhinhos semicerrados, tentou alcançar-lhe o mamilo para se alimentar. Ela apertou a criança de encontro ao peito. E, em um lance muito rápido, encostou o rostinho de Dante próximo dos lábios de Eduarda.

— Seu filho! Beije seu filho.

Eduarda o beijou com dificuldade e, antes de dar o suspiro final, tornou, emocionada:

— Nosso filho. Que Deus os abençoe!

Estas foram as últimas palavras de Eduarda. Em seguida, o rosto pendeu para o lado, e uma lágrima escorreu pelo canto do olho. Eduarda estava morta.

— Descanse em paz, querida — disse Paloma, em lágrimas, passando gentilmente a mão sobre os olhos da amiga, cerrando-os.

A enfermeira aproximou-se, tomou-lhe o pulso e constatou o óbito. Em seguida, afastou-se e foi à sala, ligar para o médico e tomar providências.

Todos, consternados, fizeram sentida prece em favor de Eduarda. O espírito de seu avô materno entrou no quarto, acompanhado por Tarsila. Com delicadeza, ajeitou o perispírito da neta, adormecido e enfraquecido, nos braços.

— Obrigado, Tarsila. Por tudo.

— Não agradeça, Onório. Você fez muito por nós. Na Terra, este é um momento de tristeza e reflexão. Para nós, aqui do outro lado, é com alegria que recebemos Eduarda. Ela é muito inteligente e vai se recuperar com rapidez. Logo estará readaptada ao mundo espiritual.

42.

Depois de um tempo.

Paloma modificou bastante a sua maneira de ser. O convívio com Eduarda, a doença, o contato com a morte, tudo a ajudou a refletir muito sobre sua vida, analisando todos os aspectos, enaltecendo os pontos fortes e atenta aos pontos fracos, a fim de não ficar vulnerável a eles.

— Poderia estar no lugar dela — disse para si. — E morreria triste, porque nunca amei.

— Falando sozinha? — Isabel entrou no quarto.

— Sim, mamãe. Estava pensando em Eduarda.

— Tenho certeza de que ela está bem.

— Como pode afirmar?

— Lena sonhou com ela dia desses. Disse que está em tratamento no astral e se recupera bem.

— Será que já encontrou o pai?

— Não. Lena disse que viu o espírito de Otaviano enraivecido e com sede de vingança. Está atormentando Javier e não vai sossegar por enquanto. Cada um é responsável por si, aqui na Terra como no Céu.

— Nossa! Que profundo!

Isabel esboçou um sorriso.

— Eu não deixo de pensar em Otaviano e, sempre que possível, mando-lhe vibrações de equilíbrio e bem-estar. Afinal de contas, ele é o avô de Dante.

— Glória esteve na casa de Juliana, semana passada.

— Soube. Veio se despedir.

— Não aventou a possibilidade de tomar Dante para si?

Isabel riu.

— Ela veio agradecer sua irmã de joelhos. Ficou feliz da vida com o gesto de Eduarda. Disse que a vida dela tomou outro rumo e não tem condições emocionais de cuidar de uma criança.

— Como se ela tivesse...

— Não devemos julgar. Como disse, cada um é responsável por si. Glória tem o jeito dela de encarar a vida e os fatos.

— Não acho correto.

— Não há certo nem errado. Colhemos o que plantamos. De que adianta apontar dedos acusadores no nariz de Glória? Acusar revela arrogância e falta de confiança na vida.

— Ela nunca foi boa mãe. Jamais seria boa avó.

— Glória é o que é. O importante é que Dante está em boas mãos.

— Tem razão, mamãe. Juliana é uma mãe dedicada e amorosa. Assim como você. Obrigada por tudo.

Paloma falou e beijou a mãe na testa. Isabel sentiu um lampejo de emoção e abraçaram-se. Depois, Paloma perguntou:

— Glória já partiu?

— Sim. Parece que reencontrou um antigo namorado. Vão se casar e morar no Marrocos.

— É mesmo? Quem é ele?

— Um tal de Antônio não-sei-de-quê. Um amor dos tempos da juventude. Eu lembro que Glória era apaixonada por ele e...

Isabel falou sobre o passado, a juventude, sobre o seu namoro com Paulo e, por fim, asseverou:

— Paloma, não se esqueça: você pode ter o mesmo amor que seus pais têm.

— O que foi que disse?

— Que eu e seu pai começamos a namorar...

Paloma a cortou:

— Não. Depois. O que disse depois?

— Não entendi.

Paloma teve um flash. Lembrou-se imediatamente do dia em que fora com Eduarda a uma tenda cigana, em Barcelona. E, na sequência, veio a frase que lhe causou espanto:

"— Você pode ter o mesmo amor que seus pais têm... Seu amor está do outro lado do Atlântico". Isabel pronunciara a mesma frase.

— O que foi, filha?

— Nada. Lembrei-me de uma cena com Eduarda lá em Barcelona.

— Você precisa sair e se divertir um pouco. Desde que chegou, dividiu seu tempo entre cuidar de Eduarda e do pequeno Dante. Agora que Eduarda se foi e Dante ganhou uma linda família, você podia tomar um ar, sair...

— Lena me ligou. Disse que preciso conhecer o bar do Fernando.

— Pois olhe que coisa boa! Vá se divertir. Quem sabe não encontra um bom partido?

— Está querendo se ver livre de mim? Mal cheguei.

— Não. De forma alguma. Você merece ser feliz. Pode ter o mesmo amor que seus pais têm.

Paloma sentiu um arrepio percorrer-lhe o corpo. De novo Isabel repetia a frase da cigana.

— Repete, mãe.

— Hã? Que você precisa sair?

— Não, repita o que me disse agora.

— Vá se divertir.

Paloma mexeu a cabeça para os lados.

"Estou escutando demais", pensou.

Beijou Isabel, desceu, apanhou a bolsa e saiu.

Paloma estacionou na frente do bar e entregou a chave para o manobrista. Ainda não havia muito movimento. Era dia de semana, Lena a convidara para um drinque, um bate-papo.

Ela entrou e cumprimentou Lena e Alessandro. Na outra ponta da mesa estavam, abraçadinhos, Bruna e Peixão.

— O que quer beber? — perguntou Alessandro.

— Um refrigerante.

— Que nada! — protestou Bruna. — Um chopinho. Só para descontrair.

— Está certo. Um chope.

A bebida chegou e brindaram.

— Ao amor — saudaram os casais.

Paloma nada disse. Bebericou seu chope e palitou uma batatinha. A conversa fluiu agradável e, perto de uma hora depois, Fernando entrou no bar. Ao ver Paloma, a sua respiração tornou-se ofegante. Peixão o viu, pediu licença e afastou-se discretamente do grupo. Empurrou Fernando para o corredor lateral, onde não podiam ser vistos.

— Oxe! Que cara de abestalhado é essa?

— É ela, Peixão.

— A mulher da tua vida?

— É.

— Como tem certeza disso?

— Porque eu a amo — respondeu com firmeza.

— Então se assunte!

— Hã?

— Tome vergonha nessa cara, homem. Endireite esse corpo e vá conversar com ela.

Fernando encheu-se de coragem, colocou um sorriso no rosto e juntou-se ao grupo. Riram, divertiram-se, fizeram brincadeiras de adivinhação. Formavam um grupo em perfeita sintonia, de amigos verdadeiros, cuja amizade perdia-se nos anais do tempo.

Em determinado momento, a mão de Fernando tocou a de Paloma. Ela o encarou e sorriu.

— Não sabia que tinha a mão quente.

— Tia Gina diz que tenho mãos de cura.

— Deve ter. Você sempre foi um bom amigo.

Fernando pigarreou e tornou, sério:

— Eu não quero ser seu amigo.

— Por quê?

— Porque eu gosto de você. Não como amigo.

— Não acredito! — Paloma estava visivelmente surpresa. — Desde quando?

— Desde o primeiro dia que a vi. Mais ou menos uns trinta anos.

— Estou pasmada!

— É verdade.

— Por que nunca se declarou, Fernando?

— Porque você sempre estava namorando alguém. Toda vez que eu me enchia de coragem e tomava a iniciativa para me declarar, você já estava com outro. Fui me afastando, depois você viajou, mudou-se para Barcelona. Praticamente perdi as esperanças.

Enquanto ele falava, Paloma lembrou-se novamente da velha Nadja:

"— Você pode ter o mesmo amor que seus pais têm... Seu amor está do outro lado do Atlântico".

— Fernando!

— O que foi?

— O tempo todo estava na minha cara, na minha frente.

— O quê?

— Você! A possibilidade do amor verdadeiro!

— Sim — tornou ele. — A morte de Eduarda mexeu comigo. Imaginei morrer, não que eu tenha medo de morrer, mas pensei com meus botões: eu morreria triste, porque nunca amei.

— Antes de sair de casa, estava pensando a mesma coisa!

Ambos fitaram-se emocionados. Fernando sentiu um brando calor tomar-lhe o corpo.

— E agora?

— Me beije, Fernando. Só isso.

Ele fechou os olhos e seus lábios aproximaram-se. Um beijo saboroso, com gosto de amor para toda uma vida.

Magnólia estava sendo monitorada por profissionais competentes. Como o sistema imunológico estava saudável, ela não precisava, por ora, tomar medicação antirretroviral, o famoso coquetel anti-HIV.

Passou a frequentar um grupo de apoio, só para soropositivas. O contato com essas mulheres fez-lhe enorme bem. O vitimismo foi-se esvaindo. A vontade de lutar e preservar a vida emergiu forte. Seu espírito aprendia, a duras penas, a aceitar-se incondicionalmente. E ela não deixava de fazer a prece sugerida por Gina.

A palestrante da reunião daquele dia, uma senhora aparentando pouco mais de sessenta anos, era portadora do vírus e o contraíra do marido, já morto pela doença, havia mais de vinte anos. Eulália era a alegria em pessoa. Falava com voz cadenciada e encontrara na espiritualidade o bálsamo que aquecia seu coração.

— E, por último, mas não menos importante, não podemos esquecer que a ligação entre as pessoas acontece tanto pelo amor quanto pelo ódio. Pelo amor, porque há prazer, alegria e felicidade; pelo ódio, porque há insatisfação, mágoa e angústia. Esta ligação desagradável persiste enquanto alimentarem este sentimento.

— E nunca termina? — indagou Magnólia, interessada e pensando em Jonas.

— Sim. Vai depender de quando um deles resolver perdoar e esquecer. No entanto, só vai funcionar, de fato, se o perdão for sincero. Quem se permite perdoar liberta-se do peso do mal. Quanto ao outro, que não perdoou, será afastado de seu desafeto. Mas como ainda cultiva o mal, atrairá pessoas maldosas e sofrerá com isso até que, não importa quando, decida também perdoar.

Eulália suspirou e prosseguiu:

— Desligue-se de quem a infectou, Magnólia, de uma vez por todas. Cada um tem o que merece. Cuide da sua vida, encha-a de pequenos prazeres. Conforme for adquirindo o hábito de só ver o bem, o mal vai se afastar naturalmente, e Jonas não terá mais como aproximar-se, nem agora como espírito, nem em novas situações. Porque você decidiu trilhar o caminho do bem. Ele, por sua vez, insiste na maldade. Atualmente, vocês percorrem estradas que jamais vão se cruzar.

Magnólia pensou, refletiu por instantes. Depois acrescentou:

— Nunca fiz mal aos outros.

— Basta ser negativa, pensar só em coisas tristes, viver colecionando tragédias, deleitando-se com programas televisivos que só dão enfoque à maldade. Você pode considerar-se muito boa, viver ajudando os outros e ser vitimada pelos espíritos perturbadores. Quando você está de bem com a vida, está conectada com as energias positivas e, portanto, tem a Providência Divina protegendo-a ininterruptamente. Quando, por algum motivo, fica pessimista, está negando Deus, negando a beleza da vida. Assim, você baixa automaticamente o nível de sua vibração. É nesse momento que uma pessoa que lhe deseja mal, encarnada ou não, poderá atingi-la energeticamente. Essas energias alojam-se em seu corpo astral, desequilibrando-a. Sua saúde fica abalada, e, quanto mais você permanece nessa onda negativa, mais o desequilíbrio aumenta.

Houve um burburinho e Eulália prosseguiu:

— A doença surge quando você nega a sua natureza. A sua natureza se mostra nesta negação por meio dos conflitos. E os conflitos, fisicamente, são as doenças físicas, emocionais e mentais, que proporcionam uma vida sem riqueza e sem beleza, o que também não deixa de ser uma doença.

Ela fez uma pausa, porquanto percebera o quanto todas refletiam sobre suas sábias palavras. Continuou:

— Repetir padrões de pensamentos inadequados a seu grau de evolução gera doenças.

— De que forma mudá-los? — interrogou Magnólia.

— A vida quer que você faça o que já sabe. Você precisa usar o que aprendeu. Cresceu rodeada de pessoas que a estimularam a ser feliz. Teve um tio rígido, mas que plantou em você as sementes da nobreza e da honestidade. Teve amigos, como Isabel e Paulo, que lhe deram sustentação e apoio. Atraiu uma companheira bondosa, inteligente e perspicaz, cheia de amor para dar. Foi abençoada com um filho amoroso e lúcido, de caráter íntegro. A vida colocou todas essas pessoas em seu caminho.

Magnólia emocionou-se.

— Quando você usa seu melhor — esclareceu Eulália —, a vida lhe dá mais ainda, protegendo-a das coisas desagradáveis. Mas, se você tem atitudes abaixo de suas possibilidades, então ela não a protege e deixa que você colha os resultados.

— Estou colhendo...

— O corpo físico é o instrumento que sua alma usa para mandar mensagens ao seu eu consciente. Quando você adoece, é porque está tendo atitudes inferiores a seu grau espiritual de evolução. Elas são a causa das doenças. Cada membro, cada órgão de seu corpo corresponde a um tipo de atitude. Aprender esse significado e modificar essas atitudes é encontrar o caminho da saúde.

— De onde tirou esta conclusão? — indagou outra participante, interessada.

— A maturidade tem me mostrado que este é o caminho adequado. E aprendi também com aquele livro — apontou para a estante —, *Você pode curar sua vida*, de Louise Hay. É um livro que deve ser lido por todas as pessoas, independentemente de crença ou fé religiosa. É um manual eficaz para readquirir e manter uma vida saudável, equilibrada e mais feliz.

— Vou trocar os programas televisivos por esse tipo de leitura — contrapôs Magnólia.

— Exatamente. Comece fazendo isso. Depois, dê atenção aos sinais do corpo. Mudar a alimentação, praticar exercícios, entreter-se com leituras positivas e agradáveis, conviver com pessoas positivas e alegres. Estes procedimentos saudáveis e sem contraindicações fortalecem o nosso sistema imunológico. Se um diabético não se cuidar, poderá morrer. O mesmo ocorre com quem não cuida da pressão, do colesterol, dos pulmões, do coração. Veja que todos têm, de alguma forma, algum tipo de doença. Essa desarmonia orgânica faz parte da escalada rumo à perfeição.

— É? Interessante. Explique melhor — incentivou Magnólia.

Eulália sorriu e tornou, modulação de voz serena:

— Pensemos em um lindo jardim florido, com muitas flores, coloridas e perfumadas. Para que esse jardim se faça tão bonito aos nossos olhos, é necessário etapas de padecimento. Uma semente é jogada na terra. Depois precisa inchar e estourar para dar fruto, ou para se tornar uma flor e formar um lindo jardim. O mesmo ocorre conosco. Somos jogados nas experiências encarnatórias para inchar, estourar e nos tornar belos frutos, ou, se preferir, belas flores. Como a flor de Magnólia.

— É que vivo com um bichinho letal dentro de mim. Não sei o que poderá acontecer. Tenho medo.

— É natural o que sente — ponderou Eulália. — Mas não se pode manter a saúde nem a felicidade criando um ambiente negativo à sua volta. Para obter saúde, bem-estar, precisa acreditar que é saudável, valorizar os momentos bons que tem. O medo do futuro afasta você do presente, impede que aproveite as oportunidades de ser feliz. O agora é o que vale. O minuto presente é o que conta. Felicidade agora, felicidade no futuro. Infelicidade agora, bom, já sabe o que vai aparecer lá na frente. Certo?

— Sim — todas disseram em uníssono.

— Para desenvolver sua confiança na vida, todos os dias vamos, todas nós, fazer uma lista das coisas boas que possuímos, de tudo de bom que a vida nos deu.

— Para quê? — indagou outra senhora, que contraíra o vírus em uma transfusão de sangue.

— Para perceber como tem sido protegida, amada, valorizada. Sempre que alguém disser algo negativo, ignore, não dê atenção. Mude de assunto ou rebata com uma resposta positiva.

— Alimentar o mal faz mal. É isso? — perguntou Magnólia.

— Exato! Você aprendeu que o negativo gera desconforto. Prefira o bem. Pense em sua saúde e em sua felicidade, em seu pronto restabelecimento. Fique do seu lado, aprenda a ser sua amiga, ou seja, não negue mais sua natureza. Fazendo isso, a doença se estabiliza. E, como você é dona do seu destino, poderá reverter o quadro de doença. Estou ao seu lado para ajudá-la a perceber o quanto pode e deve ser feliz.

Magnólia sorriu, emocionada. Eulália pediu:

— Agora vamos todas formar um círculo e nos dar as mãos. Vamos mentalizar nosso corpo livre de doenças.

As mulheres levantaram-se, formaram a roda, deram-se as mãos e fecharam os olhos. Eulália ligou o som e uma música suave encheu o ambiente. Ela diminuiu a luz, fez uma prece de agradecimento e finalizou:

— Repitam comigo: "Eu sou saudável. Amo meu corpo. Tudo está bem em minha vida".

Desta noite em diante, Magnólia nunca mais teve pesadelos.

A conversa entre Paloma e Fernando rendeu frutos. Muitos frutos. Depois de alguns meses, ele a convidou para dividirem o mesmo teto.

— E seus amigos? Tudo bem se eu me mudar? Eles não voltarão?

— Apaixonados do jeito que estão? Duvido.

Paloma riu, aninhou a cabeça no peito do amado. Fernando beijou seus cabelos e disse:

— Peixão mudou-se para a casa de Bruna. Alessandro desceu um andar para morar com Lena. Meu apartamento está vazio, triste, precisando de você!

— Ainda não arrumei emprego. Não tenho dinheiro, nada. Quer dizer, tenho muito amor para dar.

— Então me encha, me sufoque desse amor — ele implorou, rindo.

Paloma levantou o rosto e beijaram-se longamente. Tempos depois, uniram-se em uma cerimônia simples, com alguns amigos e parentes. Sofia e o pequeno Dante, que mal aprendera a andar, carregaram as alianças até o altar.

— Juliana — confessou Paloma —, agora sei o que você sente por Erik. Demorei, mas encontrei meu amor. Quero ter uma família tão maravilhosa quanto a sua.

Abraçaram-se emocionadas.

— Eu a amo. Muito — Juliana mal continha as palavras, tamanha emoção.

Epílogo

Depois da cerimônia, Magnólia e Gina chegaram em casa. Magnólia tivera uma pequena recaída e voltara a ser como antes: reclamava do bufê, da sobremesa, da demora do manobrista...

Subiram para o quarto. Gina jogou a bolsa de um lado e os sapatos de outro. Sentou-se na cama, exaurida.

— Irritação constante, revolta, queixas, lamentações e mágoas agravam a infelicidade. Além de fazer de você uma companhia desagradável.

Magnólia a cortou, seca:

— Eu, desagradável? Não sou obrigada a escutar isso depois de tantos anos.

— É obrigada, sim. Não há pessoa no mundo que goste de estar com alguém que só se queixa.

O tom de Gina era firme, intimidador. Magnólia arregalou os olhos, surpresa.

— Nunca me dei conta disso.

— Porque nunca parou para pensar e refletir a respeito. Ao longo dos anos, e talvez dos últimos séculos, você criou blocos, paredes energéticas limitantes ao redor de sua aura, atraindo naturalmente espíritos desencarnados irritados, inconformados e sofredores, cujas energias somam-se às suas, aumentando consideravelmente a sua insatisfação.

— Parece Eulália falando.

— Porque ela diz as coisas do espírito. Acorde para a vida, Magnólia! Antes que seja tarde.

— A tristeza ainda me persegue.

— A causa fundamental desse estado de infelicidade reside no teor de seus pensamentos. É preciso modificá-los positivamente, tornando-os saudáveis. Procure ideias otimistas. Experimente coisas novas — tornou, séria.

— Juro que vou tentar.

— Quando fizer isso, logo perceberá, obviamente, a força da reação contrária. Algo dentro de você, como uma voz irritada e nervosa, vai protestar. A cada pensamento positivo, você vai perceber outro negativo afirmando que isso não vai funcionar, que você não vai conseguir, que tudo é ilusão e não passa de mentira, porque a realidade é o sofrimento.

— O que faço nesta hora? Oh, Gina, eu quero mudar. De verdade.

Elas se abraçaram e Gina considerou:

— O grupo de apoio tem lhe feito enorme bem. É visível a sua mudança. Tem dormido melhor, acordado com alegria, seus exames estão sob controle. Tudo está certo.

— Não gosto dessas recaídas.

— Não dê atenção às recaídas, aos pensamentos negativos que tentam voltar por força do hábito. Persista pensando só no bem.

— Parece a Eulália falando, de novo...

— Porque Eulália fala a verdade. É assim que funciona. Seu subconsciente está programado com grande carga de ideias negativas e precisa de algum tempo para registrar algo diferente. Se você não ligar para os velhos pensamentos e continuar a buscar o que é bom, sentindo a luz divina dentro de você, grandes mudanças vão ocorrer em sua vida.

— Estou cansada de errar.

— Quando você aprende como a vida funciona, fica fácil perceber e alcançar a própria felicidade. Não tenha medo de errar para aprender. É por meio do erro que aprendemos a nos fortalecer. E não se esqueça de que estou ao seu lado.

— Sempre se preocupou comigo.

— É natural. Eu a amo, Magnólia.

— Também a amo.

Abraçaram-se emocionadas. Ficaram assim por um tempo, até que Magnólia afastou-se e disse, encarando-a:

— Tomei uma decisão.

— Diga.

— Lembra-se de quando nos conhecemos?

— Claro.

— Você me perguntou o que eu queria da vida, dali a vinte, trinta anos.

Gina sorriu.

— Parece que foi ontem.

— Estou decidida. Vamos viver na fazenda.

— Em Populina?

— Sim. Você sempre sonhou envelhecer no meio do mato.

— Você não gosta de mato.

— Agora sonho em envelhecer ao seu lado. Quero me tornar uma pessoa melhor. Cansei de sofrer. A vida é uma dádiva e eu quero me agarrar a ela. Mas tudo isso só valerá a pena se você estiver comigo. O mato é só um detalhe.

Gina abraçou-a comovida.

— Vou repetir até morrer: Eu a amo, Magnólia.

— Você aceita?

— Sim. Adoro aquela fazenda. Podemos adaptar um dos cômodos para convidarmos Eulália e o grupo, uma vez por mês. Imagine todas essas mulheres em contato com a natureza, fortalecendo o físico, o emocional e o espiritual.

— Faria isso por mim?

— Quem ama faz. Adoro você, sua rabugenta.

— A rabugice está indo embora. Mas ainda sinto medo.

— Jogue fora seus medos. Estou ao seu lado. Me dê a mão.

Magnólia estendeu a mão e um brando calor tomou conta de seu corpo. Sentiu-se segura, amada e protegida por Deus. Em seguida, trocaram de roupa em silêncio, deitaram-se e adormeceram de mãos dadas.

Adelaide e Fabiano estavam nos pés da cama, olhos embaciados.

— Isso é amor — explicou Tarsila, enquanto dava voltas na cama e ministrava um passe no casal. — Só o amor é capaz de manter nosso espírito vivo e ligado à essência divina.

— Gina tem feito muito bem à nossa filha. Não tenho como lhe agradecer — disse Fabiano, tomado por forte emoção.

— Ao menos — tornou Adelaide — agora entendo por que Magnólia precisou desse choque na vida para livrar-se das energias negativas que cultivara durante tantos anos.

— Séculos — corrigiu Fabiano.

Tarsila fez sim com a cabeça e explicou, de maneira didática:

— Esta doença nada mais é do que o acúmulo de grande quantidade de energia negativa colada em nosso corpo astral. Um campo vibracional com negatividade produz matéria astral tóxica, transformando-se em vírus e bactérias. Na Terra, essa matéria tóxica se alimenta de insatisfação, insegurança e infelicidade. O encarnado, sem perceber, absorve grande cota dessa energia por meio de ressonância, ou seja, fenômeno em que um campo vibracional reverbera e cresce de acordo com as mentes próximas. O negativo tem a força do comentário social. Neutralizar essa energia é um exercício constante e diário. O bem sempre é o valor perene que existe. O segredo de compreender isso é a força do amor maior, do bem verdadeiro. O amor promove a clareza, e o espírito enxerga a vida na Terra de outra forma, mais plena e com o raciocínio amplo, acalmando o coração das aflições, dos medos e dissabores.

— E quanto a Jonas? O que será dele? — indagou Fabiano, curioso.

— Não vamos julgá-lo. Vamos orar pelo seu espírito conspurcado e ainda preso nas ilusões do mundo, porquanto nós também nos enganamos muitas vezes em nossas escolhas, preferindo o mal em vez de cultivar o bem. Nessa hora, só Deus tem o poder de nos conceder a paz. Eu mudei, você e Adelaide mudaram. Magnólia começa a mudar. Um dia, Jonas também vai mudar. Todos mudam para o melhor. A evolução é fatal.

— Eu me preocupo. Ainda sinto-me pai de Magnólia, embora me lembre de outras existências ao seu lado como irmão, primo, tutor...

— Afaste a preocupação. Quem confia não sente medo. O medo está sempre onde não existe fé. Deus nos ama muito e vai por certo nos dar o melhor. Por ora — tornou Tarsila — não falemos de coisas tristes. Conseguimos este encontro graças à bondade de Deus e de alguns amigos, e também porque Magnólia já modificou o teor dos seus pensamentos. Olhem a cor de sua aura.

Eles observaram e viram uma aura clara, com pouquíssimas manchas escuras.

— Magnólia tem muito trabalho mental pela frente. Se persistir no bem, as manchas escuras desaparecerão.

— Estarei sempre vibrando por ela — garantiu Adelaide, voz embargada.

— Não se deixem envolver pela emoção — ponderou Tarsila. — Reconheçam como Magnólia tem amadurecido. Isso é muito bom. Ela está mudando e vai mudar mais. Para melhor. Seu subconsciente vai se autoprogramar para ligar-se sempre no bem, acreditando e confiando em Deus, porque todos os dias, sob todos os pontos de vista, Magnólia vai dar-se conta de que está crescendo e se tornando uma pessoa cada vez melhor.

Adelaide foi até a cabeceira, inclinou o corpo, aproximou-se da filha querida e afagou-lhe os cabelos com amor, beijando-a em seguida. Fabiano fez o mesmo.

Como a perceber inconscientemente a amorosa presença dos três espíritos, Magnólia passou a mão sobre o lado do rosto que recebera o beijo. Virou-se de lado, apertou delicadamente a mão de Gina e, esboçando leve sorriso, teve uma ótima noite de sono. Seu espírito aprendeu, de uma vez por todas, que só o bem é real.

Magnólia entendeu essa verdade e descobriu que a coragem e o amor verdadeiro são essenciais para a conquista da felicidade.

Fim

Carta aos Leitores

Há mais de trinta anos tive contato com o espiritismo, e a minha vida se transformou positivamente, pois me encontrei diante da eternidade do espírito e da grandeza da vida. Os livros que psicografei me enriqueceram com valores e sei que muitos leitores despertaram para a espiritualidade por meio desses romances.

Por intermédio dos livros, eu e você construímos automaticamente um grande elo, invisível aos olhos humanos, mas forte e poderoso aos olhos espirituais. Mesmo distantes fisicamente, estamos ligados por esses laços que fortalecem nossos espíritos, unidos no mesmo objetivo de progresso e de estar ligados ao bem, sempre!

Espero que, ao ler nossas histórias, você possa conscientizar-se do seu grau de responsabilidade diante da vida e acionar a chave interior para viver melhor consigo e com os outros, tornando nosso mundo um lugar bem mais interessante e prazeroso de se viver.

Eu e Marco Aurélio desejamos que você continue trilhando o seu caminho do bem e a sua vida seja cada vez mais repleta de felicidade, sucesso e paz. Gostaria muito que me escrevesse para contar os sentimentos que meus livros despertaram em você.

Devido à grande quantidade que recebo, não respondo a todos, mas garanto que leio, pessoalmente, cada e-mail. Mesmo sem lhe enviar a resposta, fique sabendo que eu e meu mentor lemos e oramos por você!

Para isso, acesse o nosso site, ou escreva para meu e-mail: leitores.marcelocezar@uol.com.br

Você também pode me encontrar no facebook: facebook.com/marcelocezar.escritor

Aguardo, com carinho, o seu contato.

Marcelo Cezar

VIDA & CONSCIÊNCIA
GRÁFICA

Rua Agostinho Gomes, 2.312 – SP
55 11 3577-3200

grafica@vidaeconsciencia.com.br
www.vidaeconsciencia.com.br